DuMont Schnellkurs

ISLAM

Walter M. Weiss, geb. 1961 in Wien, studierte Geschichte, Publizistik und Politikwissenschaften und arbeitete viele Jahre als Chefredakteur namhafter Zeitschriften. Parallel dazu ausgedehnte Reisen, vor allem in die arabisch-islamische Welt und publizistische Tätigkeit als freier Autor mit den Themenschwerpunkten islamische Länder und mitteleuropäische Kunst- und Kulturgeschichte. Im DuMont-Buchverlag sind von ihm die Reise-Taschenbücher ›Wien‹, ›Venedig‹, ›Salzburg‹, ›Syrien mit Libanon‹ und der Kunstreiseführer ›Niederösterreich‹ erschienen.

منبر النبي

DuMont Schnellkurs

ISLAM

Walter M. Weiss

DUMONT

Impressum

Umschlagvorderseite von links nach rechts und von oben nach unten:
August Macke, Im Basar (Ausschnitt), 1914 / Minarett der Moschee Ibn Tulûn in Kairo (Foto: Martin Frishman) / Hand der Fâtima mit Henna (Foto: Kurt-Michael Westermann) / Tanzender Derwisch (Foto: Alberto Ramella) / Dolch aus Qatar / Der Prophet predigt seinen Gefährten, Miniatur, Universitätsbibliothek Edinburgh / Keramikdekor aus Casablanca / Felsendom in Jerusalem (Foto: Kurt-Michael Westermann) / Ka'ba auf Fayence (Foto: Laziz Hamani) / Rudolf Weisse, Gebet in einer Moschee, Mathaf Gallery, London

Umschlagrückseite von oben nach unten:
Betende Frau (Foto: Laziz Hamani) / Eine mit Miniaturmalerei verzierte Seite aus einem arabischen Koran des 15. Jh. (Foto: Mandel-Dimbt, Mailand) / Zwei einander umarmende Marokkaner (Foto: Kurt-Michael Westermann)

Umschlagfond: Seite aus einem arabischen Koran (Ausschnitt)

Frontispiz: Ka'ba auf Fayence (Foto: Laziz Hamani)

Für Kurt-Michael

Die Deutsche Bibliothek – CIP-Einheitsaufnahme

Weiss, Walter M.:
Islam / Walter M. Weiss. Orig.-Ausg. - Köln : DuMont, 1999
(DuMont-Taschenbücher ; 518 : DuMont-Schnellkurs)
ISBN 3-7701-4420-1

Originalausgabe

Redaktion und Satz: APE – Fabian Sulzer, Cordula Wehrmeyer, Overath;
Britta Zuschlag, Köln
Umschlaggestaltung: Nicole Hardegen, Köln
Druck und buchbinderische Verarbeitung: Editoriale Lloyd

Printed in Italy ISBN 3-7701-4420-1

Inhalt

Inhalt

Blüte islamisch-arabischer Kultur

Die traditionelle arabische Stadt

Mongolen- und Osmanenzeit

Die Islamische Welt im Wandel

Die jüngsten Jahrzehnte

Vorwort

Eine komplexe Religion wie den Islam, der mittlerweile weit über eine Milliarde Menschen – rund ein Fünftel der Menschheit – angehören, auf 200 Seiten umfassend und schlüssig darzustellen, ist eine Herausforderung und in gewisser Weise eine Unmöglichkeit. Die geforderte Kürze bedingt eine rigorose Auswahl und diese naturgemäß eine fragwürdige Vernachlässigung wichtiger Aspekte. Im Wissen um dieses Dilemma erhebt der vorliegende Band keinen Anspruch auf Vollständigkeit, vielmehr versteht er sich als übersichtliche und leicht lesbare Einführung in die Welt des Islam – jener Glaubensrichtung, deren Einfluß auf das Weltgeschehen seit etlichen Jahren stetig steigt und die deshalb, insbesondere nach dem Zusammenbruch des Kommunismus, vom nachaufklärerisch-liberalen Westen als neue ideologische Bedrohung betrachtet und vielfach mißverstanden wird.

Die Geschichte des Islam ist von Anfang an untrennbar mit dem Arabertum verbunden. Araber trugen die junge Religion als Glaubenskämpfer oder auch als friedliche Händler bis an die Ufer des Atlantiks und des Chinesischen Meeres, bis ins Innere Asiens und Afrikas. Dort wurde sie natürlich – teils freiwillig, teils unter Zwang – auch von vielen nicht-arabischen Völkern angenommen. Entsprechend thematisiert der Band sowohl die allen Muslimen gemeinsamen Prinzipien des Glaubens als auch die zahlreichen regionalen und zeitbedingten Ausprägungen.

Einheit und Vielfalt – unter konsequenter Berücksichtigung dieser beiden nur scheinbar widersprüchlichen Phänomene wird im folgenden versucht, die großen religionsgeschichtlichen und, damit eng verknüpft, die politischen Entwicklungen nachzuzeichnen. Parallel zu dieser chronologischen Darstellung werden ausführlich die Grundlagen des Glaubens (der Koran, die Scharî'a, die prophetische Überlieferung etc.) sowie die wichtigsten Aspekte des Alltags und die Rituale des Jahres- und Lebenslaufes behandelt. Auch so viel und kontrovers diskutierte Themen wie die Stellung der Frau und die weitverbreitete Tendenz zur Re-Islamisierung bleiben nicht ausgespart.

Zugrunde liegt dem gesamten Band der tief empfundene Wunsch des Autors, der von den westlichen Medien allzu häufig praktizierten Vereinfachung und Schwarzweißmalerei entgegenzuwirken. Dieser Band möchte zur Vermittlung zwischen den in der fast 1400jährigen gemeinsamen Geschichte immer wieder und gerade auch heute oft als viel zu gegensätzlich beschriebenen Glaubens- und Geisteswelten des Morgen- und des Abendlandes beitragen.

Walter M. Weiss

Eine der heute selten gewordenen Karawanen. Das Dromedar wurde vermutlich erstmals im 3. Jt. v. Chr. gezähmt und von den Arabern bereits um 1000 v. Chr. gezüchtet. Seine Fähigkeit, auf dem Höcker bis zu 200 kg schwere Lasten zu tragen, pro Tag bis zu 150 km weit zu trotten und dabei über zwei Wochen ohne Wasser auszukommen, ermöglichte es den Beduinen, ihre spezifische Form des Nomadentums zu entwickeln und in den endlosen Wüsten Fernhandel zu betreiben.

Die geopolitische Großwetterlage

Auch wenn der Islam Anfang des 7. Jh. völlig unerwartet auf der Bühne des Weltgeschehens erschienen ist und sich als Offenbarungsreligion ab einem gewissen Punkt bis heute der Betrachtung in historischen Zusammenhängen entzieht, so ist doch für das Verständnis von Wesen und Inhalt dieser neben dem Juden- und Christentum dritten großen monotheistischen Glaubensrichtung ein Blick auf die geschichtlichen Gegebenheiten zur Entstehungszeit unabdingbar.

Als Mohammed seinen neuen Glauben verkündete, war die politische Situation im gesamten Vorderen Orient bereits mehr als 1000 Jahre lang durch die Rivalität zwischen den Völkern des griechisch-römischen und des persischen Raumes bestimmt gewesen. Wie in der frühen Antike die Griechen und Achämeniden, und später zeitweise die Römer und Parther, so standen sich nun Persien und Byzanz, das oströmische Reich, unversöhnlich gegenüber. Dabei ging es den beiden Großmächten nicht nur um Gebietsansprüche, sondern auch um die Kontrolle über die einträglichen Handelsrouten zwischen dem Mittelmeer und Indien bzw. China.

Mit solchen Dhaus, wie sie noch heute vor allem entlang der Ostküste der Arabischen Halbinsel verkehren, betrieben die Bewohner des Arabischen Golfs schon in vorislamischer Zeit regen Fernhandel.

Ihr ständiger Krieg hatte es im Laufe der Zeit immer wieder einzelnen Beduinenstämmen und Fürstengeschlechtern ermöglicht, sich in Grenznähe, jedoch abseits der

Fronten der beiden Weltreiche als deren Allianzpartner und Herren über wichtige Karawanenwege zu profilieren. So unterhielten etwa die Nabatäer als ehemalige Nomaden von ihrer Hauptstadt Petra aus (im heutigen Jordanien) rund 500 Jahre (bis 106 n. Chr.) ein kleines, aber blühendes Königreich. Legendär sind die steilen, wiewohl kurzen Karrieren der Karawanenstädte Hatra (Irak; 1. Jh. n. Chr.) und Palmyra (Syrien; 3. Jh.) als Drehscheiben des transkontinentalen Handels. Im 6. Jh. schlugen die Ghassaniden und Lachmiden aus ihrer vorteilhaften Lage in der syrischen Wüste Profit. Von großer (handels)strategischer Bedeutung war des weiteren der Südrand der Arabischen Halbinsel – das durch den Monsun klimatisch begünstigte und für seinen Weihrauch berühmte *Arabia Felix*, das »Glückliche Arabien« der Antike. Dort hatten sich ab ca. 1200 v. Chr. immer wieder selbständige Staaten wie die Königreiche der Sabäer, Minäer und Himyariten oder Ausan, Qataban und Hadramaut gebildet. Doch im 6. Jh. war das gesamte Gebiet von den benachbarten christlichen Abessiniern erobert worden und wenig später unter persische Oberhoheit geraten.

Ein klassisches Meisterwerk der byzantinischen Architektur: die unter Kaiser Justinian 532–537 von Anthemios von Tralles und Isidor von Milet in Konstantinopel erbaute Hagia Sophia. Die ehemalige Kirche wurde 1453, nach der islamischen Eroberung Konstantinopels, zur Moschee umfunktioniert.

Symbol des Reichtums der Nabatäer: das »Schatzhaus des Pharao« (*Chazna Fira'ûn*) in der ehemaligen Hauptstadt Petra.

Das vorislamische Arabien

Die weiten Wüsten im Innern der Halbinsel waren vornehmlich von Beduinen bevölkert – Nomaden, die von der Viehzucht sowie den Schutzgeldern

Die Ruinen der Oasenstadt Palmyra (arab. *Tadmur*) auf halbem Weg zwischen Euphrat und Mittelmeer. In diesem kleinen Reich begehrte Königin Zenobia (267–272 n. Chr.) erfolglos gegen die römische Vorherrschaft auf.

106 n. Chr.
Das Königreich der Nabatäer wird zur römischen Provinz Arabia Petraea.
um 225
Größte Ausdehnung des römischen Reichs in Nordafrika
272
Erfolglose Revolte der Königin Zenobia von Palmyra gegen Rom
330
Kaiser Konstantin verlegt die Hauptstadt des römischen Reichs von Rom nach Konstantinopel.
395
Reichsteilung in West- und Ostrom
5. Jh.
Die Westgoten dringen weit auf die Iberische Halbinsel vor. Hunneneinfälle in Mittel- und Südeuropa
431
Begründung eines Patriarchats im persischen Ktesiphon
493
Begründung des Ostgotenreichs in Italien
511
Gründung des merowingischen Frankenreichs

der durchziehenden Fernhändler lebten und später mit Kamelkarawanen bis nach Syrien und zum Mittelmeer beziehungsweise in die andere Richtung bis nach Mesopotamien zogen. Eine zweite, völlig gegensätzliche Gesellschaft existierte in Form einer eher städtischen Oasenkultur. Beide Gruppen, Nomaden wie Seßhafte, waren in Stämmen organisiert, denen jeweils ihre Blutsverwandtschaft sowie ein strenger Ehrenkodex und das Gesetz der Vergeltung, die Blutrache, den lebensnotwendigen inneren Zusammenhalt verliehen. Und beide Gruppen hingen – mit Ausnahme der damals auch in Innerarabien weitverbreiteten jüdischen und christlichen Gemeinden – einem Vielgötterglauben an, in dem unsichtbare Geister, die Dschinnen, eine zentrale Rolle spielten.

Als Ostrom und Persien vom späten 4. Jh. an über hundert Jahre lang Frieden hielten, verloren die weiten und kostspieligen Ausweichrouten durch die südliche Wüste zwischenzeitlich spürbar an Bedeutung. Arabien schlitterte in eine Krise. Diese vom Niedergang der städtischen Zentren und des Ackerbaus geprägte Periode bezeichnen arabische Muslime rückwirkend als die *dschâhilîya*, die »Ära der Unwissenheit«. In erster Linie meinen sie natürlich den Irrglauben ihrer Vorfahren, nebenbei aber wohl auch den damaligen Verlust an Kultur und Lebensqualität.

Eine neuerliche Blüte erlebte die Region im Laufe des 6. Jh. Sie war die Folge der schon erwähnten politischen Krise und des damit einhergehenden wirtschaftlichen Verfalls der alten Hochkultur Südarabiens. Insbesondere eine Oase namens Mekka im Hedschas, einem gebirgigen Landstrich im Westen nahe der Küste des Roten Meeres, stieg zu einem neuen wichtigen Ort an der »Weihrauchstraße« auf, wo die Karawanen auf ihrem Weg haltmachten. Dort, in einem unfruchtbaren Tal auf halbem Weg zwischen dem heutigen Jemen und Palästina, hatte der Stamm der Quraisch einen kleinen, oligarchisch geführten Stadtstaat errichtet, wo regelmäßig äußerst einträgliche Warenmessen und Feste stattfanden und die berühmtesten Poeten Arabiens um Dichter-Lorbeeren wetteiferten. Hauptanziehungspunkt der Stadt war die Ka'ba, in deren Mauer schon zu jener Zeit ein schwarzer Meteorit – der berühmte Schwarze Stein – eingelassen war und den alljährlich zur Wallfahrtszeit abertausende Pilger ehrfürchtig umwanderten. Rund um den würfelförmigen Steinbau standen die Götzenbilder für jene mehr als 360 Gottheiten, die man an dieser Kultstätte verehrte. Die drei Bedeutsamsten waren weiblich und hießen *al-Lât* (sie war »die Göttin« schlechthin), *al-'Uzza* (»die Gewaltige«) und *Manât*. Letztere besaß angeblich eine Schere, mit der sie die Schicksalsfäden der Menschen abschnitt.

In Mekka wurde um das Jahr 570 ein Sproß der quraischitischen Sippe der Haschimiten, die das Privileg genoß, die Pilger mit dem heiligen Wasser des Zemzem-Brunnens zu versorgen, geboren. Sein Name: Mohammed (eigentl. Muhammad), »der Gepriesene«.

Die Ruine des um 250 n. Chr. von König Schapur I. erbauten Palastes Taq-e Kesra in Ktesiphon, der südöstlich von Bagdad am linken Tigrisufer gelegenen Hauptstadt der Sassaniden

525
Die Abessinier erobern Teile Südarabiens.

527–565
Justinian I. ist oströmischer Kaiser. Wiederaufbau der Hagia Sophia in Konstantinopel

531–578
Regierungszeit des Sassaniden-Königs Chosrau I. in Persien

um 580
Bruch des großen Staudamms bei Ma'rib. Ende der alten Hochkultur Südarabien

591–628
Die Sassaniden erreichen unter Chosrau II. ihre größte Macht und erobern u. a. Jerusalem und Ägypten (614/616).

627
Entscheidender Sieg der byzantinischen Truppen unter Kaiser Herakleios über die Perser unweit der Ruinen von Ninive

Die Pfeiler der Tempel von Ma'rib im nördlichen Jemen. Sie stammen aus dem frühen 1. Jt. v. Chr., der Frühzeit des Königreichs von Saba. In der Nähe haben sich bis heute die Schleusen jenes Staudamms erhalten, dessen Bruch um das Jahr 580 n. Chr. die Araber als Symbol für das Ende der Hochblüte Südarabiens deuteten.

Die Araber (arabisch *al-'Arab*)
Ursprünglich hießen nur die Bewohner der Arabischen Halbinsel so. Heute hingegen werden alle Arabisch sprechenden Bewohner des Großraums zwischen Maghreb, Mesopotamien und dem Jemen als solche bezeichnet. Der Name *Aribi* tauchte erstmals in assyrischen Keilschrifttexten des 9. Jh. v. Chr. auf. Auch die Bibel berichtet von arabischen Kamelzüchtern in jener Zeit. Die frühislamische Überlieferung spricht von drei Ur-Gruppen, die allesamt von Sem, dem biblischen Sohn Noahs, abstammen: von den sieben oder neun Stämmen der *'Arab al-bâ'ida*, der »verschwundenen Araber«, deren Existenz nur zum Teil historisch, zum Teil jedoch mythisch zu verstehen ist; die von dem Stammvater *Qahtân* abstammenden Südaraber aus dem jemenitischen Raum und die Stämme nordarabischer Herkunft, Nachkommen von *'Adnân*. Eine gängige Theorie besagt, das arabische Volkstum habe sich parallel mit dem Kamelnomadentum zu Beginn des 1. Jt. in der Grenzzone zwischen dem heutigen Syrien, Jordanien und Saudi-Arabien gebildet und sich dann nach Zentral- und Südarabien ausgebreitet. In den Jahrhunderten vor Christi Geburt seien dann arabische Beduinen wieder zurück in die Region des »Fruchtbaren Halbmonds« und bis in die Nähe des Mittelmeeres geströmt und dort teilweise seßhaft geworden.

Jugend und Sendung des Propheten

Der künftige Religionsstifter erschien, so berichtet die Tradition, seiner Umgebung von Anbeginn an auserwählt. So soll in der Nacht seiner Geburt ein Stern den Himmel taghell erleuchtet haben. Die Nabelschnur des Neugeborenen sei bereits von der Vorsehung, ohne menschliches Zutun, durchtrennt gewesen. Im zarten Kindesalter habe er Besuch von zwei Engeln erhalten, die ihm mit bloßen Händen die Brust öffneten und mit Schnee das Herz wuschen, bis es rein wie Kristall war.

Die Arabische Halbinsel: Die Landschaft, in der die Wiege des Islam stand, ist rund 3,5 Mio. km² groß und besteht größtenteils aus Sandwüste, die im Nordwesten *Nafûd*, im Südosten *Rub' al-Châlî* (arab. »das leere Viertel«) heißt. Westlicherseits trennt das stellenweise weit über 3000 m hohe *Hedschas*-Gebirge dieses endlose Hochplateau von der *Tihâma*, der Küstenebene am Roten Meer. Im Norden bildet eine erdölreiche Senkzone, bestehend aus Mesopotamien und dem Arabischen bzw. Persischen Golf, die Grenze.

Die Ka'ba (arab. für ›Würfel‹) in Mekka: Sie wurde angeblich vom Patriarchen Abraham und dessen Sohn Ismael errichtet und war schon in vorislamischer Zeit ein Pilgerort, an dem jedoch mehr als eine Gottheit verehrt wurde (s. S. 17). Fayencekachel aus dem Osmanischen Reich, 1666

Und als er, zehnjährig, in Syrien unterwegs war, habe in der Stadt Bosra ein christlicher Mönch namens Bahîrâ in ihm bereits den Gesandten Gottes erkannt.

Historisch belegt ist, daß Mohammeds Vater 'Abdallâh noch vor der Geburt seines Sohnes und die Mutter Amina sechs Jahre später starben. Das Waisenkind kommt in die Obhut des Großvaters 'Abd al-Muttalib und kurz darauf, nach dessen Tod, in die des Onkels Abû Tâlib. Mit 25 heiratet Mohammed die reiche, wesentlich ältere Kaufmannswitwe Chadîdscha, als deren Sachverwalter er zuvor schon Handelsreisen nach Nordarabien unternommen und sich dabei den Beinamen *al-Amîn*, »der Vertrauenswürdige«, erworben hat. Aus der Ehe gehen sieben Kinder hervor, von denen allerdings nur vier Töchter – Zainab, Ruqaya, Fâtima und Umm Kulthûm – die Kindheit überleben.

Einen Wendepunkt erfährt Mohammeds Leben, als er ungefähr vierzig ist. Immer wieder hatte er auf seinen Reisen Kontakte zu Juden, Christen und auch zu *Hanîfen* (arab. »die Aufrechten«), jenen Gottessuchern, die den altarabischen Polytheismus zu überwinden trachten und, als geistige Erben Abrahams, einem sehr persönli-

Der Erzengel Gabriel. Miniatur aus Persien, 16. Jh.

Der Berg Hîra auf einer persischen Miniatur des 17. Jh. In einer Höhle dieser wenige Kilometer außerhalb Mekkas gelegenen Felserhebung, die auch *dschabal an-nûr*, »Berg des Lichts«, genannt wird, erschien Mohammed in der »Nacht des Schicksals« (*lailat al-qadr*) erstmals der Erzengel Gabriel.

»Trag vor im Namen deines Herrn, der erschaffen hat, / den Menschen aus einem Embryo erschaffen hat! / Trag (Worte der Schrift) vor! Dein Herr, edelmütig wie niemand auf der Welt, ist es ja, / der den Gebrauch des Schreibrohrs gelehrt hat, / den Menschen gelehrt hat, was er zuvor nicht wußte. (...)«

Koran, Sure »Der Embryo« (96, 1–5)

chen Eingottglauben huldigen. Zusehends selbst an religiösen Fragen interessiert und von der Diesseitigkeit und materiellen Gier der mekkanischen Gesellschaft abgestoßen, pflegt er sich zur Meditation in eine Höhle auf dem nahe Mekka gelegenen Berg Hîra zurückzuziehen. Dort erscheint ihm im Jahre 610 ein himmlischer Bote, der sich als Engel Gabriel zu erkennen gibt und ihm befiehlt, die spätere Sure 96 des Korans zu rezitieren. Anfangs zu Tode erschrocken und in seinem Selbstverständnis tief erschüttert, gewöhnt er sich an die Offenbarungen, die ihm ab nun regelmäßig zuteil werden. Vorerst vertraut er sich nur seinen engsten Begleitern an – der über alles geliebten Chadîdscha, seinem Cousin 'Alî, dem Adoptivsohn Zaid und Abû Bakr. Doch bald beginnt er, öffentlich zu predigen. Im Mittelpunkt seiner göttlichen Botschaft stehen die Gewißheit um die Einzigartigkeit des Schöpfer- und Richtergottes und die Warnung vor dem Weltgericht.

Nach der Hidschra: vom Prediger zum Politiker

Zunächst nehmen die Mekkaner Mohammeds Verkündungen mit nachsichtiger Gleichgültigkeit hin. Als er jedoch immer kompromißloser ihre moralische Verderbt-

Mohammed war historischen Quellen zufolge mittelgroß, von robuster Gesundheit und hatte ein schönes Gesicht. Sein langes schwarzes Haar reichte bis zur Schulter und war manchmal zu zwei, manchmal zu vier Zöpfen gedreht. Am unteren Schulterblatt trug er ein Mal, »so groß wie eine Silbermünze, um die herum Haar wuchs«. Dies war das ›Siegel der Weissagung‹, das Zeichen des letzten göttlichen Gesandten auf Erden. Im Bild: die Geburt des Propheten nach der Vorstellung eines persischen Miniaturisten heit geißelt und sich gegen ihre Gottheiten wendet, empfinden sie ihn zunehmend als Gefahr für die herrschende religiöse und wirtschaftliche Ordnung. Ihr Widerstand wächst, doch parallel dazu auch die Schar der Anhänger ihres Gegners. Um 615 hat sich der Konflikt derart verschärft, daß eine Gruppe der »sich Gott Hingebenden« (arab. *al-muslimûn*) für mehrere Jahre in Abessinien Schutz sucht. Als dann in Mekka die Haschimiten mit einem Bann belegt werden, der sie von jeglichen Handelsgeschäften ausschließt, im Jahr 619 nacheinander Chadîdscha und Mohammeds Onkel, der stets für seinen Schutz durch die Sippe gesorgt hatte, sterben und ein Versuch, in der Nachbarstadt Tâ'if Unterschlupf zu finden, kläglich scheitert, wird die Lage für den Propheten selbst kritisch. So nimmt er drei Jahre später bereitwillig die Einladung von Gesandten aus Yathrib an. Der 400 km nördlich gelegene Ort, das künftige Medina (von *madînat an-nabî*, »Stadt des Propheten«), ist damals im Gegensatz zum urbanen Mekka eine weitläufige Oase mit etlichen dorfartigen, befestigten Siedlungen. Deren Bewohner gehören unterschiedlichen Sippen an und liegen miteinander im Dauerkrieg. Um die drohende Selbstzerstörung abzuwenden, bitten sie den charismatischen Mann aus Mekka, zwischen ihnen als Schiedsrichter zu vermitteln. Die sogenannte *Hidschra*,

Der Prophet spricht in Medina von einem Minbar, einer hölzernen Predigtkanzel, zu seinen Gläubigen. Persische Miniaturmalerei

Auf einem Thron sitzend empfängt Mohammed als Herrscher von Medina und Eroberer von Mekka die Huldigung seiner Anhänger. Im Hintergrund: Hausdiener mit Fächer. Persische Miniatur aus: »Die wunderbare Geschichte Mohammeds«; 17. Jh.

Traditionellerweise folgt jeder Nennung von Name oder Titel des Propheten die Anrufung *salla-Llâhu 'alaihi wa-salam* (»Gott segne ihn und gebe ihm Frieden«) oder die ebenfalls gültige Kurzformel *alaihi-s-salam* (»Friede sei mit ihm«).

Die Schlacht bei Badr (624) zwischen den Soldaten Mohammeds und jenen der ungläubigen Mekkaner. Persische Miniatur

Mohammeds »Auswanderung« im September 622, mit der die islamische Zeitrechnung beginnt, markiert demnach auch den Auftakt zu seiner Wandlung vom radikalen, prophetischen Prediger zum diplomatisch abwägenden Politiker und Begründer einer islamischen Theokratie.

Überzeugt, daß sein Glaube im Kern jenem der Juden und Christen entspricht, sucht er, nachdem er die ärgsten Konflikte zwischen den Ansässigen erfolgreich geschlichtet und dementsprechend an Ansehen gewonnen hat, die Unterstützung der örtlichen jüdischen Gemeinden. Doch sein Vorhaben scheitert, und in der Folge grenzt er den Islam – ohne dessen geistige Nähe zu leugnen – um so eindeutiger von den beiden monotheistischen »Vorläuferreligionen« ab. Ein Akt, der indirekt noch vierzehn Jahrhunderte später politische Folgen hat. Er betont ab nun die Bedeutung Abrahams und dessen Sohnes Ismael, des Ahnherrn der arabischen Stämme. Zugleich verlegt er die Gebetsrichtung (s. S. 60) von Jerusalem nach Mekka und erklärt die dortige Ka'ba zu einem von Abraham erbauten monotheistischen Heiligtum. Die Juden – vielfach durch Handelsverträge an die Mekkaner gebunden – werden zu einem Teil zur Auswanderung gezwungen, zu einem anderen getötet und ihre Frauen und Kinder versklavt.

Der politische Triumph

Sein Hauptaugenmerk richtet Mohammed in den folgenden Jahren aber auf den Kampf gegen die ungläubigen Mekkaner. Um die wirtschaftliche Unabhängigkeit seiner Gefolgsleute, der *muhâdschirûn* (arab. für »Auswanderer«), gegenüber den in Yathrib alteingesessenen *ansâr*, den »Helfern«, zu gewährleisten, beginnt er, die Karawanen der feindlichen Quraisch zu überfallen. Im Nu entwickelt sich ein regelrechter Krieg, der für die Muslime höchst wechselhaft verläuft. Auf den Sieg (624 in der Schlacht bei Badr) gegen eine zehnfache

Übermacht der Mekkaner folgt schon im Jahr darauf (am Fuße des Bergs Uhud) eine bittere Niederlage, 627 jedoch (im sogenannten Grabenkrieg) ein neuerlicher und entscheidender Triumph. 628 schließen die Kontrahenten im Vertrag von Hudaibiya einen Waffenstillstand, durch den der ehemals geächtete Flüchtling auch formal zum ebenbürtigen Verhandlungspartner aufsteigt. Und zu Beginn des Jahres 630 marschiert Mohammed endgültig, ohne auf nennenswerte Gegenwehr zu stoßen, mit zehntausend Mann in Mekka ein.

Medina zur Zeit des Propheten. Naive Malerei, um 1800

Er läßt sofort die Götterbilder in der Ka'ba zerstören und durch Boten mehreren Herrschern, darunter dem byzantinischen Kaiser Herakleios und dem Perserkönig Chosrau, Briefe übermitteln, in denen er sie – allerdings mit geringem Erfolg – zur Annahme seiner noch jungen Religion auffordert. Gegenüber seinen bisherigen Gegnern läßt er, indem er sie begnadigt, Milde walten. Im sogenannten ›Jahr der Gesandtschaften‹ (631) empfängt der nunmehrige Leiter des mekkanischen Staatswesens reihenweise Delegationen aus allen Teilen Arabiens, die den Übertritt ihrer Stämme zum Islam vermelden. Als Mohammed am 8. Juni 632 unerwartet an Fieber stirbt, ist er Herr über fast die gesamte Arabische Halbinsel. Vor seinem Tod kann er noch von seinem Wohnort Medina aus die Wallfahrt (*haddsch*) zur Ka'ba unternehmen, die seitdem in dieser Form durchgeführt wird. Aus

Das Grab des Propheten in Medina (Miniatur aus einem Pilgerführer, 18. Jh.). Kaum ein Muslim, der nach Mekka pilgert, versäumt es, hier seine Huldigung darzubringen. Abgesehen von Mohammed sind an diesem geheiligten Ort auch die drei ersten Kalifen – Abû Bakr, 'Umar und 'Uthmân – begraben.

Die *umma*
Umma wird die Gemeinschaft derjenigen genannt, die an Allah und den Propheten als Vermittler der Offenbarung glauben und demgemäß handeln. Mohammed erklärt die Stammesgemeinschaft als solche für überholt und setzt an deren Stelle die *umma*.

den einander unaufhörlich befehdenden Sippen ist eine über alle Stammesgrenzen hinweg durch das Band der Religion geeinte Gemeinde von Gläubigen (*umma*) geworden, die einen einzigen, gemeinsamen Gott anbetet, ein und demselben Gesetz folgt und sich anschickt, den Islam und mit ihm die Arabische Sprache weit über ihre Heimat hinaus in die Welt zu tragen.

Die Zeit der »rechtgeleiteten« Kalifen

Der Prophet hatte weder Söhne noch einen Nachfolger bestimmt. Also setzten sich nach seinem Tod seine engsten Vertrauten zusammen, um nach altarabischer Sitte den künftigen Leiter der Gemeinde zu wählen. Sie entschieden sich für Abû Bakr, Mohammeds Gefolgsmann der ersten Stunde und Vater seiner zweiten Frau, 'Â'ischa. Abû Bakr ist der erste der sogenannten vier rechtgeleiteten Kalifen (arab. *chalîfa*, »Nachfolger«, »Stellvertreter«), deren Leben und Handeln den Sunniten als in jeder Hinsicht vorbildlich gilt. Die drei folgenden sind 'Umar, 'Uthmân und 'Alî.

In seiner nur zweijährigen Regierungszeit stand Abû Bakr vor allem vor der Aufgabe, den Weiterbestand des ins Wanken geratenen muslimischen Staatsgebildes zu sichern. Denn eine Reihe wichtiger arabischer Stämme hatte zwar Mohammeds Führungsrolle akzeptiert, fühlte sich aber durch dessen Hinscheiden jeglicher Vertragspflichten mit Medina entbunden. Zugleich waren mehrere falsche Propheten aufgetaucht, die bei den Stämmen um Anerkennung buhlten und für beträchtliche Unruhe sorgten. Im ›Krieg gegen die Abtrünnigen‹ (633) machte Abû Bakr solchen Spaltungstendenzen vorerst ein Ende.

Als wegweisende Persönlichkeit ging der zweite Kalif, 'Umar (634–644), in die islamische Geschichte ein. Er, über den Mohammed gesagt haben soll: »Wenn Gott gewollt hätte, daß nach mir noch ein anderer Prophet aufträte, so wäre es 'Umar gewesen«, trieb

Die Gefährtinnen des Propheten, kniend und mit verschleierten Gesichtern: seine Tochter Fâtima, seine Lieblingsfrau 'Â'ischa und seine Frau Umm Salama. Die Feuerkränze um ihre Häupter zeigen die Rolle der drei als idealtypische Vorbilder für muslimische Frauen an.

mit gewaltiger Energie jenen Siegeszug voran, der binnen weniger Jahre aus den Beduinen Arabiens Herren eines neuen Weltreichs machte.

Mekka – im Bild: seine Große Moschee – ist der unbestrittene Mittelpunkt der islamischen Welt. Die beiden anderen besonders heiligen Städte sind Medina (*al-Madîna*) und Jerusalem (*al-Quds*). Als heilig gelten auch jene Städte im weiteren geographischen Umfeld, die bei der islamischen Expansion eine bedeutende Rolle spielten: Damaskus, Bagdad und Kairo als Sitz der wichtigsten Dynastien; des weiteren Kairuan (Tunesien), Tlemcen (Algerien), Fes und Marrakesch (alle Marokko). Für Schiiten von zentraler Bedeutung sind Kerbela und Nadschaf (beide Irak) sowie Meschhed und Qom im Iran.

Schon 633, noch auf Befehl Abû Bakrs, hatten muslimische Truppen Palästina und Transjordanien erobert und wenig später einen wichtigen Sieg über die Byzantiner errungen. Nun fielen nacheinander Damaskus (635), Rest-Syrien (636, nach der Schlacht am Yarmuk), die am Tigris gelegene, sassanidische Hauptstadt Ktesiphon (ebenfalls 636, nach der Schlacht von Qâdisîya) und Jerusalem (638). 639 überschritt der Feldherr ʻAmr ibn al-ʻÂs die Grenze zu Ägypten. Drei Jahre später kapitulierte Alexandria. Nur zwei Jahrzehnte nach Mohammeds Tod erstreckte sich das *dâr al-islâm* (arab. für »Haus des Islam«), also der Lebensraum der muslimischen Völkerfamilie, von der nordafrikanischen Cyrenaika bis in den Kaukasus, und im Osten über den Iran hinaus bis zum Fluß Oxus, dem heutigen Amu Darya, bzw. nach Afghanistan. Die Araber hatten in kurzer Folge mehrere große Garnisonsstädte, nämlich Basra und Kûfa im Südirak sowie Fustât in Ägypten, gegründet. Und ihre Sprache begann, die alten Sprachen des Vorderen Orients wie Aramäisch oder Koptisch zu verdrängen.

Über die Gründe für diesen beispiellosen militärischen Erfolg ist viel spekuliert worden. Eine Erklärung liegt sicher in dem Umstand, daß die beiden Großmächte, Byzanz und das Sassanidenreich, ihre Kräfte in einem jahrzehntelangen, mörderischen Duell so

Die arabische Sprache gehört zur Gruppe der semitischen Sprachen und wurde durch den Siegeszug des Islam im 7. Jh. von Vorder- bis nach Zentral- und Südostasien und in Nordafrika bis auf die Iberische Halbinsel verbreitet. Als Sprache des Korans gilt sie Muslimen als gottgegeben. Als Maßstab alles Sprechens und Schreibens wurde sie im gesamten islamischen Reich rasch zur Sprache von Religion, Rechtsprechung, Wissenschaft, Verwaltung, ja überhaupt der städtischen Wirtschafts- und Machtzentren, und ihre Erlernung somit auch zu einem Mittel sozialer Emanzipation. Neben dem Hocharabisch, dem einigenden Band der arabisch-islamischen Welt, haben sich seit dem Mittelalter vielerlei regionale Dialekte entwickelt. Deren fünf Hauptgruppen sind das Halbinsel-Arabisch, Irakisch, Syrisch-Palästinensisch, Maghrebinisch und der ägyptische Dialekt, der – dank dem Massenmedium Fernsehen – inzwischen in allen arabischsprachigen Gebieten der islamischen Welt verstanden wird.

erschöpft hatten, daß sie den anstürmenden Arabern erstaunlich schwachen Widerstand entgegenbrachten. Hinzu kam, daß die orientalischen Christen die Muslime als Befreier vom byzantinischen Joch begrüßten. Gewiß spielten ebenso das bereits vor Mohammed erwachte Selbstbewußtsein der Nomaden und ihre beständige Gier nach Beute eine Rolle. Und auch klimatische Veränderungen – ein allmähliches Austrocknen der Arabischen Halbinsel – mögen den nahezu völkerwanderungsartigen Aufbruch in fruchtbarere Regionen mitausgelöst haben. Doch das entscheidende Element war zweifellos die uneingeschränkte Hingabe an die völlig neue religiöse Idee.

Freilich wuchsen innerhalb des Reichs mit dem eroberten Territorium auch Unmut und soziale und religiöse Spannungen. Bereits Kalif 'Umar hatte, um dem Staat langfristig die alleinige Kontrolle über die neuen Besitztümer zu sichern, durchgesetzt, daß alles mit Waffengewalt genommene Land nicht unter den Soldaten verteilt werde, sondern in Staatseigentum übergehe. Aus den Erträgen dieser Ländereien sollten die Nachkommen der Prophetengefährten und die Teilnehmer an den Feldzügen Renten erhalten, deren jeweilige Höhe in einer Heeresliste, dem Dîwân, festgeschrieben war. Doch bald schon forderten die zu kurz gekommenen Araber und auch die neubekehrten Muslime der besiegten Völker, allen voran die ehemalige iranische und byzantinische Elite, Gleichberechtigung.

Der Protest gegen den angeblichen Mißbrauch und die ungerechte Verteilung von Einkünften und Ämtern richtete sich insbesondere gegen den dritten Kalifen – 'Uthmân aus der Sippe der Banû Umayya. Er, der vor allem durch die von ihm veranlaßte Zusammenstellung der offiziellen, bis heute gültigen Fassung des Korans in die Geschichte eingehen sollte, wurde 656 ermordet. Unmittelbar danach brach der fünf Jahre dauernde erste Bürgerkrieg aus. Drei Parteien waren an ihm beteiligt: zum einen die Partei 'Alîs, des Schwiegersohnes des Propheten, der nach mehreren vergeblichen Anläufen endlich zum vierten Kalifen erkoren worden war. Eine zweite Partei bildeten Talha und Zubair, zwei Frühbekehrte, die, durch die einflußreiche Prophetenwitwe ‘Â’ischa unterstützt, von Basra aus gegen ‘Alî agitierten. Einen weiteren Widersacher hatte ‘Alî in Mu‘âwiya, dem mächtigen Gouverneur von Syrien, der im Namen der rechtmäßigen Nachfolge des Propheten zur Rache für ‘Uthmân aufrief.

Die beiden Gegner aus Basra schaltete ‘Alî bereits 656 in der sogenannten Kamelschlacht in Südmesopotamien aus. Mit Mu‘âwiya einigte er sich nach der Schlacht bei Siffîn (657) auf einen aus der Sicht vieler Anhänger fragwürdigen Kompromiß. Als ‘Alî schließlich im Jahr 661 von einem empörten ehemaligen Gefolgsmann ermordet wurde, war der Zerfall der bis dahin vielbeschworenen Einheit der muslimischen Gemeinde besiegelt. Und die bald darauf erfolgende, endgültige Aufspaltung in vorerst drei große, unversöhnliche Gruppierungen – Sunniten, Schiiten und Charidschiten (s. S. 66ff.) – zeichnete sich unübersehbar ab. Nutznießer der verworrenen Situation war Mu‘âwiya: Er zwang ‘Alîs Sohn Hasan zum Verzicht auf den Kalifentitel und begründete, indem er sich dieser obersten Würde selbst bemächtigte und die Residenz nach Damaskus verlegte, die knapp hundert Jahre währende Herrschaft der Umayyaden.

ا	â	د	d	ض	d*	ك	k
ب	b	ذ	dh	ط	t*	ل	l
ت	t	ر	r	ظ	z*	م	m
ث	th	ز	z	ع	‘ ء ’	ن	n
ج	dsch	س	s	غ	gh	ه	h
ح	h*	ش	sch	ف	f	و	w
خ	ch	ص	s*	ق	q	ى	y

Die 29 Buchstaben des Arabischen Alphabets in der unverbundenen Form. Die mit * versehenen Buchstaben weichen in ihrer Aussprache von den deutschen Entsprechungen ab.

Die arabischen Ziffern (von 1–9 und 0):

١ ٢ ٣ ٤ ٥ ٦ ٧ ٨ ٩ ٠

Die arabische Schrift ist ein Abkomme des altsemitischen phönizisch-kanaanäisch-nabatäischen Alphabets und war im 6. Jh. in ihrer endgültigen Form entwickelt. Gemeinsam mit der arabischen Sprache durch den Siegeszug des Islam über den halben Erdball verbreitet, wurde sie selbst von jenen islamisierten Völkern übernommen, die – wie etwa Perser, Türken, Inder, Malaien oder Berber – ansonsten der Arabisierung widerstanden. Das Alphabet besteht aus 29 Buchstaben, die von rechts nach links geschrieben werden und, je nachdem ob sie am Anfang, in der Mitte oder am Schluß des Wortes stehen, ihre Form ändern können. Die Schrift ist eine Konsonantenschrift, die Buchstaben w und y erscheinen aber auch als Vokale (û, î; ebenso das â). Kurze Vokale, Vokallosigkeit und Verdoppelung der Konsonanten werden üblicherweise nicht bezeichnet, können aber bei Bedarf durch Hilfszeichen angezeigt werden. (Zu den verschiedenen Schrifttypen s. Kasten Kalligraphie, S. 101).

Die Eröffnung (al-Fâtiha)
1 Im Namen des barmherzigen und gnädigen Gottes. 2 Lob sei Gott, dem Herrn der Menschen in aller Welt, 3 dem Barmherzigen und Gnädigen, 4 der am Tag des Gerichts regiert! 5 Dir dienen wir, und dich bitten wir um Hilfe. 6 Führe uns den geraden Weg, 7 den Weg derer, denen du Gnade erwiesen hast, nicht (den Weg) derer, die d(ein)em Zorn verfallen sind und irregehen!

Die heiligen Worte Allâhs wurden zwischen 610 und 632 dem Propheten Mohammed nach und nach offenbart (s. S. 14). Sie gehen, so die Vorstellung der Muslime, auf eine im Himmel »wohlverwahrte Tafel« zurück. Diese unmittelbar göttliche und daher unnachahmliche »Mutter des Buches« (*umm al-kitâb*) ist für den Muslim zunächst oberste Richtschnur für alles Handeln in der Welt, dient ihm aber auch zur Belehrung und Erbauung. Sie enthält Ermahnungen, Erzählungen von den Propheten, Gerichtsreden und endzeitliche Weissagungen. Ein für den muslimischen Alltag essentieller Teil nennt gesetzliche und religiöse Pflichten und Verbote, sowohl für die »religiösen« als auch für die »weltlichen« Lebensbereiche, die im Islam ohnehin nicht streng abgegrenzt werden können.

Alles in allem besteht der Koran aus 114 Abschnitten (Suren, arab. *sûra*), die sich aus gereimten Versen (*âyât*, wörtl. »Zeichen«) zusammensetzen und – mit Ausnahme der kurzen *fâtiha* zu Beginn – nach abnehmender Länge geordnet sind. Die Umfänge der Suren sind äußerst unterschiedlich. Sie reichen von 286 bis zu drei Versen; auch die Länge der einzelnen Verse ist sehr variabel. Jede Sure wird durch immer denselben Vers, die *basmala* (s. S. 28) eingeleitet. Benannt sind die Suren nach einem charakteristischen, im Text enthaltenen Wort wie etwa »Die Kuh«, »Das Einhüllen«, »Der Embryo« usw. Die erste Sure (arab. *al-fâtiha*, »die Eröffnende«) begleitet den Gläubigen als ein kurzes Gebet in allen Lebenslagen.

Der Koran wird durchweg in Reimprosa (*sadsch'*) gehalten, d. h. die Verse besitzen einen Reim, aber kein Versmaß. Inhalt, Sprache und Stil der Texte lassen vier verschiedene Phasen der Entstehung erkennen – drei, die vor der Hidschra (s. S. 15f.) liegen und als

Koranlektüre in der Moschee von Misfah, Oman

Koranseite (Ausschnitt aus der zweiten Sure, »Die Kuh«). Ägypten, 16. Jh. Bei der Wiedergabe der Worte Allâhs ist man auch bestrebt, deren ästhetische Qualität herauszustellen. Dies gilt für die Koranrezitation ebenso wie für die Gestaltung der Handschriften.

> Beim Stern, der flirrt! / Nicht euer Genosse tört noch irrt, / spricht nicht aus eigner Begierd', / es ist, was offenbar ihm wird. / Ihn lehrte ein hochstrebender / gewaltiger, stätschwebender, / am Himmel hoch sich hebender, / dann naht er sich und kam hernieder, / und war zwei Ellen weit und minder, / und offenbarte seinem Knecht, was er ihm offenbarte; / nicht log das Herz, was das Auge gewahrte.
>
> *Beginn der mekkanischen Sure »Der Stern« (53, 1–11) in der »Nachdichtung« von Friedrich Rückert (1788–1866)*

mekkanische gelten, und eine, die in den Zeitraum seines Aufenthalts in Medina – also nach 622 – fällt. Während die frühesten Suren durch ihre Kürze und ihre poetisch-gewählte Sprache an Schwurformeln der vorislamischen Wahrsager erinnern, sind viele der Verse aus der medinischen Zeit länger und prosaischer.

Nachdem die einzelnen Suren anfangs völlig ungeordnet, teils auf Knochen und Leder, teils auf Holz- und Steintafeln festgehalten worden waren, ließ der dritte Kalif 'Uthmân (s. S. 20) zwanzig Jahre nach Mohammeds Tod die verstreuten Texte redigieren und zusammenfassen.

Wenn auch eine einheitliche Fassung gefunden worden war, so ergaben sich doch einige unterschiedliche »Lesarten« (*qirâ'ât*) – bedingt durch die in der frühen arabischen Schrift fehlenden diakritischen Punkte (welche zur Unterscheidung einiger gleich dargestellten Konsonanten notwendig sind) und Zeichen zur Identifizierung der Vokale. Die zahlreich kursierenden Lesarten wurden nach und nach aber einer strengen Überprüfung unterworfen: Sie mußten inhaltlich vollständig mit der 'uthmânischen Rezension übereinstimmen, von Gewährsleuten überliefert und sprachlich einwandfrei sein. Im 10. Jh. wurde der Koran dann in seine endgültige Form gebracht; die Lesarten von sieben Koranlesern wurden zum Kanon ernannt (die wichtigste ist 'Âsim nach der Überlieferung des Hafs). Gute Koranleser beherrschen sie allesamt auswendig.

Die Sprache des Korans (arab. *al-qur'ân*, von *qara'a*, ›lesen‹, ›rezitieren‹) ist Hocharabisch. Eine Übersetzung des Korans ist nach muslimischem Verständnis nicht möglich, dem Sinn des vollkommenen Worts Allahs vermag man durch die Übertragung in eine andere Sprache nur näher zu kommen. Jeder Gläubige, der den Koran rezitiert, muß dies auf Arabisch tun. Nicht zuletzt deshalb hatte (und hat) der Koran einen entscheidenden Anteil an der Verbreitung der arabischen Sprache und Schrift – noch heute lernen die muslimischen Kinder Hocharabisch z. T. anhand des Korans. Der Schritt von der intensiven Beschäftigung mit dem Koran zu den Sprachwissenschaften (in weitestem Sinne) war daher nicht weit. Zur Koranexegese (*tafsîr*) und der rechtlichen Auslegung von Koran und Sunna (s. S. 40) gehörten die genauen Kenntnisse des klassichen Arabisch (*'arabîya*) und deren Grammatik (*nahw*). Aber auch in anderer Beziehung war die Kenntnis der arabischen Sprache von fundamentaler Bedeutung. Da es erforderlich war, den durch Gabriel übermittelten Originaltext adäquat wiederzugeben (die falsche Wiedergabe ist Sünde), entwickelte sich geradezu eine Wissenschaft der Koranrezitation (*tadschwîd*). Hierbei wurde ein minutiöses Regelwerk aufgestellt, wie Konsonanten zu artikulieren sind, wie die Vokalisierung erfolgt und in welches Zeitmaß Lautgruppen gebracht werden dürfen. Des weiteren haben die Koranleser Vorschriften bezüglich der Texteinteilung zu beachten, damit der Sinn des Textes nicht entstellt wird. Anerkannte Koranleser (arab. sing. *qâri'*) sind von daher auch Spezialisten, die ein Jahre dauerndes Studium absolviert haben müssen. Grob gesprochen unterscheidet man zwei Arten von Koranlesung: Die eine erfolgt im normalen Sprechtempo (*murattal*), und zu ihrer Ausführung sollte jeder gute Muslim in der Lage sein. Die zweite vollzieht der Koranleser hingegen in einem langsameren Sprechtempo (*mudschawwad*) unter peinlich genauer Einhaltung der Artikulationsregeln. Bei letzterer, welche auch das Ziel hat, ästhetische Qualitäten des Textes herauszustellen, rezitiert der Leser zumeist unter Zuhilfenahme einer Melodisierung, die bei Meistern ihres Fachs den höchsten Ansprüchen der arabischen Kunstmusik entsprechen kann – wenn-

Die Koranlesung‹ von Rudolf Ernst, um 1885–1897

gleich eine solche Koranlesung nach islamischem Verständnis niemals als Musik verstanden wird (zum Verhältnis von Musik und Islam s. S. 100).

Anlässe, bei denen der Koran gelesen wird, gibt es viele. Zuallererst sei hier der Gottesdienst in der Moschee genannt, ebenso Zeremonien und Feiern wie Hochzeit und Begräbnis, aber auch weltliche Veranstaltungen wie bedeutende politische Zusammenkünfte oder die Einweihungen von Gebäuden. Die vor dem Freitagsgebet in der Moschee und die im Ramadan häufig stattfindenden Lesungen werden heutzutage in Rundfunk und Fernsehen übertragen. Es ist aber auch durchaus üblich, daß man sich zwanglos trifft, um Koranlesungen zu lauschen und darüber zu diskutieren.

um 410
Augustinus verfaßt ›De civitate Dei‹ (›Über den Gottesstaat‹).
Ende 5. Jh.
Papst Gelasius I. entwickelt die Lehre vom Vorrang der geistlichen Autorität gegenüber der weltlichen Gewalt.
Mitte 13. Jh.
Thomas v. Aquin entwickelt seine ›fünf Gottesbeweise‹.
1517
Martin Luther veröffentlicht in Wittenberg seine 95 Thesen.
Mitte 16. Jh.
In Venedig wird der erste Koran auf Arabisch gedruckt.
1779
Lessing schreibt das Drama »Nathan der Weise«, das die monotheistischen Religionen als ebenbürtig darstellt.
1784
»Was ist Aufklärung?«, eines der Hauptwerke Immanuel Kants, erscheint.
1789
Französische Revolution
1828
Sultan Mahmud II. verbietet in der Türkei per Gesetz das Tragen von Turbanen.
1925
Kemal Atatürk zwingt seine Landsleute, den Fez gegen Hut oder Mütze zu tauschen.
1936
Verbot des Tschadors in Persien durch Schah Reza Pahlevi

»Diejenigen, die rechtschaffen sind, haben dereinst das Allerbeste und ein Übermaß an Lohn zu erwarten (...) Sie werden Insassen des Paradieses sein und ewig darin weilen. / Was jedoch diejenigen betrifft, die schlechte Taten begehen, (...). Sie werden Insassen des Höllenfeuers sein und ewig darin weilen.

Koran, Sure Jonas (10, 26–27)

Allâh, die Engel und das Paradies

Islâm – das arabische Wort bedeutet ›Hingabe‹, ›Ergebung in den Willen Gottes‹. Sein Stamm, die Wurzel *s-l-m*, steckt auch im *muslim*, ›dem sich Gott Hingebenden‹ (pers. *moslem*; türk. *müslüman*) und in *salam*, dem ›Frieden‹. Herzstück dieser jüngsten der Weltreligionen ist der bedingungslose Glaube an die Einzigartigkeit Allahs. Dieser Gott, der mit dem Mensch Zwiesprache halten kann, ist erhaben und mächtig, aber auch milde und barmherzig. Er ist Herr und Lehrer, der Mensch sein Diener. Gott hat die Welt erschaffen, und zwar so vernünftig und wohlgeordnet, daß sämtliche Erscheinungen miteinander in Verbindung stehen. Er erhält sie, bestimmt alles Geschehen und wird, so sind die mittlerweile 1,2 Milliarden Muslime auf Erden überzeugt, am Jüngsten Tage Gericht halten. Ihm zur Seite stehen die Engel – Lichtgestalten, deren Hauptaufgabe darin besteht, Gott zu loben und seinen Thron zu tragen. Daneben helfen sie Menschen in schwierigen Situationen, legen zu ihren Gunsten Fürbitten ein, verzeichnen ihre Taten in Büchern und überbringen ihnen die göttliche Offenbarung. Dank seiner Rolle als Überbringer des Korans ist Dschibrîl (Gabriel) theologisch am bedeutsamsten, jener Engel, der schon Maria, der Mutter Jesu, ihren heiligen Auftrag verkündet hat. Ihm entgegen wirkt der gefallene Engel Iblîs, der Teufel, auch Schaitân genannt. Als Mittler zwischen Engeln und Menschen fungieren dämonische, dem Feuer entsprungene Geistwesen, die Dschinnen.

Der Islam bekennt sich zur Ur-Offenbarung und zum Urbund Gottes mit Adam als dem ersten Menschen. Das Konzept der Erbsünde jedoch lehnt er ab. Denn der Erdenbewohner sei von sich aus imstande, das Heil zu erlangen und habe für sein Tun und Lassen eigenverantwortlich einzustehen. Den Frommen wird ein Paradies verheißen – ein sinnenfrohes Schlaraffenland, wo in »Gärten der Wonne« köstlicher Wein fließt und *hûris*, schwarzäugige Jungfrauen mit unvergänglichen Reizen, die in Seide gekleideten Seligen verwöhnen. Die Frevler hingegen haben in der Hölle zu schmoren, wobei sie aber auf Gottes Bereitschaft zur Vergebung hoffen dürfen.

Bedeutung der Propheten

Obwohl der Islam weder Sakramente noch eine Priesterweihe oder Konzile kennt und ihm die Dreifaltigkeit in Erinnerung an die vorislamische Vielgötterei verdächtig ist, hat er mit Judentum und Christentum insgesamt viel mehr gemein, als den Angehörigen aller drei Glaubensrichtungen für gewöhnlich bewußt ist. Die direkte Verwandtschaft zeigt sich unter anderem darin, daß Muslime sämtliche Propheten der beiden Vorgängerreligionen, allen voran Abraham (arab. Ibrahîm), Moses (Mûsâ) und Jesus (ʻÎsâ), verehren und deren heilige Bücher – das Alte und Neue Testament beziehungsweise Psalter, Thora und Evangelium – anerkennen. Der Islam unterscheidet in diesem Zusammenhang zwar zwischen einfachen Mahnern und Warnern (sing. *nabî*) sowie jenen besonders auserwählten Gesandten (sing. *rasûl*), die eine neue Religion verkünden. Doch er geht davon aus, daß Gott immer schon allen Völkern aus deren jeweils eigenen Reihen Propheten geschickt hat. Die immer gleiche Aufgabe:

Die Propheten Moses und Mohammed und der Erzengel Gabriel im Gespräch über die Festlegung der täglichen Pflichtgebete für die Muslime. Türkei, Ende 16. Jh.

Prädestination: Die Frage nach dem Maß der Willensfreiheit des Menschen bzw. der göttlichen Vorbestimmung seines Schicksal wurde vor allem in den ersten drei Jahrhunderten des Islam heftig diskutiert. Die Dschabriten (von arab. *dschabr*, »Zwang«), die jegliche Freiheit bestritten, lagen mit den Mu'taziliten, die den Eigenwillen im Entscheiden und Handeln betonten, im Streit. Bei der Beurteilung eines Sünders entschieden sie aber nicht, daß dieser ein Ungläubiger sei, sondern zwischen Gläubigen und Ungläubigen stehe. Durchgesetzt hat sich die Schule der Asch'ariten (ab dem 10. Jh.), eine typische Vermittlungstheologie, die von einer menschlichen Eigenverantwortung ausgeht.
Kismet (türk., nach arab. *qisma* für ›Los‹, ›Anteil‹): Der Begriff, der für den Glauben an die unabwendbare Fügung des Schicksal steht, entstammt nicht der Tehologie, sondern dem Volksislam. Er wird im Westen häufig mit jener – angeblichen – Passivität der Orientalen im Alltagsleben verwechselt, die aber eher in klimatischen, kulturellen oder politischen Bedingungen begründet ist.

Weitverbreitete Form einer ›Piktographie‹, in der symbolisch die Moschee von Medina mit der Formel »Mohammed ist der Gesandte Gottes«, kombiniert wird. Im Bild: Hinterglasmalerei, Tunis

den Menschen in seiner Vergeßlichkeit an die ursprüngliche Offenbarung zu erinnern, zum Gehorsam zu ermahnen und, falls nötig, wieder auf den richtigen Weg zu führen.

In einigen Punkten unterscheidet sich der Islam von den zwei anderen monotheistischen Religionen freilich sehr wohl fundamental: So leugnet er etwa Jesu Kreuzestod, läßt dessen Erlösungswerk unerwähnt und verneint entschieden seine Göttlichkeit. Mohammed, den eigenen Stifter, erhebt er über sämtliche Vorgänger, sieht in ihm den Höhe- und unwiderruflichen Endpunkt der Prophetengeschichte und nennt ihn denn auch das »Siegel der Propheten«. Und auch das von Mohammed verkündete Gotteswort, den Koran, betrachtet er als letzte und damit endgültige Offenbarungsschrift, durch die alle früheren heiligen Bücher berichtigt und ein für allemal vervollkommnet sind.

Die Fünf Säulen

Gemäß einem Ausspruch des Propheten beruht der Islam auf fünf »Säulen« (*arkân*, sing. *rukn*). Gemeint sind damit jene fünf grundsätzlichen Pflichten, deren Einhaltung dem Gläubigen im kultischen Bereich auferlegt ist. An erster Stelle steht das Glaubensbekenntnis, die *schahâda* (arab. von *schahida*, »bezeugen«, »bekunden«). Es folgen das tägliche Pflichtgebet

Bi-smi Llâhi r-rahmâni r-rahîm, »Im Namen Gottes, des Barmherzigen, des Erbarmers.« Diese Formel, verkürzend *basmala* genannt, steht nicht nur am Anfang eines jedes Gebets, sondern wird von frommen Muslimen generell am Beginn jeder bedeutsameren Handlung gesprochen. Mit ihr erbittet der Reisende vor der Abfahrt in die Fremde, der Sportler vor dem Wettkampf und das Ehepaar vor dem Beischlaf den Segen Gottes, auf daß sein Vorhaben gelinge. Ebenso wird sie religiösen Büchern, politischen Reden und jeder Mahlzeit vorangestellt. Und auch in der Magie spielt die *basmala*, die laut volkstümlichen Vorstellungen von Gott auf die Brust Adams, auf den Flügel Gabriels und auf die Zunge Jesu geschrieben wurde, eine wichtige Rolle, schützt sie doch vor dem Bösen Blick und vor dem schädlichen Einfluß der Dschinnen.

(*salât*), das Fasten im Monat Ramadan (*saum*), die Entrichtung der Almosensteuer (*zakât*) sowie die Pilgerfahrt nach Mekka (*haddsch*). In manchen Quellen wird als sechste Säule der Heilige Krieg (*dschihâd*, s. S. 39), erwähnt. Er gilt – außer bei den Charidschiten – jedoch nicht generell als persönlich verpflichtend. Vielmehr genügt es, wenn eine »ausreichende Anzahl von Männern« an ihm teilnimmt. Lediglich als Verteidigungskrieg wird er für sämtliche Bewohner der bedrohten Landstriche zur Pflicht, sobald der Imam dazu aufruft.

Die *schahâda*

Aschhadu an lâ ilâha illâ Llâh, wa aschhadu anna Muhammad rasûlu Llah. »Ich bezeuge, daß es keinen Gott gibt außer Allâh, und ich bezeuge, daß Mohammed sein Gesandter ist.« Diese im gesamten islamischen Kulturkreis auf Arabisch gesprochenen Worte, die der Prophet einer verbürgten Tradition zufolge einst vom Erzengel Gabriel vernommen hat, sind für jeden Muslim, gleich welcher Glaubensrichtung oder Sekte er angehört, gültig und begleiten ihn sein Leben lang. Das Neugeborene bekommt sie ins Ohr geflüstert und der Sterbende soll sie auf den Lippen tragen. Sie sind unverzichtbarer Bestandteil des Gebets und aller wichtigen Riten und werden sowohl in Lebenskrisen als auch zur Bekräftigung von Aussagen rezitiert. Als gesegnete Formel sind sie in allen Moscheen und in vielen Amuletten zu finden. Auch dienen sie Kalligraphen als beliebtes Motiv. Mit dem Aufsagen der *schahâda*, diesem einfachsten und auch persönlichsten Akt der Frömmigkeit, bezeugt der Gläubige die Einheit Gottes und alles Geschaffenen sowie die Rechtmäßigkeit der Sendung des Propheten. Indem ein Nicht-

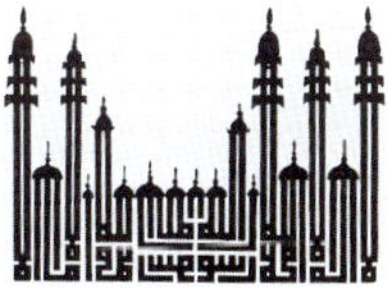

Vier Beispiele für kunstvolle Kalligraphie (von oben nach unten):
- Vogel Strauß;
- Die ›Galeere des Glaubens‹ – Rumpf und Ruder stellen die sieben Glaubensartikel dar (Allâh, sein Engel, seine Bücher, seine Propheten, der Jüngste Tag, die Vorherbestimmung, das Gute und Böse, die Wiederauferstehung nach dem Tod). Die *schahâda*, das Glaubensbekenntnis, bildet das Segel.
- Der Löwe als Symbol für 'Alî, den vierten Kalifen;
- Das Glaubensbekenntnis in Form einer Moschee

Muslim, egal ob Mann oder Frau, die *schahâda* dreimal vor Zeugen in freiem Willen, bewußt und aufrichtig spricht, bekundet er seinen Übertritt zum Islam – ein Schritt, der nie mehr rückgängig zu machen ist.

Das Gebet (*salât*)

Die sowohl nach spirituellen als auch gesetzlichen Gesichtspunkten zweitwichtigste Pflicht ist das tägliche rituelle Gebet. Im Unterschied zur *du'â'*, der spontanen, persönlichen Zwiesprache mit Gott, bei der die Gläubigen ihren Empfindungen und Bitten frei Ausdruck verleihen, ist der Ablauf der *salât* (wörtlich für »Fürbitte«, »Segenswunsch«) in allen Einzelheiten festgelegt. Sie muß – tunlichst in Gemeinschaft – fünfmal pro Tag verrichtet werden, und zwar 1. zwischen Morgendämmerung und Sonnenaufgang; 2. wenn die Sonne den Zenith erreicht hat; 3. am mittleren Nachmittag; 4. bei Sonnenuntergang und 5. im Verlauf des Abends vor dem Schlafengehen. Zusätzlich gibt es noch drei freiwillige Gebetszeiten: »wenn die Sonne schon hoch steht«; um etwa 11 Uhr morgens und nach Mitternacht. Von dieser Pflicht befreit sind lediglich Kranke, Altersschwache, Geistesbehinderte sowie, unter gewissen Umständen, Reisende.

Bedingung für die Gültigkeit eines Gebets ist neben der Sauberkeit der Kleidung und des Ortes (weshalb der Boden mit einem Teppich, Tuch oder Ähnlichem bedeckt sein sollte) die kultische Reinheit des Betenden. Sie wird – bei den Schiiten stets, bei den Sunniten

Die verschiedenen Körperstellungen während des Gebets (nach E. W. Lane)

nur im Falle von Unreinheit – jeweils unmittelbar vor Beginn durch eine Waschung (*wudû'*) gewährleistet. Dabei werden mit dreimaliger Handbewegung Hände, Unterarme, Kopf und Füße gesäubert, empfohlen sind weiterhin das Ausspülen des Mundes, das Ausschnauben der Nase sowie das Ausreiben der Ohren. Steht kein Wasser zur Verfügung, erlaubt der Koran auch eine »trockene« Waschung mittels Erde, Sand oder – symbolisch – mit einem Kieselstein. Nach Beischlaf, Menstruation oder einer Entbindung ist die »große« Waschung (*ghusl*) vorgeschrieben, die sämtliche Körperteile umfaßt. All diese Riten der Reinigung dienen nicht nur der äußeren Hygiene, sondern auch der inneren Läuterung, versinnbildlichen demnach Reue, die Abkehr von der Sünde und die Zuwendung zu Gott.

Ist der Ruf des Muezzin, der *adhân*, erschallt und die Gemeinde in der Moschee versammelt, stellen sich die Betenden mit dem Gesicht Richtung Mekka in Reihen auf, wobei – wie in orthodoxen Synagogen oder früher auch in Kirchen – strikte Geschlechtertrennung herrscht. Frauen beten entweder daheim, in einem gesonderten Raum der Moschee oder, von den Männern durch Sichtschutz getrennt, ebenfalls im Hauptraum. Eröffnet wird die Andacht aufrecht stehend. Der Gläubige hebt beide Hände neben den Kopf und spricht, um sich in den Weihezustand zu versetzen, die sogenannte Absichtserklärung (*nîya*) sowie den *takbîr* , also die Formel »*Allâhu akbar*« (Gott ist groß). Nun verschränkt er die Hände vor dem Bauch, rezitiert die *basmala* (s. S. 28), die erste Koransure (*fâtiha*, s. S. 22) sowie leise weitere Verse aus dem Koran. Es folgt ein

Jedes der fünf täglichen Pflichtgebete wird durch den *adhân*, den Ruf des Muezzin (*mu'adhdhin*), angekündigt. Seine Worte lauten immer gleich:
1. *Allâhu akbar* (»Allâh ist groß!«; 4x wiederholt),
2. *Aschhadu an la ilâha illa-Llah* (»Ich bezeuge, daß es keinen Gott gibt außer Allâh«; 1x),
3. *Aschhadu anna Muhammad rasûlu Llah* (»Ich bezeuge, daß Mohammed Gottes Gesandter ist«; 1x),
4. *Hayya 'alâ s-salât* (»Auf zur *salât*!«; 2x),
5. *Hayya 'alâ l-falâh* (»Auf zum Heil!«; 2x),
6. *Allâhu akbar* (2x),
7. *Lâ ilâha illâ Llâh* (1x).
Je nach der vorherrschenden Rechtsschule (s. S. 41f.) kann die Anzahl einiger Formeln variieren. Die Schiiten fügen zudem noch (zwischen die fünfte und die sechste) eine weitere Formel hinzu: *hayya 'alâ chair* (»Auf zum besten Tun!«). Je nach regionaler Tradition und Rechtsauffassung kann der Gebetsruf unterschiedlich melodisiert werden. In manchen Gegenden der islamischen Welt wurden übrigens bevorzugt sehbehinderte Männer zu Muezzins erkoren, weil diese trotz ihres erhöhten Standpunktes nicht ins Innere der Privathäuser blicken konnten.
Im Bild: ein Muezzin beim Gebetsruf auf einem der zahlreichen Minarette in Kairo (Anfang 19. Jh.)

Die Haltung beim individuellen Gebet (*du'â'*), in dem die Gläubigen Allâh um ihren Segen bitten

Vornüberbeugen des Körpers, bei dem die Handflächen etwas oberhalb der Knie die Beine berühren und erneut »*Allâhu akbar*« sowie dreimal die Lobesworte »Ruhm und Preis meinem Gott, dem Allmächtigen« gesprochen werden. Danach richtet er sich wieder auf und sagt: »Möge Gott den hören, der ihn preist, Dir, mein Herr, die Lobpreisungen.« Hierauf läßt sich der Betende zum Zeichen der totalen Hingabe und Unterwerfung unter weiteren »*Allâhu akbar*«-Rufen und Huldigungen zweimal auf die Knie nieder, um mit der Stirn den Boden zu berühren. Dazwischen setzt er sich kurz auf seine Fersen.

Jedes Gebet setzt sich aus mehreren solchen Bewegungszyklen (*rak'a*, plur. *raka'ât*) zusammen. Diese werden während des Mittags-, Nachmittags- und Nachtgebets jeweils viermal, abends drei- und morgens zweimal wiederholt. Zwischen jeder Einheit verharrt der Gläubige auf den Fersen sitzend und rezitiert neuerlich die erste Sure. Abschließend spricht er das soge-

Die kleine Waschung (*wudû'*), die auch die Reinigung der Füße umfaßt, ist vor jedem Freitagsgebet obligat.

Gebet in einer Moschee, Ölgemälde von Rudolf Weisse

nannte Bezeugungs-Gebet (*taschahhud*), das mit der *schahâda* endet. Zu guter Letzt entbietet er seinen Nachbarn den Kopf nach rechts und links wendend den Gruß *as-salâm alaikum wa rahmatu Llâh* – »Der Friede sei mit euch und die Barmherzigkeit Gottes!«

Neben diesen verpflichtenden gibt es eine Vielzahl von anlaßbezogenen Gebeten, die etwa bei Todesfällen, Hungersnöten, Sonnen- und Mondfinsternissen, drohenden Gefahren, an Festtagen oder vor Antritt einer Reise Anwendung finden. Von zentraler Bedeutung ist der Gottedienst in der Moschee am Freitagmittag, in dessen Rahmen jene wöchentlichen Predigten (sing. *chutba*) gehalten werden, in denen neben religiösen auch soziale und politische Probleme zur Sprache kommen.

Die Almosensteuer (*zakât*)

Als dritte Säule gilt die Pflicht, seinen irdischen Besitz mit weniger begüterten oder mittellosen Glaubensbrüdern zu teilen. Im Gegensatz zum freiwilligen Almosen (*sadaqa*), dessen Höhe der Wohltätige selbst bestimmt, ist die *zakât* (von arab. zakâ, ›rein, gerecht sein‹) eine gesetzlich festgelegte Steuer, der gewisse Vermögensbestandteile zu einem genau definierten Prozentsatz unterliegen. Sie war ursprünglich nicht nur für Arme und Bedürftige, sondern auch zur Unterstützung von Reisenden, Konvertiten und Glaubenskämpfern und für den Loskauf von Sklaven bestimmt. Zu bezahlen ist sie von jedem volljährigen, gesunden und freien Muslim; gemäß speziellen Rechtsauffassungen zusätz-

Der islamische Rosenkranz (arab. *misbaha*), der zum Vorbild für den christlichen wurde, dient in erster Linie zur Rezitation von Gottes 99 Namen.

Wir haben ihn (den Koran) in der Nacht der Bestimmung hinabgesandt. / Aber wie kannst du wissen, was die Nacht der Bestimmung ist? / Die Nacht der Bestimmung ist besser als tausend Monate. / Die Engel und der Geist kommen in ihr mit der Erlaubnis ihres Herrn hinab, lauter Logoswesen. / Sie ist voller Heil und Segen, bis die Morgenröte sichtbar wird.

Koran, Sure »Die Bestimmung« (97)

lich auch von Minderjährigen und Kranken. Durch ihre Entrichtung wird der Besitzende sowohl zu sozialem Verantwortungsgefühl als auch zur Dankbarkeit gegenüber Gott angehalten für die Möglichkeit, in Wohlstand zu leben. Zudem gilt die Zahlung der *zakât* als Akt der moralischen Legitimierung von Privatvermögen und der Reinigung von Habgier. Während die Almosensteuer seit Jahrhunderten meistenorts abseits staatlicher Kontrolle eingesammelt und verteilt wird, bemüht man sich in manchen Ländern wie etwa in Pakistan neuerdings, sie wieder zu einer umfassenden Sozialabgabe auszubauen, die neben Armen- und Gesundheitsfürsorge auch Schulgeld und gemeinnützigen Wohnbau abdeckt und vom Staat erhoben wird.

Das Fasten (*saum*)

Während der 29 beziehungsweise 30 Tage des Ramadan, des neunten Monats des islamischen Mondkalenders, sind alle volljährigen und gesunden Muslime zum rituellen Fasten angehalten. Vom frühen Morgen, vor Sonnenaufgang, bis nach Sonnenuntergang, dürfen sie weder Nahrung noch Getränke zu sich nehmen. Auch Genußmittel wie etwa Tabak, auch jegliche sexuelle Aktivitäten, böse Gedanken oder Taten – Lügen, Flüche, Streitigkeiten – sind verboten. Zum Fastenbrechen (*iftâr*) nach Sonnenuntergang wurden einst Datteln gegessen und Wasser getrunken. Heute wird die Abstinenz am Tage des nachts vielerorts durch üppige Festmahle ausgeglichen. Seit alters üblich ist ein leichtes Mahl (*sahûr*) vor der Morgenröte. Nach dem alltägli-

»Der Monat Ramadân ist es, in dem der Koran (erstmals) als Rechtleitung für die Menschen herabgesandt worden ist, und (die einzelnen Koranverse) als klare Beweise der Rechtleitung und der Rettung. Wer nun von euch während des Monats anwesend ist, soll in ihm fasten. (…) / (…) / Eßt und trinkt, bis ihr in der Morgendämmerung einen weißen von einem schwarzen Faden unterscheiden könnt! Hierauf haltet das Fasten durch bis zur Nacht (…)

Koran, Sure »Die Kuh« (2/185–187)

chen Abendgebet sprechen fromme Gläubige ein spezielles langes Nachtgebet, genannt *salât at-tarâwîh*.

»Pilger auf dem Weg nach Mekka«, Ölgemälde von Léon Belly, 1861. Berühmt war die alljährliche Pilgerkarawane von Kairo bzw. Damaskus in den Hedschas. Unter den Osmanen war sie ein bürokratisch durchorganisiertes Unternehmen, an dem Zehntausende Tiere und Menschen beteiligt waren. Abmarsch und Rückkehr waren stets von großen Festen begleitet, in deren Mittelpunkt die neue Umhüllung für die Ka'ba (*kiswa*), die Fahne des Propheten und der *mahmal*, die prachtvoll geschmückte (leere) Sänfte islamischer Herrscher, standen. Die beiden Letzteren symbolisierten die legitime Herrschaft über die heilige Stadt.

Von der Fastenpflicht befreit sind Altersschwache, Sieche, menstruierende Frauen und Kinder. Schwangere und Stillende, Reisende und Schwerarbeiter dürfen ihr Fasten verschieben, müssen es aber später gegebenenfalls nachholen oder für das Versäumnis eine besondere Sühne leisten. Ähnlich der vorösterlichen Zeit im Christentum dient dieses »Fest der gnädigen Reinigung« der inneren Einkehr. Der Gläubige erinnert sich im Verzicht dankend der Gaben des täglichen Lebens. Der Körper wird dem Geist unterworfen, der Wille des einzelnen und das Zusammengehörigkeitsgefühl aller gestärkt. Zugleich ist der Ramadân eine Zeit der Güte, der Buße und Versöhnung. Sie soll genutzt werden, um Frieden zu stiften. Ein schöner Brauch sieht kostenlose Speisungen für Arme vor. Den heiter-ausgelassenen Abschluß dieses trotz aller Beschwerlichkeiten stets freudig erwarteten Gnadenmonats bilden die »Nacht der Bestimmung« (*lailat al-qadr* ; zum 27. Tag des Ramadan) und *'îd al-fitr*, das »kleine« Fest des Fastenbrechens (s. S. 53f.).

Die Wallfahrt nach Mekka (*haddsch*)

Die fünfte und letzte Säule stellt die Wallfahrt nach Mekka, in die »Mutter aller Städte«, dar. Jeder Muslim, jede Muslima muß – vorausgesetzt, Gesundheit und finanzielle Mittel gestatten es – zumindest einmal im Leben diese Reise zum religiösen Mittelpunkt der isla-

Die Ka'ba und die Moschee des Propheten
Die Ka'ba (arab. für ›Würfel‹) in Mekka bildet seit 632 das zentrale Heiligtum des Islam. Das grob rechteckige Gebäude liegt inmitten der Großen Moschee. Es hat eine Höhe von etwas über 15 m, Seitenlängen von 10–12 m und umschließt einen leeren, fensterlosen, mit Marmor verkleideten Raum, dessen Dach von drei hölzernen Säulen gestützt wird. An der südöstlichen Ecke neben dem Eingang ist in 1,5 m Höhe der besonders verehrte Schwarze Stein eingemauert, dessen Oberfläche durch die ständige Berührung von Händen und Mündern glatt poliert ist. Die Außenwände des *bait Allah*, des ›Hauses Gottes‹, sind mit einer schwarzen Brokatdecke (*kiswa*) verhängt, in die mit Goldfäden das Glaubensbekenntnis und diverse Koranverse eingestickt sind. Sie wird im Rahmen eines Rituals alljährlich feierlich durch eine neue ersetzt. Aufnahme des Innenhofs der Großen Moschee mit Ka'ba.

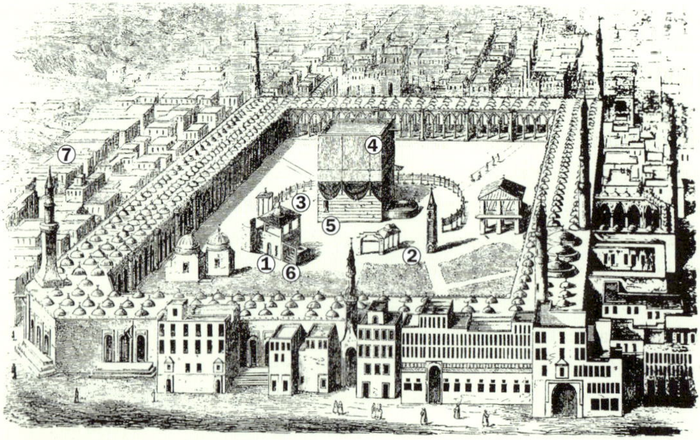

Die Große Moschee von Mekka (im 19. Jh.)*
1 Brunnen Zamzam
2 Platz Abrahams
3 Mataf, das offene Gelände zur Umrundung der Ka'ba
4 Ka'ba
5 Tor zur Ka'ba und (rechts davon) der Schwarze Stein
6 Treppen zu den Wasserhähnen des Zamzam-Brunnens
7 Weg zwischen Safâ und Marwa, auf dem der *sa'y* (siebenmaliger Lauf) durchgeführt wird (heute ein Fußgängertunnel innerhalb der Moschee-Umfriedung). Auch die Hügel Safâ und Marwa (links) sind heute in das Moscheegelände integriert

* Ein Luftbild der modernen Anlage s. S. 19

mischen Welt machen. Man unterscheidet zwei Arten der Pilgerfahrt: die »kleine«, genannt *'umra*, die individuell durchgeführt und an keine fixen Zeiten gebunden ist, sowie die noch weit verdienstvollere »große«, *haddsch*, die stets während des *dhû l-hiddscha*, dem letzten Monat des islamischen Mondkalenders, und immer in Gemeinschaft zahlloser Glaubensbrüder und -schwestern unternommen wird.

Heutige Pilger vor der Abfahrt von Dschidda nach Mekka

Rituelle Grundbedingung für die Gültigkeit der Wallfahrt ist, daß man sie im Zustand einer besonderen Weihe, genannt *ihrâm*, absolviert. Dieser verbietet dem Pilger, sich zu rasieren, zu kämmen, zu parfümieren sowie die Haare oder Nägel zu schneiden. Auch der Jagd, jeglichen Streits und Sexualkontakts hat man sich strikt zu enthalten. Zudem müssen die Pilger spätestens an der Grenze des *haram*, jenes heiligen Bezirks, zu dem bereits der Prophet den über 300 km langen Landstrich zwischen den Städten Mekka, Dschidda und Medina erklärte, ihre Alltagskleidung ab- und ein spezielles Gewand anlegen. Dieses besteht aus zwei ungenähten weißen Tüchern, die sie sich um die Hüften beziehungsweise Schultern wickeln. Statt Schuhen trägt man nur Sandalen. Kopfbedeckungen sind verpönt. Der Zweck dieser Vorschrift: Der Gläubige verzichtet auf alle Merkmale seiner diesseitigen Existenz. Bar aller Hinweise auf seine Herkunft, seine soziale und wirtschaftliche Stellung, tritt er wie dereinst am Tage des Jüngsten Gerichts vor das Angesicht Gottes. Das anonyme Eintauchen in die ungeheuren Pilgermassen – rund zwei Millionen Menschen aus verschiedenen Teilen der Welt finden sich jedes Jahr an den

Ein Mekka-Pilger beim rituellen Kuß des Schwarzen Steins an der Ka'ba. Im Rahmen des heutigen Massenbetriebs findet unmöglich jeder einzelne Pilger dazu Gelegenheit. Deshalb genügt mittlerweile auch eine Geste beim Vorüberwandern aus der Entfernung in Richtung dieses mythenumrankten Ewigkeitssymbols.

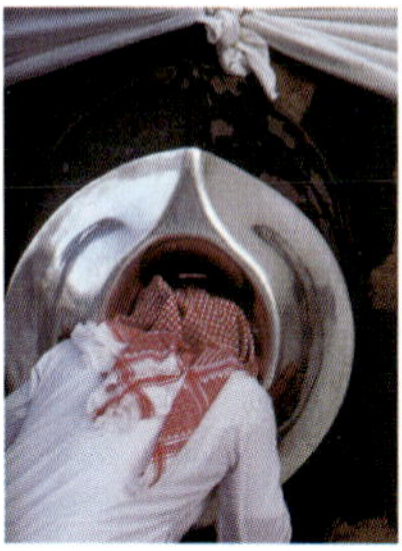

Pilgerpaar aus dem 19. Jh. auf dem Weg nach Mekka.

heiligen Stätten ein – wird von allen Teilnehmern als emotional ungemein tiefes Erlebnis empfunden, macht es doch auf denkbar unmittelbare Weise die Einheit der Glaubensgemeinschaft deutlich. Insbesondere für Muslime, die in ihrer Heimat Randgruppen bilden, bietet die *haddsch* eine einmalige Möglichkeit zur Stärkung der eigenen Identität.

Die eigentliche Zeremonie, deren religiöse Wurzeln weit in vorislamische Zeiten zurückreichen, beginnt am 8. Tag des *dhû l-hiddscha* mit dem siebenmaligen Umwandern der Ka'ba. Danach spricht der Pilger erste persönliche Gebete – das letzte davon vor der Ka'ba, auf dem ›Platz Abrahams‹. Im Anschluß ist siebenmal im Laufschritt der Weg zwischen den nahegelegenen Hügeln Safâ und Marwa zurückzulegen (*sa'y*), womit des verzweifelten Umherirrens von Abrahams Frau Hagar bei der Suche nach Wasser für ihren Sohn Ismail gedacht werden soll. Hierauf trinkt man aus jenem geheiligten Brunnen namens Zamzam, den Gott seinerzeit zur Rettung der beiden aus dem Wüstensand sprudeln ließ. Am nächsten Tag versammeln sich die Pilger in der 20 km außerhalb von Mekka gelegenen Ebene von 'Arafât, wo sie die Zeit von Mittag bis nach Sonnenuntergang mit Meditationen und Anrufungen Gottes verbringen. Eine zentrale Rolle spielt dabei die *talbîya* genannte Gebetsformel *labbaika Llahumma* ... (»Dir zu Diensten, mein Gott ...«). Manche Gläubige erklimmen in diesen Stunden den Gnadenberg (*dschabal ar-rahma*), von dessen Gipfel der Prophet während der Abschieds-Wallfahrt seine letzte

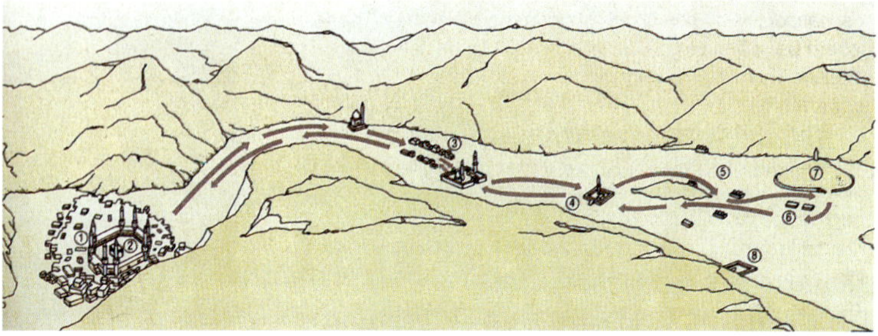

Der Weg, den die Pilger in der Umgebung von Mekka zurücklegen:
1 Mekka
2 Hauptmoschee mit Ka'ba
3 Mîna
4 Muzdalifa
5 Ebene von 'Arafât (von Mekka 20 km entfernt);
6 Zeltstadt
7 Gnadenberg (*dschabal ar-rahma*)
8 Moschee von Nimra

Rede hielt. Der gemeinsame ›Lauf‹ (*nafr*) zurück Richtung Mekka wird auf halbem Weg, in Muzdalifa, für die Nacht unterbrochen.

Am nächsten Morgen muß im benachbarten Ort Mîna jeder Pilger sieben Steinchen auf drei Steinhaufen werfen – eine symbolhafte Steinigung des Teufels. Es folgt in Erinnerung an das Opfer Abrahams die rituelle Schlachtung einer Ziege, eines Schafes oder Kamels, wobei jeweils eine größere Pilgergruppe ein Tier opfert und ein Teil des Fleisches den Armen überlassen wird. Danach beendet der Pilger seinen Weihezustand, indem er sich die Haare schneiden oder auch komplett den Kopf scheren läßt. Anschließend kehrt er gewöhnlich nach Mekka zurück, kann baden und sich reinigen und wieder gewöhnliche Kleidung tragen. An den beiden letzten Tagen (dem 11. und 12. des Monats) kehren viele Gläubige nochmals nach Mîna zurück, um weitere Steinchen zu werfen. Nicht zwingend, aber doch üblich ist zum Abschluß die erneute siebenmalige Umwanderung der Ka‘ba. Die Zeit bis zur Rückreise in die Heimat wird oftmals für Ausflüge zu anderen heiligen Stätten in der Gegend genutzt. Beliebtestes Ziel: das Grab Mohammeds in der rund 300 km nördlich gelegenen Stadt Medina, die übrigens wie Mekka und der gesamte Bereich rund um die beiden Städte für Nicht-Muslime ganzjährig und ausnahmslos verbotene Zone ist.

Mekka-Pilger bei der Rezitation des Korans

dschihâd

Wenige arabische Begriffe werden im Westen, aber auch von Muslimen selbst öfter und bereitwilliger mißinterpretiert. Für gewöhnlich grob mit »Heiliger Krieg« übersetzt, bedeutet er in Wahrheit wörtlich soviel wie »Anstrengung auf dem Wege Gottes« (von arab. *dschahada*, »sich bemühen«). In erster Linie gemeint ist damit das vom Koran auferlegte innere Bemühen um die persönliche Erfüllung des göttlichen Gesetzes – also die eigene sittliche Vervollkommnung. Freilich kann das Wort auch politisches Engagement oder bewaffneten Kampf zur Verteidigung oder Verbreitung des Islam bezeichnen. Auf den Krieg bezogen gelten aber bestimmte Einschränkungen: So darf er offensiv nur von einem vollberechtigten Nachfolger des Propheten geführt werden. Da ein solcher zur Zeit nicht lebt, ist bloß ein Verteidigungskrieg zulässig. Dennoch erklären manche Machthaber auch heute ihre Angriffskriege zum *dschihâd*. Indem sie die Gegner (bei denen es sich durchaus um Muslime handeln kann) zu Ungläubigen stempeln, versuchen sie gegenüber ihren – propagandistisch meist irregeführten – Untertanen das eigene Ansinnen religiös zu legitimieren.

Der Richtspruch des *qâdî*; aus: *Maqâmât* von al-Harîrî, 13. Jh.

Die Sunna

Da der Koran natürlich nicht alle Situationen des menschlichen Alltags regeln konnte, erwies sich noch zu Lebzeiten des Propheten eine Erweiterung seiner Auslegung als nötig. Zum Vorbild genommen wurden die Taten und Aussprüche des Religionsstifters. Als er starb, begannen seine Gefährten und Nachfolger, die Überlieferungen seiner Vita zu kommentieren und auszuweiten. Doch erst im 9. Jh. wurden diese bis dahin nur mündlich weitergegebenen Überlieferungen, die *ahâdîth* (sing. *hadîth*, arab. für »Gespräch«, » Mitteilung«), systematisch gesammelt und aufgezeichnet. Diese Überlieferungen in ihrer Gesamtheit bilden die *sunna*, die Propheten-Tradition. Erwartungsgemäß entstand sehr rasch das Problem, daß das Material im einzelnen unterschiedlich gedeutet wurde. Zum Maßstab für seine Gültigkeit nahm man deshalb die Vertrauenswürdigkeit der überliefernden Personen. Doch heute steht fest, daß ein beträchtlicher Teil der Hadithe im nachhinein in tendenziöser oder sektiererischer Absicht verfälscht oder überhaupt erst verfaßt worden ist. Daher wurden bereits im 9. Jh. sechs *hadîth*-Sammlungen – die von Bûchârî, Muslim, Abû Dâ'ûd, Nasâ'î, Tirmidhî und Ibn Mâdscha – zu den einzig authentischen (arab. sing. *sahîh*) erklärt. Für die Sunniten, die Anhänger dieser orthodoxen *sunna*, bilden sie bis heute neben dem Koran die zweite zentrale Quelle, aus der Theologen und Rechtsgutachter ihr Wissen und ihre Inspiration schöpfen. Die Schiiten allerdings lassen nur jene Hadithe, die auf 'Alî oder die auf ihn folgenden Imame (s. S. 66f.) zurückgehen, gelten.

Ein *hadîth* besteht stets aus zwei Elementen: einer »Kette« von Überlieferern (arab. *isnâd*) sowie der eigentlichen Textaussage (arab. *matn*; hier *kursiv*). Ein Beispiel:
Abû 'Ubaida ibn Fudail ibn 'Iyâd berichtete nach Abû Sa'îd, einem Herrn des Stammes der Hâschim, der nach 'Abd ar-Rahmân ibn 'Abd Allâh, und dieser nach 'Abd ar-Rahmân ibn al-'Alâ'. Dieser (weiß es) von Muhammad ibn al-Muhâdschir, dieser von Kaisân, einem Herrn von Mu'âwiya, und dieser weiß es von Mu'âwiya, (der hörte), daß der Gesandte Allâhs – Allah segne und beschütze ihn – neun (Dinge) untersagte, von denen ich Euch untersage: *den Gesang, die (gesungene) Wehklage, bildliche Darstellungen, die Poesie, das Gold, Raubtierfelle, Seide und Seidenstoffe.*

Die *scharî'a*

Da der Islam keine Trennung zwischen Religion und Alltagsleben kennt, regelt seine Glaubens- und Pflichtenlehre nicht nur die Handlungen der Gläubigen auf kultisch-rituellem Gebiet, sondern in sämtlichen Lebenslagen. Die *scharî'a* (arab. für »Weg«, von *schara'a*, »verordnen«) ist das allumfassende Grundgesetz der göttlichen Weltordnung, durch das der Mensch auf Erden immerfort geleitet wird. Als solches ist sie ein zentrales, alle Gläubigen einigendes Element des Islam, das ihnen hilft, ihr Dasein täglich von neuem auf Gott auszurichten. Nicht ohne Grund setzten im Laufe der Geschichte manche Denker – der bedeutendste war al-Ghazâlî (1058–1111) – die *scharî'a* begrifflich sogar den Worten »Islam« und »Offenbarung« gleich.

Nach dem Tod des Propheten hatten die Theologen und Rechtsgelehrten drei Jahrhunderte lang in unzähligen Diskursen und Lehrzirkeln ein kompliziertes Regelwerk erarbeitet, das auf der Basis von Koran und Hadîthen alle nur erdenklichen Fragen und Probleme beantworten und lösen half. Dabei bildeten sich bis zum 11. Jh. bei den die Mehrheit bildenden Sunniten vier orthodoxe, noch bis heute geltende Rechtsschulen (arab. sing. *madhhab*) heraus: als erste die

Schule der Hanafiten. Nach ihrem Gründer Abû Hanîfa (699–767) benannt, gilt sie als die freisinnigste, die der Vernunft und der persönlichen Meinung eine tragende Rolle zuschreibt. Sie ist auch bis heute die am weitesten verbreitete, herrscht sie doch in Zentralasien, Afghanistan, Indien, Pakistan, der Türkei, in Tunesien und Teilen Ägyptens vor. Ungleich konservativer ist die

Schule der Malikiten. Ihr Gründer Mâlik ibn Anâs (715–795) berief sich stark auf das im 7. Jh. in Medina herrschende Gewohnheitsrecht. Ihr Verbreitungsgebiet umfaßt das nördliche und nordwestliche Afrika, Oberägypten, Nigeria, den Sudan und mehrere Golfstaaten. Die

Schule der Schafi'iten nimmt eine Mittelstellung ein. Ihrem Gründer asch-Schâfi'î (767–820), einem Schüler von Abu Hanîfa und Mâlik Ibn Anâs, wird das Verdienst zugeschrieben, die Rechtsprechung entscheidend systematisiert zu haben. Seine Grundsätze haben in Ägypten und einem Großteil des Vorderen Orients, in Südostasien und unter Minderheiten in Saudi-Arabien, Indien und Iran Geltung. Eine kompromißlose, dogmatisch fromme Haltung vertritt in den meisten Fragen die

Schule der Hanbaliten, benannt nach Ahmad ibn Hanbal (780–855). Sie herrscht in Saudi-Arabien und einigen angrenzenden Staaten der Halbinsel vor, hat aber auch in Syrien, dem Irak, Algerien und auf dem Subkontinent Anhänger.

Bisweilen als fünfte Rechtsschule betrachtet wird jene der Schiiten, die nach dem Imam Dscha'far (s. Kasten S. 70) als **dscha'faritische** bezeichnet wird.

Obzwar sich die vier sunnitischen »Schulen« untereinander teilweise heftig befehdeten und in vielen Detailfragen bis heute verschiedener Auffassung sind, haben sie ihre Grundlagen und Methoden in der Praxis längst weitgehend angeglichen. So bekennen sie sich ausnahmslos zu den vier »Wurzeln der Rechtswissenschaft« (arab. *usûl al-fiqh*), als da sind: der Koran und die Hadithe sowie, als zwei juristische Verfahren, der Analogieschluß (arab. *qiyâs*) und der Konsens (*idschmâ'*). Letzterer bedeutet »Übereinstimmung [der Gelehrten bzw. der muslimischen Gemeinde]« und entspringt der Überzeugung, daß zwar der einzelne *faqîh*, der Rechtsgelehrte, irren kann, die Gesamtheit der Gemeinde jedoch nie.

Das bei den Schiiten nach wie vor lebendige Prinzip des *idschtihâd*, demgemäß der einzelne Gelehrte den göttlichen Willen jeweils von neuem ermitteln darf (s. S. 71), ist den Sunniten seit dem 14. Jh. verwehrt. Damals wurde »die Pforte des *idschtihad* geschlossen«, das heißt, man besiegelte die Meinung, daß künftig keine neue Rechtsfindung mehr nötig sei, weil alle denkbaren Fälle bereits durch bisherige Entscheide gelöst wären und es nur noch darum gehe, diese auf die jeweils gegenwärtigen Fragestellungen anzuwenden.

Die *scharî'a* ist traditionell stark in allen Bereichen des Alltags und den persönlichen Belangen der Gläubigen ausgeprägt. Sie umfaßt von der Religionsausübung, den Sitten und Bräuchen bis zum Familien-, Erb- und Handels-, dem Zivil- und Strafrecht mehr als fünfzig Sachgebiete. Weniger konkret sind ihre Normen, was das Staats-, Steuer- und Verwaltungswesen betrifft. In dieser Hinsicht ist das Verhältnis zwischen *scharî'a* und Politik beziehungsweise Staatsmacht häufig mit Problemen behaftet. Mit wenigen Ausnahmen wie Saudi-Arabien, dem Sudan oder einigen Golfstaaten ist die *scharî'a* heute in islamischen Ländern nicht das vorherrschende Rechtssystem. Mancherorts wurde sie auf den Bereich des Familienrechts und der Religionsausübung beschränkt, und anderswo, etwa in der Türkei, komplett durch eine Gesetzgebung nach europäischem Muster abgelöst.

In der jüngst wieder heftig geführten Diskussion um ihre Anwendung ist weiterhin zu beachten, daß neben der *scharî'a* immer schon – z. B. im Bereich von Handel und Gewerbe – ein Gewohnheitsrecht bestanden hat. Hinzu kommt jenes Recht, das die Herrscher – etwa bei allen Angelegenheiten der Staatssicherheit – seit alters selbst gesprochen haben. Wenn also Islamisten neuerdings so heftig die »Wiedereinführung« der *scharî'a* als allein gültigen Rechtsmaßstab fordern, verlangen sie etwas, das es im Islam bisher noch gar nie gegeben hat. Abgesehen davon verstehen sie unter einer Re-Islamisierung der Jurisprudenz oft in extremer Verkürzung nur eine oberflächliche, wenn auch um so rigorosere Anpassung in symbolträchtigen und publikumswirksamen Einzelaspekten wie dem Auspeitschen oder der Verschleierung, weil sie mit der außerordentlichen Kompliziertheit und Komplexität der *scharî'a* insgesamt und ihrer hohen juristischen Qualität überhaupt nicht vertraut sind.

Der Innenhof der Azhar-Moschee

al-Azhar: Diese älteste und berühmteste unter allen Universitäten der islamischen Welt wurde 972 von den Fatimiden in Kairo gegründet und nach Mohammeds Tochter Fâtima az-Zahrâ (arab. für »die Glanzvolle«) benannt. Ursprünglich eine Predigerschule zur Verbreitung schiitischen Gedankenguts, wurde sie im 12. Jh., nach Niederschlagung des fatimidischen Kalifats, zu einer Lehranstalt der Sunniten. Seither bildet der aus einer neunschiffigen, mit fünf Minaretten versehenen Moschee, einer Medrese und Studentenheimen bestehende Gebäudekomplex den intellektuellen Mittelpunkt und Machtfokus der gesamten arabischen und eines Großteils der muslimischen Welt – ein Zentrum der Bildung und Identitätsstiftung, eine Art Synthese aus Oxford, Sorbonne und Vatikan. Seine Geistlichen genießen als oberste Wächter über Grund- und Rechtsfragen des sunnitischen Islam von Marokko bis Indonesien und von Zentralafrika bis Südrußland höchstes Ansehen. In Ägypten lenken sie über ein eigenes Bildungssystem, das 20 universitäre Zweigstellen, 40 Colleges und 2000 Gymnasien umfaßt und parallel zu jenem des Staates existiert, die Erziehung des religiösen Nachwuchses. Durch ihre Rechtsgutachten beeinflussen die Azhariten so gut wie alle Bereiche des politischen und sozialen Lebens. In einer delikaten, für gewöhnlich auf Kompromiß bedachten Balance teilen sie sich mit der Regierung die Macht: Der Staatschef ernennt den Großscheich, das Oberhaupt der Azhar, und dieser ist verfassungsmäßig dem Premierminister gleichgestellt.

Sinnenfreude und Frömmigkeit sind für Muslime durchaus kein Gegensatz, sofern die Vorschriften eingehalten werden. So hat auch die Zubereitung erlesener Speisen im arabisch-islamischen Raum eine lange Tradition. Gemälde von Frederick Lewis, 1875

Ethik und Vorschriften

Die beiden Quellen der göttlichen Gebote – Koran und Sunna – beantworten nicht nur spirituelle und soziale Grundsatzfragen. Sie messen auch unzähligen, auf den ersten Blick scheinbar unwichtigen Aspekten des Alltags Bedeutung bei, etwa wie man zu kochen und zu essen, dabei zu sitzen und sich danach die Zähne zu putzen hat. Daraus folgt, was für westlich und christlich erzogene, mit der »Erbsünde« behaftete Menschen seit jeher so schwierig nachzuvollziehen ist: daß der Islam nicht nur keine Trennung von Religion und Politik, sondern auch keinen Unterschied zwischen dem »niedrigen« Körperlichen und dem »erhabenen« Geistigen, ja generell zwischen profanem und sakralem Lebensbereich kennt. Er ermuntert die Gläubigen, die weltlichen Freuden bewußt zu genießen. Denn das Wohlergehen des einzelnen wie der Gemeinschaft im Diesseits, so lehrt er, sei wünschenswert. Zugleich ermahnt er, sich ständig zu erinnern, daß das Dasein auf Erden nur eine Durchgangsstation auf einer längeren Reise und das Heil im Jenseits das eigentliche Ziel sei.

Gewinn und Zinsen

Weil viele Religionen das Streben nach irdischem Gewinn mehr oder weniger verurteilen, und wohl auch, weil die Völker Nordafrikas und Vorderasiens gegenüber dem Westen derzeit ökonomisch im Hintertreffen sind, ist die Ansicht weit verbreitet, der Islam lehne wirtschaftlichen Fortschritt prinzipiell ab. Das genaue Gegenteil trifft zu: Koran und Sunna begrüßen, wenn der Gläubige für seinen Unterhalt und den seiner Familie sorgt und aus seiner Arbeit auch persönlichen Nutzen zieht. Wie das sexuelle, so wird auch das materielle Verlangen als gottgegeben grundsätzlich bejaht. Immerhin war der Prophet selbst als Kaufmann tätig.

Im Gegensatz zum Kommunismus darf es Reiche und Arme geben. Anders als im Kapitalismus jedoch darf der Profit nie Selbstzweck sein. Geschäft und Moral sind nicht zu trennen. Wer besitzt, trägt Verantwortung. Nur derjenige tue recht, verkündet der Prophet, der sein Vermögen auf anständige Weise erwerbe und einen Teil an Bedürftige weitergebe. Deshalb hat der Begriff »Sozialismus« an sich für Muslime, anders als der gottlose Marxismus, keine negative Bedeutung. Als sündhaft und daher verwerflich gelten Diebstahl, Habsucht und Ausbeutung, ferner das Protzen, Horten, Spekulieren, der Aufbau von Monopolen, aber auch Prostitution, Glücksspiel, Astrologie, Drogenhandel, Wahrsagerei und das Betteln, soweit es seine Ursache nicht in einer akuten Notlage hat.

Strikt verboten ist auch das Verrechnen von Zinsen – eine Reaktion auf die im vorislamischen Mekka übliche Praxis, geschuldete Geldsummen oder Naturalien samt den Zinsen zu verdoppeln, wenn bei Fälligkeit die Zahlung ausblieb. Allerdings sind sich die Rechtsgelehrten bis heute uneins, ob der Koran mit dem Begriff *ribâ* (arab. von *rabâ*, ›sich mehren‹) wirklich jede Art von Zins oder nur regelrechten Wucher meint. Sicherheitshalber wurden in der Vergangenheit, um das Verbot nicht zu verletzen, vielfach die Geldgeschäfte Juden, Christen oder Hindus anvertraut.

Die Finanzmanager der modernen islamischen Staaten vertraten lange fast ausnahmslos die liberale Position und betrieben Banken im westlichen Sinne. Doch im Zuge der Rückbesinnung auf die Wurzeln der Religion wurden seit den 70er Jahren etliche Institute gegründet (das größte und bekannteste ist die »Islamische Entwicklungsbank«), bei denen der Geldgeber statt Zinsen zu erhalten, an Gewinn und Verlust der Unternehmungen beteiligt ist.

Dînâr aus der Regierungszeit des Umayyadenkalifen ʻAbd al-Mâlik ibn Marwân (685–705). Zunächst übernahmen die islamischen Eroberer den Verwaltungsapparat und damit auch die Münzen der Byzantiner. ʻAbd al-Mâlik ibn Marwân war es schließlich, der mit dem *dinâr* und dem *dirham* für das junge islamische Reich eigene Gold- und Silbermünzen prägen ließ.

Speisen, Farben, Kleidung

Auf der Grundlage der Unterscheidung von reinen und unreinen Zuständen des Menschen (s. S. 30f.) beziehungsweise Eigenschaften von Lebewesen und

Traditionelle Männerkleidung in Marokko: der Kapuzenmantel, genannt Burnus oder Selham

Dingen ist auch der Verzehr von Nahrungsmitteln Regeln unterworfen. So ist z. B. – wie auch im Judentum – beim Schlachten von Vieh und Geflügel vorgeschrieben, die Halsschlagader mit einem Messer zu durchschneiden, um das völlige Entbluten des Fleisches zu gewährleisten. Wie viele andere Kulthandlungen ist auch diese mit der Absichtserklärung (*niya*) einzuleiten – einer Formel, die sinngemäß lautet: »Ich spreche um Gottes Wohlgefallen willen den Vorsatz aus, die Schlachtung vorzunehmen«. Verboten ist des weiteren u. a. der Genuß des Fleisches von verendeten Tieren und Schweinen sowie von Wein, wobei letzterem gelegentlich, unter den Umayyaden z. B., im mittelalterlichen Iran, aber auch in vielen islamischen Gesellschaften der Gegenwart durchaus freudig und ungestraft zugesprochen wurde und wird.

Hinsichtlich der Bekleidung beschränkt sich der Koran auf allgemeine Mahnungen zu Zurückhaltung und Schicklichkeit. Daß Männer es unterlassen sollen, Seide zu tragen, wird lediglich im Hadith überliefert. Frauen sollten außerhalb des Hauses Gesicht und Hals bedecken, nicht unnötig ihre Körperformen betonen und weder transparente Stoffe noch extravaganten Schmuck tragen. Schließlich gelte es, eine Erregung des anderen Geschlechts zu vermeiden. Im Zuge religiöser Handlungen hat der Gläubige auf besondere Korrektheit und Sauberkeit der Kleidung zu achten. Eine allgemeingültige Farbsymbolik existiert nicht, Grün und Weiß werden aber bis heute als Farben des Propheten betrachtet. Schwarz stand ursprünglich für die Abbasiden, Rot für die Schiiten. Gelb wurde im Mittelalter als optisches Unterscheidungsmerkmal den Christen und Juden aufgezwungen. Trauerkleidung kann, je nach Region, schwarz, aber auch blau oder weiß sein.

Der reich verzierte Krummdolch, bei den Jemeniten *dschambîya*, bei den Omanis *chandschar* genannt, war in den besagten Ländern noch vor einer Generation für jeden Mann, sobald er sein Haus verließ, ein unverzichtbarer Teil seiner Ausstattung.

Ihr Haupt halten Muslime – wie übrigens auch die Juden und Christen des Orients – zum Zeichen der Demut und des Respekts bevorzugt bedeckt. Das Grundmodell für viele Kopfbedeckungen bildet die *taqiya*, jenes gestickte, meist weiße Baumwollkäppchen, mit dem Islamisten heutzutage gerne öffentlich ihre antiwestliche Gesinnung zur Schau stellen. Darum herum wickeln manche Völker nach dem Vorbild des Propheten lange Tücher zu Turbanen. Zwischen Levante und Arabischem Golf werden bis heute nackenlange, mit schwarzen Kordeln (*'iqâl*) bekrönte Tücher (*kûfiya*) über den Kopf gebreitet. Bis vor ein, zwei Generationen ein beliebter Kopfschmuck waren ferner die roten Filzmützen – in ihrer flachen, aus Tunesien stammenden Form *schâschiya*, in der festeren, zylindrischen Variante in der Türkei *fez* und in Ägypten *tarbûsch* genannt. Zu ihren entfernten Verwandten zählen die Lammfellmützen (*telpek*) der Turkmenen und die flachen, weiß bestickten *tjubetejka*-Mützen der Usbeken.

Afghanische Frau mit Gesichtsschleier

Reizthema Schleier

Zu manchem Mißverständnis im Westen führt die unter Frauen am weitesten verbreitete Kopfbedeckung – der Schleier. Bei ihm gilt es mehrere Formen zu unterscheiden. Zu den wichtigsten zählt erstens der *burqu'*, jene Kopfstulpe mit angehefteter bodenlanger Glocke, die nur einen schmalen Augenschlitz frei läßt und in Nordindien, Afghanistan und Pakistan sowie auf der Arabischen Halbinsel gebräuchlich ist; und zweitens der im Abendland gerne als Schleier bezeichnete *tschador* (pers. für ›Zelt‹), jener schwarze, Körper, Kopf und Haare, nicht jedoch das Gesicht bedeckende Umhang, auf dessen Verwendung insbesondere die Sittenwächter im Iran seit der Revolution von 1979 so nachdrücklich Wert legen. In einem umfassenderen Sinn bezeichnet der arabische Begriff *hidschâb* (wörtl. für ›Schleier‹) generell jede »schickliche« Kleidung, die den weiblichen Körper unstatthaften Blicken entzieht.

Koran und Scharia fordern zwar von geschlechtsreifen Mädchen und Frauen, ihren Körper in der Öffentlichkeit vom Hals bis zu den Knöcheln und unter die Ellbogen zu bedecken. Eine Verschleierung des Gesichts ist jedoch an keiner Stelle ausdrücklich als Pflicht for-

Frau aus dem Oman mit der traditionellen Gesichtsmaske

»In der Tat ist in den meisten Fällen das Verschwinden der einheimischen Tracht das Anzeichen einer Sinnesänderung. Der Einwand, daß die europäische Kleidung nützlicher sei, ist nur halb wahr, denn die weiten orientalischen Gewänder, die frei die Glieder umspielen, entsprechen besser dem örtlichen Klima mit seinen heftigen Wechseln von heiß und kalt. Zugleich aber drücken sie in ihrer Verbindung von asketischer Schlichtheit und männlich-patriarchalischer Würde eine bestimmte geistige Haltung aus… Die europäische Kleidung widerspricht den Stellungen und Gebärden des islamischen Gottesdienstes; sie behindert die Verbeugungen und Niederwerfungen, erschwert die vorgeschriebenen Waschungen, nimmt dem ungezwungenen Beisammensitzen zu ebener Erde seine Würde.«

Titus Burckhardt, aus »Fes, Stadt des Islam«

muliert. Entsprechend umstritten ist diese Sitte. Tatsache ist, daß der Gesichtsschleier aufgrund iranischer und byzantinischer Einflüsse schon im vorislamischen Arabien Verwendung fand, zur Zeit des Propheten hingegen kaum in Gebrauch war (was die Forderung heutiger Islamisten nach seiner Wiedereinführung recht paradox erscheinen läßt). Erst im späten 8. Jh. wieder-eingeführt, diente er vermutlich anfangs freien Musliminnen, sich deutlich sichtbar von ihren Sklavinnen zu unterscheiden. Mittlerweile sind die Gründe für seine Verwendung weit vielschichtiger: Als vorrangig städtisches Kleidungsstück signalisiert er einerseits Wohlstand und auch hohes Prestige, beweist doch seine Trägerin der Öffentlichkeit, daß sie es, im Gegensatz zu den in der Regel unverschleierten Dienerinnen, nicht nötig hat, außer Haus zu arbeiten (in bäuerlichen und beduinischen Gesellschaften, wo ihre Arbeitskraft unverzichtbar ist, tragen die Frauen statt des hinderlichen Schleiers höchstens ein Kopftuch). Nicht außer Acht zu lassen sind zudem die rein praktischen Funktionen des verfänglichen Stückes Stoff: Es schützt vor Sonne, Sand und Staub, aber auch vor dem Bösen Blick. Es hilft, Ursachen für Neid wie Schönheit, Jugend oder Schwangerschaft zu verbergen und verschafft manchmal als befreiend empfundene Anonymität. Auch kann es Stammeszugehörigkeit anzeigen und verhindern, daß, wie der Volksglaube suggeriert, Geistwesen in die oberen Körperöffnungen eindringen. Nicht ohne Grund war der Schleier häufig, was er bei den Tuaregs in der Sahara noch heute ist: fester Bestandteil auch der männlichen Garderobe.

Seit einigen Generationen dient der Schleier im ideologischen Konflikt zwischen Reformern und Traditionalisten beiden Seiten als Symbol. Erstere bekämpfen ihn als ein Zeichen für Rückschrittlichkeit und die Unterdrückung der Frau, letztere propagieren ihn als Sinnbild für eine angeblich gottgewollte weibliche Moral. In der ersten Hälfte des 20. Jh. wehrten sich mehr und mehr Frauen dank ihres erstmals erwachten Selbstbewußtseins erfolgreich gegen das Schleiergebot.

In den letzten Jahren jedoch nimmt in vielen Ländern – beispielhaft seien Algerien, Ägypten und die Türkei genannt – die Zahl der Trägerinnen wieder zu. Die Gründe dafür liegen zum einen ohne Zweifel in dem stärkeren sozialen Zwang, den selbsternannte männliche Tugendapostel wieder ausüben; zum anderen aber auch im Wunsch vieler Frauen selbst, symbolhaft gegen die unislamischen Tendenzen in ihren Gesellschaften zu protestieren.

Marokkanerinnen bei einer Hochzeit

Status der Frau

Eine der maßgeblichen gesellschaftspolitischen Leistungen des Propheten war neben der Eindämmung der archaischen Praxis der Blutfehde und der Anleitung zur gegenseitigen Hilfe und Wohltätigkeit die Erhöhung des Stellenwertes der Frau. Mohammed war es, der anstelle der bis dahin meist unverbindlichen Verhältnisse zwischen den Geschlechtern die polygame Ehe und die Möglichkeit zur Scheidung im Gesetz festschrieb und dessen Bruch hart bestrafen ließ. Auch gestand er der Frau einen Anspruch auf Erbschaft und Besitz zu. Dank der neuen Normen wurde sie vom völlig schutzlosen Objekt zum Individuum mit eigener Rechtspersönlichkeit. Sie genoß samt ihren Kindern eine gewisse soziale Sicherheit und durfte, zumindest im frühen Islam, bisweilen sogar aktiv am politischen Geschehen teilhaben. Die Verbannung der Frau aus dem öffentlichen Leben und ihr Verschwinden in Harems wurden, wie auch der Schleierzwang (s. o.), erst unter den Abbasiden (nach 750) allgemein üblich.

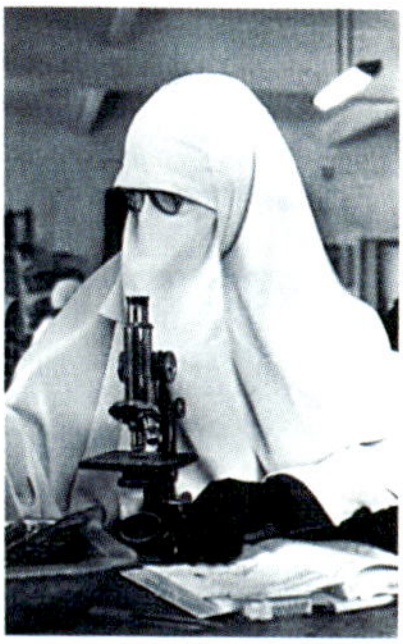

Traditionelle Tracht und moderne Wissenschaft sind – wie für diese Ägypterin – keineswegs immer unüberbrückbare Gegensätze.

Vor Gott betrachtet der Islam beide Geschlechter als völlig ebenbürtig. Sie seien, sagt der Koran, »aus einem einzigen Wesen geschaffen« (Sure 39, Vers 6). Biologisch und psychologisch jedoch seien sie verschieden und sollten ihrer Natur gemäß in der Gesellschaft unterschiedliche Rollen spielen. Was freilich keineswegs bedeute, das eines über dem anderen stehe.

Dennoch läßt sich nicht leugnen, daß die Scharî'a die Überlegenheit des Mannes festschreibt: Er kann

»Du hast Rechte gegenüber den Frauen, und die Frauen haben Rechte gegenüber dir.«
Hadith

»Liebende«. Miniatur von Riza Abbasi, Persien 1629

Portrait der Roxalena, der Sultanin Hürrem, die zur einflußreichen Lieblingsfrau von Süleiman dem Prächtigen, wurde. 16. Jh., unbekannter Künstler

eine Andersgläubige heiraten, ohne daß sie zum Islam übertreten muß. Umgekehrt jedoch kann eine Muslima nur einen Mann gleichen Glaubens ehelichen. Männern fällt der größere Anteil einer Erbschaft zu. Ihr Zeugnis vor Gericht wiegt doppelt. Laut islamischem Gesetz dürfen sie gleichzeitig bis zu vier Gemahlinnen haben. Der Frau bleibt ein solches Privileg versagt. Legt sie sich einen Liebhaber zu und wird ertappt, muß sie in dieser (und auch in der jenseitigen) Welt mit ärgsten Strafen rechnen. Und während der Gemahl eine Scheidung einseitig verlangen und – nach einer Wartefrist von drei Menstruationsperioden – gleichsam in Eigenregie vollziehen kann, darf seine Gattin dies nur unter bestimmten Voraussetzungen und nur mit Hilfe eines Richters. Die Kinder hat sie im Regelfall ihm zu überlassen. Dafür hat er ihr dem bisherigen Lebensstandard entsprechend Unterhalt zu zahlen. Ganz generell ist sie ihm Gehorsam schuldig: Er kann ihr verbieten, das Haus zu verlassen oder Männer, mit denen sie nicht verwandt ist, daheim zu empfangen. Und Zuwiderhandlungen gegen diese Gebote kann er mittels körperlicher Züchtigung ahnden.

Andererseits sind gewisse Rechte auch allein Frauen vorbehalten – etwa jenes auf Unverletztbarkeit, das sogar der kriegerischste Beduine stets respektieren wird. Oder jenes auf Unterstützung: Selbst der Mehrfachverheiratete hat die Pflicht, jeder Frau das gleiche, seinen eigenen Verhältnissen angemessene Auskommen zu gewährleisten.

Seit dem 19. Jh. ist das weibliche Rollenverständnis auch in der islamischen Welt im Wandel begriffen. Zumindest in den Städten erhalten immer mehr Mädchen eine gute Ausbildung und ergreifen in der Folge höhere Berufe. Frauen besitzen fast ausnahmslos das Wahlrecht. Auch Familienplanung wurde mittlerweile, nicht zuletzt unter dem durch die Überbevölkerung entstandenen, sozialen Druck, fast überall öffentlich und ernsthaft zum Thema gemacht. Die Mehrehe hat man, nachdem sie in der Praxis aus ökonomischen Gründen und auch, weil sie als »unmodern« gilt, ohnedies nur noch sehr selten vorkommt, in vielen Staaten gesetzlich erschwert. In einigen Ländern, wie etwa in Tunesien, ist sie gänzlich abgeschafft. Auch in anderen Fragen des Ehe- und Familienrechts haben vielfach an europäischen Vorbildern orientierte Gesetze die Scharî'a ersetzt oder in den Hintergrund gedrängt. Allerdings drohen mancherorts die Aktivitäten von Islamisten die mühsam errungenen Freiheiten der Frauen erneut zu beschneiden.

Abseits der Polemik, die so häufig aufzutreten pflegt, wenn vom Status der Frau in muslimischen Ländern die Rede ist, läßt sich feststellen: Wie der koranische Verhaltenskodex in der Praxis befolgt und gedeutet wird, hängt maßgeblich auch von kulturellen Faktoren ab. Obwohl der Geist des Islam grundsätzlich ein patriarchaler ist, weisen etliche islamische Kulturen, insbesondere jene in der Sahara, in Westafrika und Südostasien, eindeutig matriarchale Strukturen auf. Demnach wäre es wohl unzulässig, einschlägige Mißstände, die in der islamischen Welt zweifellos bestehen, einzig der Religion zuzuschreiben, und nicht in erster Linie der menschlichen – oder besser: männlichen – Natur.

Der *tantur*, ein Kopfschmuck aus versilbertem Kupfer, wie ihn Mitte des 19. Jh. verlobte und verheiratete Drusinnen trugen

Projektionen traditioneller orientalischer Verhältnisse im westlichen Film: James Bond (Roger Moore) und sein ›Harem‹ in »Der Spion, der mich liebte« (1975)

Die »Schutzbefohlenen« (*ahl adh-dhimma*)

Als solche gelten alle Nichtmuslime, die einer älteren Offenbarungsreligion angehören – also Juden, Christen und Zoroastrier. Ihnen garantiert die Scharî'a – im Gegensatz zu den verfolgten »Heiden« – das Recht auf freie, wenngleich unauffällige Ausübung ihres Glaubens, des weiteren auf freien Zugang zu allen Berufen und auf Unversehrtheit von Leib und Leben. Einzige Voraussetzung: Die »Buchleute« (arab. *ahl al-kitâb*), wie sie aufgrund ihrer heiligen Bücher auch genannt werden, mußten die Überlegenheit der Muslime anerkennen und eine Kopfsteuer, die *dschiziya*, entrichten. Ihre Chancen auf sozialen Aufstieg waren freilich begrenzt. Sie durften weder an der Führung des Staates beteiligt sein noch Militärdienst leisten, Waffen tragen oder auf Pferden reiten. Auch mußten sie durch

Koptische Bischöfe in der Markuskathedrale in Kairo

spezielle Kleidung oder ein Abzeichen auf den ersten Blick kenntlich sein.

Das Prinzip dieses Schutzpaktes (*dhimma*) ermöglichte eine friedliche Existenz, die im Laufe der Jahrhunderte nur sehr selten und wenn, dann nur kurzzeitig in wirkliche Unterdrückung oder gar Verfolgung umschlug. Die heutigen Nationalstaaten mit überwiegender muslimischer Bevölkerung befinden sich, was den Status der »Schutzbefohlenen« betrifft, in einer Zwickmühle: Gemäß dem herrschenden zivilen Recht sind alle Bürger ebenbürtig. Doch in den Köpfen vieler Muslime ist das Prinzip der *dhimma* noch lebendig, und auch die Scharî'a besteht darauf. Diesen Widerspruch benützen Islamisten mancherorts, um ihr Vorgehen gegen den ihrer Ansicht nach unislamischen Staat zu rechtfertigen. Trauriges Beispiel: Ägypten. Dort leiden die christlichen Kopten, die seit jeher etwa zehn Prozent der Bevölkerung stellen, neuerdings wieder stark unter Übergriffen von Extremisten.

Die Eliahu-Hanabi-Synagoge in Alexandria – das größte Gebetshaus der einst mitgliederreichen jüdischen Gemeinde

Die Zeitrechnung

Der islamische Kalender folgt – wie die Kalender fast aller semitischen Völker des alten Orients – dem Lauf des Mondes. Sein Jahr besteht aus zwölf Monaten zu abwechselnd 29 und 30 Tagen, umfaßt also nur 354 Tage, denen freilich wegen gewisser Abweichungen alle zwei bis drei Jahre am Ende des letzten Monats ein Schalttag hinzugefügt werden muß. Dementsprechend erhöht sich der Unterschied zum westlichen, gregorianischen Kalender alljährlich um elf Tage. Und die Feiertage durchlaufen in 33 Jahren sämtliche Jahreszeiten. Als Monat gilt die Periode zwischen zwei Neumonden. Ein Kalendertag erstreckt sich, wie auch im Judentum, jeweils von einem zum nächsten Sonnenuntergang. So zählt der Abend des Donnerstags schon zum Freitag, weshalb er gerne für religiöse Versammlungen genutzt wird.

Die islamische Zeitrechnung beginnt mit dem 1. Muharram bzw. 15./16. Juli 622, also in jenem Jahr, in dem Mohammed mit seinen Anhängern von Mekka nach Medina auswanderte (s. S. 15f.). Nach ihrer Einführung durch Kalif ʿUmar I. (638) bildete sie jahrhundertelang in allen muslimischen Ländern die Grundlage zur Berechnung sämtlicher Datierungen im Jahreslauf. Da sich jedoch die ständigen Verschiebungen vor allem in der Landwirtschaft und Verwaltung als äußerst unpraktisch erwiesen, gab es schon im Mittelalter Ansätze zu Kalenderreformen. Auch behielt man verschiedentlich ältere, auf die Sonne bezogene Systeme in Gebrauch. So rechneten etwa die Kopten Ägyptens lange Zeit weiterhin nach der diokletianischen Ära (Beginn: 29. Aug. 284 n. Chr.). Im Vorderen Orient fand vielerorts parallel dazu das julianische Jahr aus der Seleukidenära (ab 1. Okt. 312 v. Chr.) Verwendung und in Andalusien die Zeitrechnung der Provinz Spanien (ab 1. Jan. 38 v. Chr.). Im Osmanischen Reich wurde 1677 zwecks unkomplizierterer Steuererhebung ein Fiskaljahr, das mit dem Sonnenkalender übereinstimmte, eingeführt. Seit 1917 folgt die Türkei dem gregorianischen Kalender. Im Iran hingegen gilt seit 1925 der alte Sonnenkalender der Sassaniden, dessen Jahre zugleich mit dem Frühling am 21. März beginnen, jedoch ab der *hidschra* gezählt werden (1999 = 1377). Im alltäglichen Gebrauch, insbesondere im Wirtschaftsleben, bedient man sich mittlerweile – außer in Saudi-Arabien – offiziell überall des westlichen Kalenders. Der alte islamische dient im wesentlichen nur noch der Festlegung der religiösen Feiertage. Historische Daten werden zum leichteren Verständnis meist so angegeben, daß neben dem *Hidschra*-Jahr, durch einen Schrägstrich getrennt, das entsprechende Jahr nach Christi Geburt gestellt wird.

Schwarzer mit Turban, Pastellgemälde von Eugène Delacroix, Mitte 19. Jh. Das Schicksal der Sklaven war in der islamischen Welt deutlich milder als z. B. in den Südstaaten der USA. Ihre Freilassung galt als empfehlenswerter, weil gottgefälliger Akt. Auch konnten Sklaven relativ selbständig über ihre Ersparnisse verfügen, ja sogar Unternehmen leiten und sich durch Vertrag mit ihrem Herren freikaufen. Sie wurden so gut wie nie in der Feldarbeit, sondern hauptsächlich in der Garde oder im Haus eingesetzt. In letzterem lebten sie meist eng in den Familienverband integriert.

Um eine Jahreszahl nach der *hidschra* (H) grob in eine »christliche« (C) umzurechnen, empfiehlt sich folgende Faustformel: $C = H - \frac{3H}{100} + 622$. Dem Jahr 1999 entspricht demnach das Jahr 1420 H.

Feste im Jahreslauf

Das muslimische Jahr kennt zwei kanonische Feste: das ›Fest des Fastenbrechens‹ (arab. *ʿîd al-fitr*) und das ›Opferfest‹ (arab. *ʿîd al-adhâ*). Ersteres, auch ›kleines

Der Koran über den **Freitag**, den ›Tag der Versammlung‹ (*yaum al-dschum'a*): »Ihr Gläubigen! Wenn am Freitag zum Gebet gerufen wird, dann wendet euch mit Eifer dem Gedenken Gottes zu und laßt das Kaufgeschäft so lange ruhen! (…) Doch wenn das Gebet zu Ende ist, dann geht eurer Wege und strebt danach, daß Gott euch Gunst erweist (indem ihr eurem Erwerb nachgeht)!« (Sure »Der Freitag«; 62,9–10). Demnach zeichnet sich der Freitag zwar durch das gemeinsame Mittagsgebet in der Moschee aus (s. S. 60ff.), jedoch ist er im Gegensatz zum christlichen Sonntag oder zum jüdischen Schabbat kein generell durch Ruhe geheiligter Tag. Die Vorstellung, Gott habe am siebten Tag in seinem Schöpfungswerk innegehalten, kennen Muslime nicht. Allah ist allmächtig und nicht erholungsbedürftig. Davon unabhängig wird in vielen islamischen Ländern freitags nicht gearbeitet, bleiben Schulen, Ämter und teilweise auch die Geschäfte geschlossen.

Fest‹ (*al-'îd as-saghîr*) genannt, wird am Ende der Fastenzeit, dem ersten Tag des Monats Schawwâl, begangen und dauert drei Tage. Es ist ein Fest der Freude, bei dem man Gott für seine Unterstützung während der Mühsal der Enthaltsamkeit dankt. Nach dem gemeinsamen Gebet besucht man, neu eingekleidet, Freunde, Bekannte und, auf dem Friedhof, verstorbene Angehörige. Man tauscht Geschenke aus, begräbt alte Zwistigkeiten und spendet Bedürftigen Almosen. Der ebenfalls dreitägige *'id al-adhâ* (auch ›großes Fest‹, *al'-îd al-kabîr*) findet am 10. des Monats *dhû l-hiddscha* statt. Im Zentrum steht bei ihm, neben intensiven Gebeten, die Schlachtung eines Tieres, die am selben Tag auch von den Pilgern in Mekka vollzogen wird. Mit ihr bezeugen die Gläubigen, daß sie, wie seinerzeit Abraham, der auf obersten Befehl sogar seinen geliebten Sohn töten wollte, aus Gottesliebe zu großen Opfern bereit sind. Wichtig ist, daß sie das Fleisch mit Verwandten, Freunden und Armen teilen.

Neben diesen verbindlichen Hauptfesten gibt es etliche weitere Feiertage, deren Beachtung den Gläubigen freigestellt ist. So gedenkt man etwa am 1. Muharram, dem islamischen Neujahrstag, der Hidschra des Propheten nach Medina. Die Feierlichkeiten fallen allerdings, verglichen mit dem christlichen Silvester oder mit Nowruz, dem »neuen Tag«, den ganz Iran rund um den 21. März begeht, eher zurückhaltend aus. Weit emotionaler geht es beim großen Trauerfest der Schiiten, dem ›'Âschûrâ'-Tag‹ am 10. Muharram, zu: Im Gedenken an das Martyrium Husains bei Kerbela werden Umzüge und Passionsspiele veranstaltet. Man legt Trauerkleidung an, bereitet spezielle Speisen zu, stattet einander Kondolenzbesuche ab und liest sich dabei Geschichten aus den Märtyrerbiographien vor. Auch finden gehäuft Wallfahrten zu den Gräbern der wichtigsten Heiligen statt.

Ungleich heitereren Charakter hat das ›Fest zum Geburtstag des Propheten‹ (*maulid an-nabî*) am 12. *Rabî' al-awwal*. Es wird erst seit etwa dem 12. Jh. gefeiert und umfaßt gemeinsame Lobpreisungen des Propheten sowie Rezitationen von Gedichten und Episoden aus seinem Leben. In manchen Regionen bekommen Kinder an diesem Tag reichlich Süßigkeiten geschenkt. Ebenfalls Anlaß zu freudiger Besinnung gibt die ›Nacht der Himmelfahrt des Propheten‹ (*lailat al-mi'râdsch*) am 27. des Monat Radschab. Dabei wird mit Gebeten, Lesungen und Trankopfern jener Nacht gedacht, in der Mohammed, von Erzengel Gabriel geführt, auf dem geflügelten Fabeltier Burâq zuerst nach Jerusalem entschwebte und anschließend, vom dortigen Tempelberg aus, die »Sieben Himmel« durchritt. Lange Gebete und Koranrezitationen kennzeichnen auch die ›Nacht des Schicksals‹ (*lailat al-qadr*; s. S. 34f.), die einer – allerdings unverbürgten – Tradition gemäß am 27. Ramadan gefeiert wird. In dieser Nacht, die laut Koran auf spiritueller Ebene »besser ist als 1000 Monate« (Sure 97), wurde dem Propheten, so ist überliefert, im Jahre 610 erstmals der Koran offenbart.

Von ausschließlich regionaler Bedeutung sind jene unzähligen Feste, mit denen man in der islamischen Welt vielerorts die Geburts- oder Todestage lokaler Heiliger feiert. Solche Veranstaltungen finden meist rund um die Gräber der Verehrten statt und werden oft von enormen Pilgerscharen besucht, die auf die Segenskraft (*baraka*) der geheiligten Plätze hoffen. Orthodoxen Theologen sind sie freilich eher ein Dorn im Auge – zum einen, weil sie ihnen als Ausbund an Aberglauben und hart an der Grenze zur Vielgötterei erscheinen; zum anderen wegen der dort gerne nebenher angebotenen, allzu weltlichen Jahrmarkt-Vergnügungen.

Rituale und Zeremonien im Lebenslauf

Erblickt ein Kind das Licht der Welt, bekommt es, so sieht es eine schöne Sitte vor, unmittelbar nach der Abnabelung den Gebetsruf in das rechte Ohr und die sogenannte *iqâma*, eine Variante desselben, in das linke Ohr geflüstert. Sieben Tage später wird ihm vor versammelten Angehörigen und Freunden der Familie sein Name gegeben. Im Rahmen dieser Zeremonie (*'aqîqa* genannt) – die übrigens im altarabischen

Kalender auf Pergamentrolle mit Gebetszeiten und anderen Ereignissen des Kultjahres. Türkei, Anfang 19. Jh.

Die zwölf Monate des islamischen Mondkalenders heißen:
1. Muharram,
2. Safar,
3. Rabî' al-awwal,
4. Rabî' ath-thânî,
5. Dschumâdâ al-ûlâ,
6. Dschumâda al-âchira,
7. Radschab,
8. Scha'bân,
9. Ramadân,
10. Schawwâl,
11. Dhû l-Qa'da
12. Dhû l-Hiddscha.

Vier davon, der erste, neunte, elfte und zwölfte Monat werden als »Monate Gottes« geheiligt. Die Monate des Sonnenjahres werden im ostarabischen Bereich bis heute mit ihren alten, syrisch-aramäischen Namen bezeichnet. In Ägypten und den Ländern des Maghreb tragen sie dieselben Namen wie in Europa.

Modernes Poster von der Himmelfahrt des Propheten

Brauchtum wurzelt und von der Sunna zwar gutgeheißen, jedoch keineswegs gefordert ist – bekommt das Baby auch den Kopf kahl rasiert. Sein Haar wird in Geld oder Silber aufgewogen und dieses unter den Armen verteilt. Zudem werden, je nachdem, ob es sich um ein Mädchen oder einen Jungen handelt, ein oder zwei Schafe geschlachtet.

Die bedeutsamste Zeremonie im Laufe der Kindheit ist die Beschneidung (arab. *chitân*), die in den einzelnen Rechtsschulen und Ländern unterschiedlich gehandhabt wird. Auch sie war bei den Arabern und anderen semitischen Völkern schon lange vor dem Islam üblich und wurde von den Muslimen übernommen. Obwohl im Koran nicht erwähnt, sondern nur im Rahmen der Sunna überliefert, ist sie ein in der Praxis unverzichtbares Ritual der Reinigung und Initiation, und – wie im Judentum – ein unauslöschliches Zeichen der Zugehörigkeit zur Religionsgemeinschaft. Der Zeitpunkt der Durchführung schwankt. Häufig findet sie zwischen dem siebten und dem vierzigsten Tag nach der Geburt statt, häufig aber auch im siebten Jahr und bisweilen sogar erst nach Beginn der Geschlechtsreife. Vollzogen wird sie im volkstümlichen Milieu bis heute vom Friseur. In den Städten werden jedoch inzwischen oft professionelle Krankenpfleger oder medizinische Ambulanzen aufgesucht. Das begleitende Zeremoniell ist von Land zu Land verschieden. Weitverbreitet ist der Brauch, den Jungen am Vorabend in ein prachtvolles Gewand zu kleiden, feierlich durch die Straßen des Dorfes oder Stadtviertels zu führen und im voraus mit Geschenken sowie einem Festessen für das Erdulden der schmerzhaften Prozedur zu belohnen.

Die Beschneidung von Mädchen (*chafd*) stammt gleichfalls aus vorislamischer Zeit und wird von religiöser Seite weder verlangt noch empfohlen, sondern – in ihrer vergleichsweise gemäßigten Form, bei der eher symbolisch ein Stückchen Haut entfernt wird – lediglich als Brauch

Im Alltag, aber besonders zu festlichen Anlässen ist die sogenannte Harqus-Malerei, der Brauch, sich Hände, Füße oder Gesicht mit farbigen Ornamenten aus Henna-Paste zu verzieren, nach wie vor in der gesamten islamischen Welt verbreitet.

geduldet. Krasse Verstümmelungen, bei denen Klitoris oder Schamlippen entfernt werden, sind vom Islam jedoch ausdrücklich untersagt. Angewandt wird diese nutzlose, von Traditionalisten als angeblich notwendige Hemmung der weiblichen Sexualität gerechtfertigte Praxis seit jeher vor allem auf dem afrikanischen Kontinent. Dort leben nach offiziellen Schätzungen gegenwärtig rund 110 Millionen Frauen, Musliminnen wie Christinnen, die sie über sich ergehen lassen mußten.

Sehr freudige Anlässe für Feierlichkeiten bieten während der frühen Lebensjahre zwei Zeremonien im Zusammenhang mit dem Erlernen des Korans. Mit fünf, zu Beginn des schulfähigen Alters, erhält das Kind im Rahmen eines Familienfestes seine erste Lektion im Rezitieren. Der Abschluß der Koranlehrzeit wird, wenn der Jugendliche das heilige Buch vollständig – oder zumindest zur Hälfte – auswendig kennt, ebenfalls mit einem Fest begangen.

Ein zentrales Ereignis im Lebenslauf stellt, der hohen Wertschätzung der Ehe durch den Koran entsprechend, die Hochzeit dar. Sie ist zwar im Gegensatz zu jener zwischen Christen kein sakramentaler, aber dennoch ein überaus feierlicher Akt, durch den die Brautleute einander hohe moralische Pflichten auferlegen. Juristisch betrachtet ist der Ehekontrakt ein normaler zivilrechtlicher Vertrag, der für gewöhnlich im privaten Rahmen oder im Büro eines Richters (*qâdî*), nur sehr selten in einer Moschee geschlossen wird. Voraussetzung für seine Gültigkeit ist zum einen die Gegenwart zweier erwachsener Muslime, die das gegenseitige Eheversprechen bezeugen. Zusätzlich wird er dadurch bestätigt, daß sich die Braut öffentlich mit der Heirat und der Höhe der Mitgift (*mahr*) einverstanden erklärt, von der sie einen Teil sofort, den Rest bei einer eventuellen Scheidung erhält (wodurch sie – zusätzlich zur üblichen Gütertrennung – eine gewisse soziale Sicherheit genießt). Üblicherweise tritt die Frau bei diesem Vorgang nicht selbst auf, sondern wird durch einen männlichen Bevollmächtigten (*walî*) vertreten. Ist der Rechtsakt erfolgreich beendet, rezitieren

Ein festlich geschmückter Knabe aus Samarkand am Vorabend seiner Beschneidung

die Anwesenden gleichsam zu seiner Bekräftigung vor Gott die erste Sure des Korans, die *fâtiha*.

Die anschließenden Feierlichkeiten unterscheiden sich von Region zu Region, können jedoch sowohl bei Bauern und Beduinen als auch in der Stadt pompös ausfallen, bis zu einer Woche dauern und den Brauteltern hohe Schulden aufbürden. Allgemein üblich ist ein schwelgerisches Festessen im Haus der Braut, bei dem die Familien, ja sogar Sippen der beiden Frischvermählten, so das ungeschriebene Gesetz, möglichst vollständig versammelt und zudem auch Arme eingeladen sein sollen. Zuvor wird die Auserwählte – nach einem gemeinsamen Bad mit ihren Freundinnen – aufwendig geschmückt, derweil ihr Bräutigam mancherorts, von Freunden und Gratulanten begleitet, auf einem Pferd durch die Straßen reitet. Für gewöhnlich am vierten Tag zieht die Braut, möglicherweise in einer Sänfte getragen, in feierlicher Prozession zum Haus des Bräutigams, wo sie, auf einen Thron erhoben, Glück- und Segenswünsche entgegennimmt. In ländlichen Gegenden wird nach der Hochzeitsnacht hie und da auch noch öffentlich der blutige Beweis für die bisherige Jungfernschaft von den weiblichen Verwandten begutachtet. Das erste gemeinsame Bad des jungen Paares und der Empfang diverser Besucher in ihrem neuen Heim bilden den zeremoniellen Abschluß.

Den Tod betrachten Muslime würdevoll und eher nüchtern: Fühlen sie ihn nahen, vollziehen sie noch einmal die Waschung und sprechen das Glaubensbekenntnis. Nach dem Ableben wird der Tote entkleidet und komplett gereinigt. Sämtliche Körperöffnungen werden, um das Eindringen böser Geister zu verhindern, mit Baumwollbauschen verstopft. Hierauf wickelt man den Leichnam in ein ungenähtes, helles Tuch. Während dieser Verrichtungen rezitieren die Anwesenden aus dem Koran.

Marokkanische Braut im Festtagsgewand

Nach Regelung der unmittelbaren Nachlaßfragen, tunlichst noch am selben Tag, bringt man den Verstorbenen in die nächste Moschee. Dort werden unter Führung des örtlichen Imams Totengebete gesprochen, an denen teilzunehmen für Verwandte und Freunde als verpflichtend gilt. Danach geht es so rasch wie möglich zum Friedhof, wobei die Teilnehmer des Trauerzugs unaufhörlich das Glaubensbekenntnis psalmodieren. Passanten, deren Weg zufällig den des Leichenzugs kreuzt, sollen stehenbleiben beziehungsweise sich erheben und in den Gesang einstimmen. Besonders verdienstvoll ist es, wenn sie ein Stück weit beim Tragen der Bahre helfen. Bestattet wird der Tote wahlweise in einem Sarg oder nur in seinem Leichentuch, jedenfalls aber auf der rechten Seite liegend und mit seinem Gesicht Richtung Mekka gewandt. Märtyrer übergibt man ungewaschen und im Gewand ihrer Todesstunde der Erde, denn ihr Zustand, ihre Wunden, sollen Zeugnis ablegen für ihren Opfertod.

Der Friedhof von Salé vis-à-vis der marokkanischen Hauptstadt Rabat

Das eigentliche Begräbnis ist kurz und von verschiedenen Gebeten begleitet. Wesentlicher Bestandteil ist die Belehrung des Verstorbenen durch den Vorbeter, damit er weiß, welche Antworten er auf die prüfenden Fragen der Grabesengel Munkar und Nakîr zu geben hat. Nach der Beerdigung setzen sich die Trauergäste auf den Boden, bitten Gott im Gebet um Glückseligkeit für die Seele des Dahingegangenen und trösten mit den Worten »Gott hat es so beschlossen« die Angehörigen. Worauf ihnen der nächste Hinterbliebene nach alter Sitte erwidert: »Ich bin mit Gottes Willen zufrieden.« Während der folgenden drei Tage empfängt die Familie des oder der Toten in dessen Haus, in der Moschee oder in einem auf der Straße eigens errichteten Zelt Kondolenzbesucher. Nach spätestens vierzig Tagen lädt sie zur Erinnerung an ihn zu einem Trauerbankett, bei dem religiöse Lesungen abgehalten und auch Bedürftige verköstigt werden.

Grab eines Heiligen (Marabut) bei Mirbat, Provinz Dhofar, Südoman

Der Begriff Moschee entstammt dem arabischen Wort *masdschid*, das in allen Landessprachen des islamischen Kulturkreises, vom Türkischen und Persischen bis zu Urdu und Paschtu, einen »Ort, an dem man sich niederwirft« bezeichnet. Prinzipiell dient dem gläubigen Muslim jede beliebige Stelle als Gebetsplatz. Für sein Zwiegespräch mit Gott genügt ihm, vorausgesetzt, er ist dabei der Ka'ba in Mekka zugewandt und der Ort ist sauber (daher beten viele Muslime auf einem kleinen Teppich) ein Stück freie Fläche. Dennoch gilt es als »verdienstvoll«, in einer Moschee zu beten. Und für den Freitagmittag ist das kollektive Gebet ebendort für männliche Muslime verpflichtend. Frauen dürfen daran – in einem abgesonderten Bereich – teilnehmen, wenngleich ihre Anwesenheit, je nach Auslegung der Quellen, nicht immer erwünscht ist.

Im Gegensatz etwa zu christlichen Kirchen oder Hindutempeln sind Moscheen keine ›Gotteshäuser‹. Sie bergen keine Götterbilder oder Altäre und sind auch nicht Schauplatz kultisch-mysteriöser Handlungen, sondern lediglich als Freiraum für das gemeinschaftliche Gebetsritual zu verstehen. Weder Koran noch Hadith enthalten Vorschriften für ihren Bau. Dementsprechend ist auch keine besondere Zeremonie notwendig, um sie zu weihen. Bei ihrer Anlage vorrangig sind die Kennzeichnung der Gebetsrichtung gen Mekka (arab. *qibla*) und die Abgrenzung vom häufig unreinen Alltagsgetriebe der Umgebung durch eine Mauer bzw., an den Eingängen, durch Schwellen, an denen die Schuhe auszuziehen sind.

Prototyp für sämtliche Moscheen war der von Mohammed neben seinem Wohnhaus in Medina eingerichtete Gebetsplatz – ein geräumiger, von Lehmmauern umfriedeter Hof, der an zwei Seiten Schattendächer aus Palmstämmen und -blättern besaß. Wie alle nachfolgenden Anlagen stellte schon diese elementare Betstatt für die Gemeinde der Gläubigen nicht nur das religiöse, sondern auch das gesellschaftliche und politische Zentrum dar. Ähnlich der antiken Agora diente sie als Sitz der Verwaltung und Rechtsprechung; als Ort für Predigten, politische Versammlungen und militärische Befehlsausgaben, an dem auch Geschäftsabschlüsse besiegelt und Ehezusagen getroffen wurden; als Obdach, Rastplatz und Asyl für Mittellose, Reisende und Verfolgte sowie als öffentlicher Erholungsraum, wo man, wie auch heute noch, getrost schlafen, essen und über weltliche Dinge plaudern konnte. In der Folgezeit wurden manche dieser Funktionen auf eigene, der Moschee angegliederte Bauteile übertragen. Es entstanden Hospitäler, Apotheken, Armenküchen, Altenheime und auch Wohntrakte, in denen fromme Asketen dem Studium des Islam sowie der Mystik frönten. Juristisch-theologische Lehrstätten,

a

d

b

e

c

f

Die Standardelemente jeder Moschee
(nicht maßstabgetreu):

a: Mihrâb (Gebetsnische)
b: Minarett
c: Minbar (Kanzel)
d: Waschpavillon
e: Dikka (Estrade)
f: Kursi (Lesepult)

Moscheentypen

a: Hof- und Hallenmoschee: Arabisches Kernland, Spanien, Nordafrika

b: Hof- und Hallenmoschee aus Lehmziegeln oder gestampfter Erde: Westafrika südlich der Sahara

c: Vier-Liwan-Modell mit zwei zentralen Achsen: Iran, Zentralasien, Ägypten

d: Mehrfach-Kuppeln und riesiger Innenhof: Indischer Subkontinent

e: Zentralkuppelbau: Osmanisches Reich

f: Freistehende Pavillons innerhalb eines ummauerten Gartenareals: China

g: Pyramidale Dachkonstruktion über zentraler Achse: Südost-Asien

Medresen (arab. sing. *madrasa*) genannt, bildeten zusammen mit Bibliotheken, Studenteninternaten und der Moschee eine Art frühe Universität, die zum Teil – berühmt sind al-Azhar in Kairo (gegründet 972; s. S. 43), az-Zaitûna in Tunis (732) und al-Qarawîyîn in Fes (862) – bis heute bestehen. Und ab dem 11. Jh. wurden diesen Mehrzweckbauten häufig auch Mausoleen (arab. *qubba*) angefügt, in denen besonders fromme Männer oder bedeutende politische Persönlichkeiten ihre letzte Ruhe fanden.

Die Moscheekomplexe nahmen aufgrund der zunehmenden Verwendung als Grabstätten und der wachsenden Heiligenverehrung allmählich sakralere Züge an. Vor allem der eigentliche Platz des Gebets an der *qibla*-Seite gewann als *harâm*, als geweihter, ›unverletzlicher‹ Ort, besondere Bedeutung. Während Moscheen zu Lebzeiten des Propheten und in den ersten Jahrzehnten nach seinem Tod auch von Juden und Christen betreten werden durften, war der Zutritt später Nichtmoslems generell verwehrt – eine Maßnahme, die insbesondere aus touristischen Gründen mittlerweile vielerorts wieder rückgängig gemacht worden ist, jedoch nach wie vor beispielsweise in ganz Marokko, Tunesien sowie zum Teil in den schiitischen Heiligtümern des Südirak und Iran gültig ist.

Im Zuge ihrer Eroberungen übernahmen die Muslime gelegentlich bereits bestehende Tempel oder Kirchen, um sie in Moscheen zu verwandeln. Prominenteste Beispiele: die ursprünglich byzantinische Hagia Sophia in Istanbul und die Johanneskirche in Damaskus, die zur Umayyaden-Moschee wurde. In der Regel gründeten sie jedoch nach dem Vorbild des Prophetenhauses in Medina eigenständige, schlichte Anlagen, die an Appellplätze erinnern. Aus ihnen entwickelte sich bald jenes Modell der Hof- und Hallenmoschee, das in der Folge viele Jahrhunderte lang und teilweise bis in die Gegenwart die islamische Sakralarchitektur prägen sollte. Es besteht aus einem weiträumigen, von Galerien (arab. sing. *riwâq*) gesäumten Arkadenhof (arab. *sahn*) und einem mehrschiffigen Betsaal, der Richtung Mekka weist und, wie etwa im Falle der berühmten Moschee und späteren Kathedrale ›La Mezquita‹ in Córdoba, die Ausmaße eines regelrechten Säulenwaldes annehmen kann. Im Laufe des 11. Jh. brachten die Seldschuken aus dem zentralasiatisch-iranischen Raum ein neues Strukturelement, den *îwân* (Liwan), ein. Dabei handelt es sich um meist riesige offene, tonnengewölbte Torhallen, die ihren Ursprung in der vorislamischen Palastarchitektur der Parther und Sassaniden haben und entweder einzeln als Eingangsportale Verwendung fanden (Musterbeispiel: die drei Medresen auf dem Hauptplatz, dem Registan, von Samarkand) oder zu viert einander kreuzförmig gegenüberstehend einen zentralen Hof einfassen (Große Moschee von Isfahan). Im 14. Jh. entwickelte sich im Osmanischen Reich die Kuppelmoschee, die anfangs mit etlichen kleinen und später einer mächtigen, zentralen Kuppel versehen war und in den Schöpfungen des Meisterarchitekten Sinân (ca. 1497–1588) ihre großartigste Ausprägung erfuhr.

All diesen Moschee-Typen gemeinsam ist die in einem Vorhof (bei der Hofmoschee im *sahn*) befindliche Waschanlage in Form eines Wasserbeckens, Brunnens oder Pavillons für die rituelle Reinigung (s. S. 30f.). Unerläßlich war sehr früh auch schon das Minarett (arab. *manâra, mi'dhana*) – der Turm, von dem bis vor einigen Jahrzehnten der Muezzin und heute fast überall Lautsprecher zum Gebet rufen. Der allererste Muezzin, der äthiopische Sklave Bilâl, hatte den Menschen noch in den Straßen oder von Dächern aus die Gebetszeiten verkündet. Doch schon zur Zeit der Umayyaden entstanden in Anlehnung an die antiken Grab-, Wach-, Leucht- oder die christlich-syrischen Kirchtürme die ersten Minarette. Ihre vierkantige Gestalt über quadratischem Grundriß blieb im islamischen Westen bis heute verbindlich. Im Osten hingegen entwickelte sich im Laufe der Zeit eine Vielfalt an Formen, vom polygonalen, mit Balkonen und Friesen reichgegliederten Typus aus dem mamlukischen Ägypten über die runden oder vieleckigen Ziegeltürme Zentralasiens bis zu den extrem schlanken und spitzen Bleistiftminaretten der Osmanen. Eine Sonderform bilden der Gebetsturm der Moschee von Samarra (s. S. 85) im heutigen Irak und jener der Ibn-Tulûn-Moschee (s. Umschlag, Bild vorne oben) in Kairo mit ihren vom altbabylonischen Zikkurat abgeleiteten spiraligen Außentreppen.

Bestimmende Einrichtungselemente im Inneren jeder Moschee sind der *mihrâb* und der *minbar*. Der *mihrâb* ist jene leere Wandnische, die den Betenden die Richtung nach Mekka weist und, in der Regel von Säulen flankiert, meist den am reichsten verzierten Bereich der Moschee darstellt. Ihre je nach Region halbrunde, recht- oder vieleckige, stets aber konkave Form hilft, die Stimme des Imam, der vor ihr stehend das Gebet spricht, zu reflektieren und zu verstärken. Möglicherweise leitet sie sich von der Apsis frühchristlicher Kirchen her; daß koptische Steinmetze sie erstmals Anfang des 8. Jh. in der Prophetenmoschee in Medina geschaffen haben, stützt diese These. Der *minbar* (arab. für »Erhöhung«), ein meist hölzernes, manchmal auch steinernes Treppenpodest, das immer rechts vor dem *mihrâb* steht, diente anfänglich den Kalifen und ihren Statthaltern als Herrscher- und Richtersitz. Seit spätumayyadischer Zeit ist er jener mit der Kanzel in

Der Innenhof der Sultan Hasan-Moschee in Kairo, einem in der 2. Hälfte des 14. Jh. entstandenen Monumentalbau im klassischen Stil der Mamluken-Zeit. Die Moschee diente insbesondere als *madrasa* (s. S. 110), wobei den vier Rechtsschulen (s. S. 41f.) jeweils einer der vier Liwane zum Unterricht zur Verfügung stand. Kolorierter Stich aus dem 19. Jh. von David Roberts

Kirchen vergleichbare Platz, von dem aus der *châtib*, ein redegewandter Theologe, während des Freitags-Gottesdienstes seine Predigt, die *chutba*, hält. Hierbei steigt der Vortragende aus Hochachtung für den Propheten nicht bis zur letzten Stufe empor. Der grundsätzlichen Doppelrolle der Kalifen und ihrer Stellvertreter als religiöse und weltliche Führer gemäß, symbolisiert der *minbar* die Einheit beider Machtsphären und ist dementsprechend seit alters ebenfalls Gegenstand kunstvoller Ausschmückung. Reiches Schnitzwerk, Kassettierungen und kostbare Einlegearbeiten aus Elfenbein, Perlmutt und Edelhölzern zählen hierbei zum Standardrepertoire.

Der Rest des kargen Moscheemobiliars besteht, abgesehen von den Teppichen oder Bodenmatten, aus Koranbehältern und -pulten (arab. *kursî*), aus Ampeln, Öllampen oder Neonbalken zur Beleuchtung der überwiegend lichtschwachen Räumlichkeiten, aus bemalten Kacheln sowie kalligraphischen Friesen und Medaillons an den Wänden und Schuhregalen vor den Eingängen. In manchen größeren Moscheen existiert auch ein Exemplar jener vergitterten Loge (*maqsûra*), von der aus die Herrscher einst vor Attentaten geschützt dem Freitagsgebet beizuwohnen pflegten. Und bisweilen findet sich sogar noch eine *dikka*, jene Gebetsplattform, auf der vor Erfindung elektronischer Lautsprecher ein »Übermittler« (arab. *muballigh*) zwecks Synchronisierung die Worte und den Bewegungsablauf für die übrige Gemeinde vorführte.

dschâmi'* und *masdschid

Die Muslime unterscheiden grundsätzlich zwei Moschee-Typen: die »Freitagsmoschee« (*dschâmi'*) und die ›einfache‹ Moschee (*masdschid*). Ursprünglich existierte nur die *dschâmi'*. Sie war einerseits der Ort, wo die Gläubigen am »Tag der Versammlung« (*yaum al-dschuma'*, also Freitag) zusammenkamen, um das gemeinsame Freitagsgebet zu verrichten und die *chutba* (s. o.) zu hören. In früher Zeit nutzten die Kalifen bzw. ihre Stellvertreter die – in der Regel sehr großen – Moscheen zudem, um dem Volk Erlasse mitzuteilen oder sich huldigen zu lassen. Beispiele dieses Moscheentyps sind die Große Moschee in Samarra, die 'Amr- und Ibn Tulûn-Moschee in Kairo oder die Moschee von Córdoba. Der *masdschid*-Typ hingegen entwickelte sich erst allmählich; er war und ist – wie der Name schon sagt – der »Platz, an dem man sich [zum Gebet] niederwirft [*sadschada*]« und an dem Freitags keine *chutba* gehalten wird.

656
Ernennung 'Alîs zum 4. Kalifen
657
Schlacht bei Siffîn am oberen Euphrat; danach Schiedsgericht und Besiegelung der Spaltung zu späteren Sunniten und Schiiten
661
'Alî wird in Kufa ermordet
680
Ermordung al-Husains und seiner Getreuen bei Kerbelâ am 10. Muharram
684–685
Todesmarsch der ›Büßer‹ von Kufa nach Kerbelâ und deren Vernichtung in Nordmesopotamien durch syrische Truppen
um 740
Zaid, ein Halbbruder des 5. Imam, fällt im Aufstand gegen die Umayyaden.
874–940
»Kleine Verborgenheit« des 12. Imam; seit 941: die »große Verborgenheit«
899
Der ismailitische Geheimbund der Qarmaten begründet am Persischen Golf ein vom Kalifat unabhängiges Reich, dessen Spuren um 1030 erlöschen.
901–1962
Herrschaft der Zaiditen oder Fünfer-Schiiten im Jemen
909
Errichtung eines schiitischen Gegen-Kalifats durch die Dynastie der Fatimiden (Herrschaft in Ägypten, Syrien und Nordafrika bis 1171)

Bismi-Llâhi r-rahmâni r-rahîm (»Im Namen Allâhs, des Barmherzigen, des Erbarmers«; s. S. 28)

Die neben der großen Mehrheit der orthodoxen Sunniten bedeutsamste Gruppierung innerhalb des Islam bilden die Schiiten. Ihre Abspaltung erfolgte recht unmittelbar nach dem Tod des Propheten und hat ihren Grund nicht sosehr in unterschiedlichen theologisch-dogmatischen Positionen. Denn auch die Schiiten, die gegenwärtig weltweit rund zehn Prozent aller Muslime stellen, erkennen den Koran als Quelle der göttlichen Offenbarung und die Sunna, das Leben und Wirken Mohammeds, als vorbildlich und daher verbindlich an. Auch erachten sie die fünf Säulen des Islam (s. S. 28ff.) als heilige Pflicht. Der Konflikt entzündete sich vielmehr daran, welcher Person innerhalb der muslimischen Gemeinde die höchste Autorität zukommen soll.

Während die Sunniten grundsätzlich jeden als Kalifen (arab. *chalîfa;* »Nachfolger«) akzeptierten, sofern er dem Stamm des Propheten angehörte, fromm genug war und die politische Eignung sowie die Kenntnis der religiösen Quellen besaß, halten die Schiiten bis heute ausschließlich Mohammeds Vetter 'Alî und die leiblichen Nachkommen ('Alîden) aus dessen Ehe mit der Prophetentochter Fâtima für berechtigt, die Gesamtgemeinde zu leiten. Deshalb bezichtigen die Anhänger der »Partei 'Alîs« (arab. *schî'at 'Alî*) die drei ersten Kalifen und auch die folgenden Herrscher der Umayyaden- und Abbasiden-Dynastie, widerrechtlich die Macht ergriffen beziehungsweise einander vererbt zu haben. Ihre Imame (arab. *imâm;* »Anführer«) hingegen verehren sie als unfehlbare Inhaber jenes Göttlichen Lichts, welches, so ihr Glaube, durch die Propheten von Adam über Mohammed auf diese übertragen worden sei.

Bismi-Llâh (»Im Namen Allâhs«)

Heilsglaube und Märtyrertum

Als Folge ihres immer wieder vergeblichen Kampfes gegen das politische Establishment und ihrer Rolle als – meist unterdrückte – Minderheit entwickelten die Schiiten sehr bald eine besondere Mentalität mit folgenden Kernmerkmalen: eine intensive, den Sunniten völlig fremde Bereitschaft zum Leiden und ein ausgeprägter Märtyrerkult. So gilt neben dem *haddsch*, der Pilgerfahrt nach Mekka (s. S. 35ff.) ein Besuch der Grabstätten der Imame und ihrer engsten Verwandten als geradezu unerläßlich. An den großen, für Andersgläubige in der Regel verschlossenen Schreinen von Nadschaf, Bagdad, Kerbelâ, Sâmarrâ (alle Irak), Maschhad, Qom (Iran) und Medina (Saudi Arabien) verleihen die Wallfahrer ihrer Untröstlichkeit über das erlittene Unrecht mittels Tränen, Schluchzen und Verzweiflungsgesten auf bemerkenswerte Weise Ausdruck.

Als Schlüsselereignis gilt in diesem Zusammenhang das Massaker von Kerbelâ. Nach der Ermordung 'Alîs, ihres ersten Anführers (661), hatten die Schiiten zunächst 'Alîs Sohn Hasan, und, nachdem dieser keine Führungsambitionen zeigte, dessen jüngeren Bruder Husain als Imam anerkannt. Letzterer wurde nach einem schlecht organisierten Umsturzversuch von seinen Verbündeten aus der Stadt Kufa im Stich gelassen und hierauf mitsamt einem Grüppchen Getreuer bei Kerbelâ in der irakischen Wüste von Soldaten im Auftrag des umayyadischen Gouverneurs im Irak, 'Ubaid Allâh ibn Ziyâd, umzingelt und am 10. Muharram (Oktober) des Jahres 680 niedergemetzelt. Ihre mangelnde Solidarität mit Husain und seinen Tod empfinden die Schiiten bis heute als eine Art historische Erbsünde, für die sie alljährlich an 'Âschûrâ', den schicksalhaften Tagen des Monats Muharram, im Rahmen von Trauerprozessionen und gemeinschaftlichen Selbstgeißelungen wenigstens symbolisch zu büßen trachten. Dabei kommt auch stets ein Passionsspiel (*ta'ziya*) zur Aufführung, bei dem die traumatischen Geschehnisse von Kerbelâ in theatralischen Szenen nachgestellt werden.

1094
Tod des Fatimiden-Herrschers al-Mustansir; Abspaltung der Musta'-liten und Nizariten

1501
Die Safawiden erklären für Persien die Zwölfer-Schî'a zur offiziellen Staatsreligion; Beginn der Entwicklung eines schiitischen Klerus.

1978–1979
Sturz der Pahlevi-Monarchie und Errichtung der Islamischen Republik Iran

1989
Tod Ayatollah Khomeinis

Imam 'Alî auf einem Teheraner Kaffeehausgemälde; frühes 20. Jh.

Ein weiterer zentraler Wesenszug des Schiismus ist seine starke Heilssehnsucht. Die Überzeugung, daß die Imame direkt von Gott erwählt sind, findet sich vielfach mit dem Glauben an einen Erlöser, einen *mahdî* (arab. für »der unter [göttlicher] Leitung stehende«), gleichgesetzt, der am Ende der Zeiten auf Erden ein göttliches Reich der Gerechtigkeit errichten wird. Dieser Endzeit-Herrscher soll in Person des letzten aus der bisherigen Reihe der Imame herniederkommen und hält sich, so die Vorstellung, bis dahin auf geheimnisumwitterte Weise in der Welt verborgen. In Erwartung solcher Errettung zogen die Schiiten die längste Zeit grundsätzlich die Rechtmäßigkeit jedes irdischen Regimes in Zweifel, ja erklärten überhaupt jegliche Machtausübung für Tyrannei. Daher erhielten sie immer wieder großen Zulauf von sozial Unzufriedenen und Revolutionären.

Um die Sicherheit einzelner Glaubensbrüder oder der gesamten Gemeinde in »feindlicher« Umgebung zu gewährleisten, aber auch um unter der Herrschaft der Sunniten hohe Ämter übernehmen zu können, entwickelten sie schon früh die Taktik der sogenannten *taqîya* (arab. für »Selbstschutz«), des »bewußten Verschweigens des eigenen Glauben«. Was sie allerdings nicht daran hinderte, gelegentlich dennoch eigenständige Staatsgebilde zu schaffen – wie etwa die Zaiditen am Südufer des Kaspischen Meeres (864–1126) und im Jemen (901–1962), die Idrisiden im marokkanischen Raum (798–974) oder die aus dem heutigen Tunesien kommenden Fâtimiden, die von ihrer Hauptstadt al-Qâhira (Kairo) aus in Nordafrika und der Levante ein regelrechtes Gegen-Kalifat (909–1171) errichteten. Den größten realpolitischen Einfluß erzielten die Schiiten im persischen Raum. Dort wurde ihr Glaube Anfang des 16. Jh. von den Safawiden sogar zur Staatsreligion erhoben, von den

Die Verbreitung der Schiiten

	in Mio.	in % der Bevölkerung
Iran	56	91%
Indien	20	2%
Pakistan	18	15%
Irak	12	62%
Afghanistan	6	30%
Türkei	6	10%
Jemen	5	47%
Aserbaidschan	5	70%
Syrien	1,4	10%
Libanon	1,2	40%
Kuwait	0,4	25%
Saudi-Arabien	0,4	3%
Bahrain	0,25	50%

nachfolgenden Qadscharen (1794–1925) als solche beibehalten und nach der Revolution von 1978/1979 erneut als theologisch-juristisches Fundament für die Verfassung der Islamischen Republik Iran herangezogen (s. u. und S. 162). Das Argument, mit dem die schiitischen Herrscher durch alle Zeiten ihre Machtposition rechtfertigten, ist folgendes: Ihnen sei eben die historische Rolle zugefallen, bis zur Wiederkunft des Mahdî dessen Aufgaben auf Erden gleichsam stellvertretend bestmöglich zu erfüllen.

Iranischer Veteran aus dem Ersten Golfkrieg bei einer Demonstration in Teheran

Zwölfer-, Fünfer- und Siebener-Schiiten

Die personengebundene Regelung der Nachfolge wurde freilich auch innerhalb der Schiiten von Beginn an unterschiedlich gedeutet und führte bereits seit dem frühen 8. Jh. zu tiefen Spaltungen. Religionshistoriker haben insgesamt über siebzig rivalisierende Gruppen und Untergruppen gezählt, von denen jedoch die Mehrheit längst wieder verschwunden oder miteinander verschmolzen ist. Heute unterscheidet man im Wesentlichen drei Richtungen:

Die Zwölfer-Schiiten oder Imamiten (arab. *ithnâ-'ascharîya*): Die Anhänger dieser mit Abstand größten Gruppe , die vor allem im Iran, im Südirak, in bestimmten Gebieten des indischen Subkontinents und Tadschikistans sowie im südlichen Libanon behei-

Die Jeziden (Yazîdî): Diese rund 100 000 Familien umfassende Minderheit, deren traditionelles Hauptsiedlungsgebiet in Kurdistan und am nordmesopotamischen Gebirge Sindschar liegt, zählt zu den rätselhaftesten Volks- und Religionsgemeinschaften Vorderasiens. Von ihren muslimischen Nachbarn fälschlicherweise als heidnische »Teufelsanbeter« verachtet und oft verfolgt, vereinen die *dawâsin*, wie sie sich selbst bezeichnen, in ihrem Glauben Elemente des Zoroastrismus, Manichäismus, Judentums, Christentums und Islam, aber auch der alt-indo-iranischen Gestirn- und Sonnenverehrung. Sie sind von der Existenz eines einzigen Gottes überzeugt, dem bei der Erschaffung der Welt sieben Engel, allen voran der sagenumwobene »Engel Pfau« alias Melek Tâ'ûs, zur Seite standen. Gott und Engel, so die altertümliche Vorstellung, hätten die Gestalt von Vögeln gehabt und anfangs auf Urbäumen gelebt. Die Grundlage der jezidischen Religion, deren Inhalte und Praktiken der »Geheimhaltung« unterliegen und deshalb bis heute weitgehend unerforscht sind, bilden zwei in kurdischer Sprache verfaßte heilige Schriften, das »Schwarze Buch« und das »Buch der Offenbarung«. Darin sind u. a. die Einehe, die Pflicht, dreimal täglich zu beten, und der Glaube an eine siebenmal erfolgende Wiedergeburt, deren Art von der jeweiligen Lebensführung abhängt, festgeschrieben.

Der Schrein des 8. Imam in Mesched

matet ist, erkennen zwölf Imame als rechtmäßig an. Deren letzter, der 873 gestorbene Muhammad al-Mahdî, soll seit 940 in der sogenannten »Großen Abwesenheit« entrückt leben. Die Jahrzehnte davor (ab 874), die Phase der »Kleinen Abwesenheit«, hatten angeblich noch vier Gelehrte als Botschafter mit ihm Kontakt gehalten. Muhammads elf Vorgänger gelten den Imamiten allesamt als Märtyrer, die der Gewalt der sunnitischen Kalifen zum Opfer fielen. Insgesamt sprechen die Ima-

Die Imame der Schî'a

1. 'Alî ibn Abî Tâlib (gest. 661)

2. al-Hasan (gest. 669) **1***

3. al-Husain (gest. 680) **2***

4. 'Alî Zain al-'Âbidîn (gest. 712) **3***

5. Muhammad al-Bâqir (gest. 733) **4***

6. Dscha'far as-Sâdiq (gest. 765) **5***

Ismâ'îl (gest. 760) **6***

Muhammad ibn Ismâ'îl (gest. vor 809) **7***

7. Mûsâ al-Kâzim (gest. 799)

8. 'Alî ar-Rida (gest. 818)

9. Muhammad at-Taqî (gest. 830)

10. 'Alî an-Naqî (gest. 868)

11. Hasan al-'Askarî (gest. 873)

12. Muhammad al-Mahdî (gest. 873)

Auf der Tafel werden sowohl die Imame der Zwölfer-Schiiten und ihre Aufeinanderfolge dargestellt als auch die der Siebener-Schiiten (Ismailiten). Letztere sind hinter den Namen durch eine **Zahl** mit * gekennzeichnet.

miten von ihren zwölf Imamen, dem Propheten Mohammed und dessen Tochter Fatima als den »14 Unfehlbaren«, die weder Sünde noch Irrtum kennen.

Ein wesentliches Merkmal der Zwölfer-Schî'a ist ihr eigenes, überaus komplexes Rechtssystem, dessen Grundzüge Dschâ'far as-Sâdiq, dem 6. Imam, zugeschrieben werden, weshalb es dscha'faritische Schule heißt. Im Zentrum steht dabei das Prinzip des Bemühens, sich eine eigene Meinung anzueignen (*idschtihâd*). Es schreibt den Rechtsgelehrten, den Mollâs, vor, bei der Lösung von Problemen Vernunft walten zu lassen. Anders als in den vier sunnitischen Rechtsschulen muß jedem Beschluß und Schiedsspruch (*fatwâ*) eine erneute Prüfung und Interpretation der Argumente vorausgehen. Daraus folgt, daß er auch fehlbar sein und von späteren Gelehrten korrigiert werden kann – ein Grundsatz, der den Klerus zur Anpassung fast jeder Lehrmeinung an geänderte Situationen berechtigt und das dscha'faritische Recht, entgegen der weitverbreiteten Meinung, zu einem erstaunlich flexiblen und mitnichten »fundamentalistischen« Regelsystem macht.

Die Zaiditen oder Fünfer-Schiiten (arab. *az-zaidîya*). Sie halten Zaid, den Sohn des 4. Imam, der um 740 im Kampf gegen die Umayyaden fiel, für den letzten rechtmäßigen Imam. Ihren aktuellen Führer ermitteln sie jeweils durch Wahl. Der Kandidat muß ein Nachkomme 'Alîs sein, und von ihm werden sowohl hohe geistige Fähigkeiten als auch die Bereitschaft, um sein Amt zu kämpfen, gefordert. Der Gedanke der Verborgenheit und Rückkehr eines Imams ist dieser als gemäßigt und auch den Sunniten gegenüber tolerant geltenden Gemeinschaft ebenso fremd wie der Mahdî-Glaube, die Schmähung der drei ersten Kalifen oder die Prinzipien der *taqîya* und der Vererbbarkeit der Imamatswürde.

Die Ismailiten oder Siebener-Schiiten (arab. *sab'îya*). Sie bilden die am meisten aufgesplitterte und rätselhafteste Richtung innerhalb der Schî'a. Ihrer Überzeugung

In den Straßen Teherans sind die religiösen Führer Khomeini und Khamenei bis heute allgegenwärtig.

Das Grabmal der Fâtima al-Ma'sûma, der Tochter des siebten und Schwester des achten Imam, in Qom. Die 140 km südlich von Teheran gelegene Stadt ist nicht nur für dieses nach Maschhad wichtigste Pilgerziel Irans berühmt, sondern auch für ihre theologischen Hochschule, genannt Feizîye, an der die schiitischen Geistlichen des gesamten Landes ausgebildet werden.

Ein iranischer Geistlicher an der Außenmauer einer Moschee in Isfahan. Der seit einigen Jahren stark hierarchisch gegliederte Klerus der Schî'a kennt folgende Ränge: den Rechtsgelehrten (*mudschtâhid* od. *mollâ*, von arab. *maulâ*, »Herr«, »Meister«); als Ehrentitel, die ein *mudschtahid* nach langjährigen Studien erwirbt, gelten: die »Autorität des Islam« (*huddschat al-islâm wa l-muslimîn*), Ayatollah (arab. *âyatu Llâh* »Zeichen Allâhs«) und als höchster Ehrentitel Groß-Ayatollah (*ayatullâh al-'uzmâ)* oder »Instanz der Nachahmung« (*mardscha' at-taqlîd*). Mollâs, von denen es im heutigen Iran an die 200 000 gibt, sind an ihrem weißen Turban zu erkennen. Einige hundert Ayatollahs sind, so sie der Prophеten-Familie entstammen, also zudem *sayyid* sind, berechtigt, schwarze Turbane zu tragen.

nach endet die Reihe der Imame mit Ismâ'îl, einem Sohn des 6. Imam, der noch vor dem Vater, aber von diesem bereits als Nachfolger nominiert, um das Jahr 760 verstarb. Eine Minderheit führt die Linie bis zu Ismâ'îls Sohn Muhammad weiter. Beiden Zweigen gemeinsam ist der Glaube an die Verborgenheit und spirituelle Erleuchtung ihrer rechtmäßigen Führer, ebenso sind sie sich deren früherer oder späterer Wiederkehr gewiß. Beide Richtungen waren insbesondere in ihrer Frühzeit stark missionarisch ausgerichtet.

In die ismailitische Lehre sind vielerlei Vorstellungen aus der Astrologie und Alchimie, der jüdischen Kabbala und auch der neuplatonischen Philosophie verwoben. Zudem wird bei jeder göttlichen Offenbarung klar zwischen einem allgemein zugänglichen äußeren und einem nur Eingeweihten verständlichen inneren, esoterischen Gehalt unterschieden. Dieses dem Islam fernstehende metaphysische Gedankengut sollte seinerzeit die Anziehungskraft der Glaubensrichtung sowohl auf die intellektuelle Elite als auch auf das breite Volk erhöhen. Und tatsächlich kam es bereits Anfang des 10. Jh. in Teilen Irans, im südlichen Irak, aber auch unter den Berbern Nordafrikas zu mehreren Aufständen, die das abbasidische Kalifat in Bagdad erschütterten. Urheber waren die Qarmaten, eine nach »urkommunistischen« Grundsätzen wie Gleichberechtigung und Gütertrennung organisierte, radikal ismailitische Sekte, die von ihrem Stützpunkt in Bahrain am Persischen Golf aus über 100 Jahre lang einen eigenen Staat regierte, im Jahr 930 auch Mekka einnahm, dabei sogar den Schwarzen Stein der Ka'ba entführte und somit den Pilgerverkehr für zwei Jahrzehnte zum Erliegen brachte.

Assassinen, Drusen, Alawiten, Charidschiten

Eine weitere theologisch und politisch folgenreiche Spaltung fand unter der Anhängerschaft der ebenfalls ismailitischen Fatimiden statt. Als deren Kalif al-Musta'lî 1094 eingesetzt wurde, bildete sich im Zuge des Erbfolgestreits in Ägypten die Gemeinschaft der Musta'liten heraus, deren Nachkommen heute vorwiegend im Jemen und in Indien leben. Als gegnerische und damals weit größere Gruppe etablierten sich die Nizariten, die dessen Bruder Nizâr als Mahdî anerkannten. Aus ihnen ging schließlich die berühmt-berüchtigte Sekte der Assassinen (arab. *haschîschîyûn*, »Haschischesser«) hervor. Deren Gründer, der Perser Hasan-e Sabbâh, ließ sich um 1090 in der Bergfestung Alamut im Elburs-Gebirge südlich des Kaspischen Meeres nieder. Ein zweites Hauptquartier war die Festung Masyaf im syrischen Küstengebirge, wo der in Europa als »Der Alte vom Berge« bekannte Anführer des westlichen Zweiges der Bewegung residierte. Zu ihrer Blütezeit im 12. Jh. besaßen die Assassinen zwischen dem Mittelmeer und der nordostiranischen Provinz Chorasan eine ganze Kette unzugänglicher Wehrburgen. Von dort aus unternahmen ihre Aktivisten, die *fidâ'îyûn* (arab. für »Opferbereite«), regelmäßig tollkühne Terroranschläge, bei denen sie führende Vertreter des Kalifats, aber auch der Großseldschuken und Kreuzfahrer meuchlings ermordeten. In der 2. Hälfte des 13. Jh. machten diesen Extremisten im Iran die Mongolen und in Syrien die Mamluken militärisch den Garaus. Doch die Erinnerung an ihre spektakulären, für die Täter meist selbstmörderischen Bluttaten, die angeblich unter Drogeneinfluß verübt wurden, ist noch heute in etlichen europäischen Sprachen im Vokabular für Mörder (frz. *assassin*, it. *assassino* etc.) lebendig.

Die Ermordung des seldschukischen Wesirs Nizâm al-Mulk durch die Assassinen, gezeichnet von Bob Moulder nach einer persischen Miniatur

Das Mausoleum des 1957 verstorbenen dritten Aga Khan am westlichen Nilufer im oberägyptischen Assuan. Die Aga Khane (sing. eigentl. *Âghâ Chân*) stehen der Sekte der Hodschas vor, einem Zweig der Ismailiten, zu dessen Vorfahren die Assassinen zählen. Sie werden von ihren Anhängern, die vorwiegend in Indien und Ostafrika zu Hause sind, als erbliche Imame verehrt.

Bis heute eine Hochburg der Ibaditen: Nizwa, die alte Hauptstadt im Landesinneren des Oman

Ebenfalls ismailitische Wurzeln besitzen die im südlichen Syrien, in Israel und im Libanon beheimateten rund 250 000 Drusen. Vermutlich nach ihrem ersten Verkünder, dem fatimidischen Missionar ad-Darazî benannt, verehren sie den 1021 in Kairo auf unerklärliche Weise verschwundenen Fatimiden-Kalifen al-Hâkim als Inkarnation Gottes. Als Begründer dieser Glaubensgemeinschaft gilt ein gewisser Imam Hamza. Die drusische Glaubenslehre, in der die Idee von der Seelenwanderung eine zentrale Rolle spielt, ist nur einem elitären Kreis von »Wissenden« (*'uqqâl*) bekannt. Nur sie dürfen die sieben heiligen Bücher, die auch die Sendschreiben Hamzas enthalten, lesen.

Noch weiter vom orthodoxen Islam entfernt sind die Alawiten (sing. *nusairî*), die sich bereits um 872 im Irak von den Ismailiten abspalteten. Sie wurden, wie die Drusen auch, von allen anderen innerislamischen Glaubensrichtungen als »Übertreiber« (arab. *ghulât*) bezeichnet und bekämpft und gelten bis heute als extreme Sekte. Sie vergöttern eine Dreiheit, bestehend aus 'Alî, Mohammed und Salmân, jenem weisen und geheimnisumwitterten Perser, der als einer der ersten Gefährten 'Alîs Ansprüche unterstützte. Darüber hinaus verehren sie Fâtima und eine Lichtgestalt namens Fâtir (die männliche Entsprechung von Fâtima). Ihre ausgesprochen esoterische Lehre vereint Elemente islamischer, christlicher, gnostischer sowie altorientalischer Glaubensvorstellungen. Heutiges Hauptsiedlungsgebiet dieser kleinen, äußerst traditionsbewußten Gemeinschaft ist das nach ihr benannte Bergmassiv des Dschabal Ansârîya – der nördliche Ausläufer des Libanon-Gebirges. Aus ihren Reihen stammt auch Syriens derzeitiger Präsident Hâfiz al-Assad.

Eine Sekte, die in der zweiten Hälfte des 7. Jh. neben Sunniten und Schiiten die dritte große Glaubensgruppierung innerhalb des Islam bildete, waren die Charidschiten. Ursprünglich Gefolgsleute 'Alîs, wandten sie sich von diesem ab, als er nach der gegen den Kalifen Mu'âwiya geschlagenen Schlacht bei Siffîn (657) in die Abhaltung eines Schiedsgerichts einwilligte. Dem Menschen, so empörten sie sich, stehe es nicht zu, Kompromisse einzugehen. Und Gott allein dürfe Urteile fällen. Während der folgenden fünfzig Jahre fochten diese sittenstrengen »[aus 'Alîs Lager] Ausziehenden« (*charidschî*, von arab. *charadscha*, »davongehen), die als zentrales Gebot für jeden Gläubigen das vorschriftsgemäße Handeln erachteten, immer wieder und an verschiedenen Orten blutige Kämpfe gegen die Autoritäten des Kalifen. Da sie die Wahl und Absetzung der Anführer nicht länger von dessen Abstammung und Geschlecht, sondern ausschließlich von seiner moralisch tadellosen Haltung abhängig machten und den Gläubigen selbst überließen, fanden sie naturgemäß besonders viele Anhänger bei den nicht-arabischen Völkern des Reiches. Doch schon im Laufe des 8. Jh. hatten die Kalifen fast alle der inzwischen in zahlreiche Gruppen aufgesplitterten Charidschiten ausgerottet. Einzige Nachfahren von Bedeutung sind heute die Ibaditen – eine im Oman, auf der tunesischen Insel Dscherba sowie in der Oasenregion des Mzab in Nordalgerien beheimatete Gemeinschaft, deren Lehrgebäude im späten 7. Jh. in Basra entstand und auf dem Ideal einer demokratischen Theokratie, in der Imame vom Volk gewählt werden, fußt.

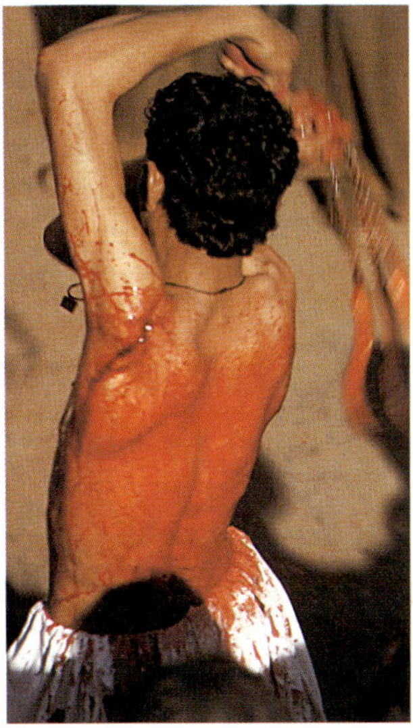

Ein schiitischer Kettengeißler während der 'Âschûrâ'-Feierlichkeiten in Teheran. Im heutigen Iran sind die blutigen Geißelungen – wie auch die Passionsspiele – zwar nicht ausdrücklich verboten, jedoch verpönt und werden nur stillschweigend geduldet. Bei den Prozessionen schlagen sich die Teilnehmer für gewöhnlich den (bekleideten) Rücken eher symbolisch mit Geißeln aus kleinen Kettchen.

Predigt in der Moschee; aus: *Maqâmât* von al-Harîrî, 13. Jh.

Betrachtet man das Sozialgefüge, die Organisation und Hierarchie der traditionellen, islamischen Gesellschaft, so gilt es stets in Erinnerung zu halten, daß sich die althergebrachte Herrschaftsordnung im Islam grundlegend von jener im Westen unterscheidet. Denn das Oberhaupt der muslimischen Gemeinschaft übte nicht nur alle drei politischen Gewalten – Gesetzgebung, Vollzug und Rechtsprechung – aus. Es hatte auch die Aufgabe eines religiösen Führers zu übernehmen. Ihm oblag, wie es der berühmte Geschichtsphilosoph Ibn Chaldûn (s. S. 90) formulierte, »der Schutz der Religion und die Lenkung der Welt durch sie« – ein Prinzip, dessen Anwendungen im Laufe der Geschichte zwar immer wieder abgewandelt wurden, dessen Grundsätze aber bis zur Einführung europäischer Verfassungen in der zweiten Hälfte des 19. Jh. gültig blieben und noch heute nachwirken.

Die ersten Kalifen (arab. *chalîfa* »Nachfolger«, »Stellvertreter [des Gesandten Gottes]«) vereinten in der Tat alle öffentlichen Ämter, weltliche wie geistliche, in ihrer Hand. Sie waren Regenten, Richter und militärische Befehlshaber, leiteten den Gottesdienst und hielten die Freitagspredigt. Dementsprechend nannten sie sich auch *amîr al-mu'minîn* (arab. für »Herrscher der Gläubigen«) – ein Titel, den die Könige von Saudi-Arabien und Marokko bis heute tragen. Doch aufgrund der raschen Expansion des jungen Reiches mußten die allmächtigen Männer schon bald mehr und mehr Aufgaben an Funktionäre delegieren. Zu den wichtigsten neuen Ämtern zählte das des Vorbeters. Er mußte – und muß bis zum heutigen Tage – beim Freitagsgebet die rituellen Körperbeugungen vorexerzieren und die jeweiligen Formeln vorsprechen. Auch ist er Leiter der Begräbniszeremonien. Sein arabischer Titel, *al-imâm* (arab. für »Führer«, »Merkmal«, »Muster«), ist freilich doppeldeutig. Denn die Schiiten verstehen unter Imamen die leiblichen Nachfahren 'Alîs, dem aus ihrer Sicht einzig legitimen Erben Mohammeds (s. S. 66). Bei den Sunniten hingegen war die Bezeichnung ursprünglich gleichbedeutend mit dem Begriff Kalif, denn dessen Amt umfaßte ja auch das des Vorbeters. Später waren Imame in der Regel theologisch und juristisch geschulte Fachleute, die zugleich andere öffentliche Pflichten erfüllten. Inzwischen dienen als Vorbeter – vor allem in kleineren Moscheen – oft auch gut beleumundete Männer aus bürgerlichen Berufen ohne einschlägige Ausbildung.

Für den Moscheebetrieb ebenso unverzichtbar sind die Muezzine (arab. sing. *mu'adhdhin*). Ihnen obliegt es seit jenen Tagen, da Bilâl, der abbesinische Gefährte Mohammeds, in Medina als erster dieses Amt bekleidete, fünfmal täglich vom Minarett herab (bzw. heute mit dem Mikrofon) das Volk zum Gebet zu rufen.

Größte Autorität genießt auf rechtlich-religiösem Gebiet – mancherorts bis heute – der *muftî*. Er hat als gründlicher Kenner des Korans, des Hadith und des Rechts den Gläubigen verbindliche Antworten auf Fragen bezüglich einer frommen Lebensführung zu erteilen und in entscheidenden Streitfragen Rechtsgutachten (arab. sing. *fatwâ*) zu erlassen. Die Rolle der Armeeführung übernahmen die Emire (arab. sing. *amîr*), jene der »Minister«, denen die Administration der »Sekretäre« (*kuttâb*) unterstand, die Wesire (arab. sing. *wazîr*; in al-Andalus *hâdschib*, »Kämmerer«). Der Provinzverwalter hieß *amîl* (»Gouverneur«, »Agent«).

Das in der Alltagspraxis überaus bedeutsame Amt des Richters übertrug sich auf den *qâdî*, wobei der eingedeutschte Ausdruck irreleitet. Denn einerseits übte nicht nur der Kadi eine richterliche Funktion aus. Es gab auch die *schurta*, eine Art Militärpolizei mit großen Befugnissen bei Strafverfolgung und -vollzug, und die sogenannten *mazâlim* – Gerichte, die gleichsam als Parallel-Instanzen direkt dem Herrscher unterstanden. Andererseits hatte der Kadi auch andere als richterliche Pflichten. So verwaltete er etwa fürstliche und private Stiftungen und war Vormund für Findelkinder, Geisteskranke und minderjährige Waisen.

Die wichtigste Rolle bei der Verwaltung des Wirtschaftslebens spielte der *muhtasib*. Dem Kadi unterstellt, hatte er – und hat dies auf manchen traditionellen Basaren bis zum heutigen Tage – als indirekter Nachfolger des römisch-byzantinischen Marktinspektors für die Überwachung des Marktgeschehens zu sorgen. Er kon-

Unterrichtsszene in der Koranschule; aus: *Maqâmât* von al-Harîrî, 13. Jh.

trollierte Maße und Gewichte sowie die Qualität der Waren. In Krisenfällen mußte er Wucher und Hamsterkäufe unterbinden und, wenn nötig, offizielle Höchstpreise festsetzen. Auch durfte er Strafen aussprechen und Gütezeichen verleihen. Zu seinen Pflichten gehörte auch ganz allgemein die Wahrung der öffentlichen Ordnung. So kümmerte er sich – stets im Einklang mit der Scharî'a, dem islamischen Recht (s. S. 41ff.) – etwa darum, daß die Gläubigen die Gebetszeiten beachteten, daß Christen und Juden Gesetze wie Kleidungsvorschriften und Kundgebungsverbote befolgten und Männer und Frauen im Umgang miteinander Sitte und Anstand wahrten.

Die Sammelbezeichnung für die islamischen Gelehrten – Kadi, Mufti, Imame und Koranlehrer – lautet *'ulamâ'* (plur. von arab. *'âlim*, »Gelehrter«). Die *'ulamâ'* verkörpern seit jeher die Gesetzmäßigkeit im Bereich von Staat und Religion. Ihre Mitglieder »wählen« für gewöhnlich – selbst in Erbmonarchien – den Herrscher, sorgen also über alle Brüche in Regimen und Dynastien hinweg für eine gewisse politische Kontinuität. Bei den Zwölfer-Schiiten bilden die Rechtsgelehrten unter den Mullahs, die *mudschtahid*, die *'ulamâ'*. Da sie eine persönliche Gefolgschaft und die Befugnis, Rechtsurteile zu fällen, besitzen, üben sie auf die Politik einen größeren und direkteren Einfluß aus als ihre sunnitischen Kollegen.

In der Spätzeit der Abbasiden, als die Macht des Kalifats dahinschwand, setzte eine wahre Titelflut ein. Die Verleihung von Ehrenbezeichnungen wurde zu einem bedenklichen Mittel einer auf Günstlingswirtschaft begründeten Politik. Nun gab es neben dem *malik*, dem König, auch den *schâhanschâh* (pers. »König der Könige«). Allerlei Genitiv-Beifügungen wie *ad-dîn* (»der Religion«), *milla* (»Religionsgemeinschaft«), *umma* (»Gemeinde der Gläubigen«) oder *ad-daula* (»der Dynastie«) kamen in Gebrauch – und bei den Seldschuken und Mamluken der *sultân* (arab. für »Herrschaft«, später auch »Herrscher«), jener Titel, der im Osmanischen Reich von ca. 1400 bis 1922 der höchste war. Die Seldschuken führten auch die Institution des *atabeg* (türk. *ata*, »Vater«; *beg*, »Herr«) ein, der für die Erziehung der minderjährigen Kinder des Herr-

Literarische Konversation; aus: *Maqâmât* von al-Harîrî, 13. Jh.

schers zuständig war und bisweilen, falls dieser starb, auch eine seiner Gemahlinnen ehelichte. Im späteren 19. Jh. bürgerte sich in Ägypten für die Vizekönige von britischen Gnaden der Titel Khedive (*chidîw*, von pers. *kidîv*, »Fürst«) ein.

Unabhängig von all diesen mit machtpolitischen oder bürokratischen Aufgaben verknüpften Würdentiteln gibt es freilich auch eine nach spirituell-ethischen Gesichtspunkten erstellte Rangordnung. An ihrer Spitze stehen die Scherifen (arab. sing. *scharîf*, »Hochgeborener«, »Ehrbarer«), jene Männer, die ihre Herkunft direkt vom Hause des Propheten ableiten und mit dem Ehrentitel *sayyid* (arab. wörtl. »Herr«, »Gebieter«) oder – im Maghreb – *mûlay* (von arab. *maulâ* »Herr«) versehen sind. Zu den prominentesten Scherifen der Gegenwart zählen die Angehörigen des haschimitischen Königshauses in Jordanien und die des alawidischen in Marokko. Besondere Anerkennung genießen des weiteren der *hâfiz*, der »Bewahrer«, der den Koran auswendig zu rezitieren weiß, und der *hâddsch*, der schon einmal den *haddsch*, die Wallfahrt nach Mekka, absolviert hat. Ein *schahîd* (arab. wörtl. »Zeuge«) ist jener Mann, der im Kampf zur Verteidigung oder Verbreitung des Islam sein Leben gegeben hat – ein Märtyrer, der insbesondere bei den Schiiten höchstes Ansehen genießt und für sein Opfer mit sofortigen und erlesenen Freuden im Paradies belohnt

Sklavenmarkt in Zabid, Jemen; aus: *Maqâmât* von al-Harîrî

wird. Unter einem Scheich (arab. *schaich* »alter Mann«) ist entweder das Oberhaupt eines Beduinenstammes beziehungsweise ein Dorfvorsteher oder eine Respektsperson mit spezieller, sei es religiöser oder politischer, Autorität zu verstehen. Der Begriff (aber auch arab. *murschid*, pers. *pîr*; beides »Führer«) bezeichnet indessen auch einen spirituellen Meister, den Chef eines *sûfi*-Ordens (s. S. 130ff.), der die Gemeinschaft der Derwische (pers. *darvîsch* für »Bettler«, arab. *faqîr*) leitet. Als Erlöser, der, ähnlich dem Messias, am Ende der Zeiten auf Erden herabsteigen soll, wird der Mahdi (arab. *mahdî* »der [von Gott] Geleitete«) erwartet. Seinen Titel haben sich im Laufe der Geschichte immer wieder angebliche Retter angemaßt, um zu Zeiten politischer oder religiöser Unruhen Anhänger um sich zu scharen und gegen die bestehende Ordnung aufzubegehren. Bekanntestes Beispiel ist der 1898 von Lord Kitchener besiegte Führer der Aufständischen im Sudan.

756–1031
Umayyadenherrschaft in Spanien
800
Karl der Große wird in Rom zum Kaiser gekrönt
962
Otto I. wird in Rom zum Kaiser gekrönt. Beginn des ›Heiligen Römischen Reiches Deutscher Nation‹
um 1000
Beginn der venezianischen Herrschaft über das Adriatische Meer
1025
Das Byzantinische Reich erzielt seine größte Ausdehnung.
1066
Schlacht bei Hastings. Der normannische Herzog Wilhelm (der Eroberer) besetzt England und besteigt den englischen Thron.
1071
Byzanz verliert Kleinasien an die Seldschuken.
1096
Konzil von Clermont. Papst Urban II. predigt den ersten Kreuzzug.
1187
Sieg Sultan Saladins über die Christen bei Hattin. Danach Rückeroberung Jerusalems
1189
Beginn des 3. Kreuzzugs unter Kaiser Friedrich I. Barbarossa
1219/20
Einfall der Mongolen in Zentralasien
1302
Rückeroberung der Insel Arwad vor Tartus, der letzten christlichen Bastion in Syrien, durch die Muslime

Die zweite, große Eroberungswelle

Die Ära der Umayyaden (661–750) läßt sich verknappt als jene Phase der islamischen Geschichte charakterisieren, in der das noch junge Reich neuerlich eine enorme territoriale Erweiterung erfuhr und die arabischen Stämme politisch entmündigt wurden beziehungsweise sich selbst entmündigten. Schon ihr erster Kalif, Mu'âwiya – er hatte Damaskus zur Hauptstadt gemacht –, setzte die Eroberungen in Nordafrika fort. Sein Feldherr 'Uqba ibn Nâfi', der als Sîdî 'Uqba einer der großen Heiligen des Maghreb werden sollte, gründete 670 die Garnisonsstadt Kairuan. Dessen Nachfolger, ein gewisser Hasan ibn an-Nu'mân vertrieb die Byzantiner endgültig aus Karthago und brach den anfänglich erbitterten Widerstand der von einer ›prophetischen‹ Königin namens Kâhina angeführten Ureinwohner Nordafrikas, der Berber. Durch berberische Kontingente verstärkt, setzten muslimische Truppen schließlich 711 nach Spanien über und eroberten binnen weniger Jahre vier Fünftel der Iberischen Halbinsel. Ihr Vormarsch Richtung Norden wurde erst bei Poitiers von einem karolingischen Heer unter Karl Martell gestoppt (732). Im Osten stießen die Muslime in diesen Jahren bis nach Buchara und Samarkand in Zentralasien und, weiter südlich, über Belutschistan bis zum Indus vor. 751 gelang ihnen in der ›Schlacht am Talâs‹ sogar der Sieg über eine chinesische Armee.

Das schnelle Vordringen erscheint rückwirkend um so phänomenaler, als es trotz heftiger innerstaatlicher Konflikte gelang. Daß sich die neuen Machthaber so schnell etablieren konnten, mag auch damit zusammenhängen, daß das islamische Recht allen »Buchleuten« (s. S. 51f.), also Juden, Christen und auch Zoroastriern, weitgehende Freiheiten garantierte, solange sie die Oberhoheit der Muslime anerkannten und ihre Tribute

Die wichtigsten Kalifen der Umayyaden:
Mu'âwiya I. 661–680
Yazîd I. 680–683
Mu'âwiya II. 683
Marwân 684/85
'Abd al-Malik 685–705
al-Walîd 705–715
'Umar 717–720
Hischâm 724–743
Marwân II. 744–750

zahlten. Dennoch nahm die Zahl jener Nichtaraber, die – um des Schutzes, aber auch um materieller Vorteile willen – zum Islam übertraten und sich als *mawâlî* (arab. sing. *maulâ*, »Klient«) einem arabischen Familienverband anschlossen, ebenso rasch zu, wie das Reich durch Einverleibung neuer Gebiete wuchs. Im Nu war eine Zweiklassen-Gesellschaft entstanden: Eine vorwiegend aus Lehnsbesitzern und Staatspensionären bestehende arabischstämmige Herrenschicht lebte von den Grund- und Erntesteuern der Neubekehrten und den Kopfsteuern der Ungläubigen. Wie zu erwarten, rief dieses Klientel-System bei den Untertanen alsbald Widerstand hervor, zumal die Umayyaden eine sehr willkürliche Aufnahmepolitik betrieben. Dazu kam, daß sich die arabischen Glaubenspioniere mit dem Erstarken der Staatsgewalt, die ihren Einfluß drastisch beschränkte, nicht abfinden wollten und die einzelnen Stammesgruppen einander immer heftiger befehdeten.

Qusair ʿAmra, eines der Wüstenschlösser der Umayyaden östlich der heutigen Metropole Amman. Die freizügigen Wandfresken in seinen Baderäumen sind deutliche Belege für die Vergnügungs- und Prunksucht der damaligen Herrscher. Gesang, Tanz und Poesie waren feste Bestandteile des zeremoniellen und alltäglichen Lebens am Hof. Die Kalifen besaßen große Harems und sprachen – teilweise exzessiv – dem Wein zu.

Zweiter und dritter Bürgerkrieg

Muʿâwiya war es noch gelungen, die Opposition in Schach zu halten. Indem er in den neu geschaffenen Provinzen ausschließlich Verwandte als Gouverneure einsetzte, also von Damaskus aus die Zügel seines Zentralstaats straff in Händen hielt, hatte er die Einheit des Reiches erst wirklich gefestigt. Als er aber kurz vor seinem Tod (680) den eigenen Sohn Yazîd zum nächsten Kalifen bestimmte und damit das bisherige Wahlprinzip durch eine dynastische Erbfolge ersetzte, war ein erneuter Bürgerkrieg unausweichlich. Dieser begann mit der Revolte von ʿAlîs jüngerem Sohn Husain, der noch im selben Jahr bei Kerbelâ getötet wurde (s. S. 67). Kurz darauf, 683, wurde in Mekka Husains Weggefährte ʿAbdallâh ibn az-Zubair zum Gegen-Kalifen gewählt. Es vergingen zwölf Jahre (und drei jeweils kurze Kalifate schwacher Herrscher), bis Kalif ʿAbd al-Malik die aufständischen Zubairiden, die mittlerweile

Stuckdekor aus dem umayyadischen Wüstenpalast Chirbat al-Mafdschar bei Jericho. Ein Beispiel dafür, daß die weltliche Kunst jener Periode das vom Islam verhängte Bilderverbot keineswegs lückenlos befolgte.

Das Eingangsportal des westlich von Palmyra gelegenen, umayyadischen Wüstenschlosses Qasr al-Hair al-Gharbî. Es ziert heute die Vorderfront des Nationalmuseums in Damaskus.

den gesamten Irak beherrschten, endgültig besiegen konnte. In der Folge organisierten ‘Abd al-Malik, nach ihm sein Sohn al-Walîd und später der Kalif Hischâm die staatliche Verwaltung neu. Sie schufen eine in Syrien stationierte Berufsarmee, in der auch Nichtaraber Aufnahme fanden. Zugleich wurden auch Stammesaraber zur Entrichtung von Steuern verpflichtet. Nach und nach entstand eine ethnisch gemischte, zivile Elite. Arabisch wurde endgültig zur offiziellen Behördensprache, und erstmals kamen Goldmünzen mit arabischer Prägung in Umlauf.

Trotz solcher Verdienste haftete jedoch den Umayyaden stets der Ruf »unislamischer« Herrscher an. Sie galten als allzu weltlich, als genußsüchtig und tyrannisch. Vor allem in den Augen der frommen Schiiten und Charidschiten waren sie Usurpatoren, die das islamische Kalifat zu einer Monarchie nach dem Vorbild des byzantinischen oder sassanidischen Reiches herabgewürdigt hatten.

Der Felsendom in Jerusalem (unten im Grundriß): Er wurde 689–691 von Kalif ‘Abd al-Malik über jenem Felsen errichtet, wo der Legende nach Abraham (Ibrâhîm), den die Araber als ihren Stammvater betrachten, Gott zuliebe seinen Sohn Isaak (Ishâq) zu opfern bereit war. Als Ort der »Zwischenstation« für Mohammed auf seiner visionären Himmelfahrt gilt der achteckige Bau als ein Hauptheiligtum des Islam.

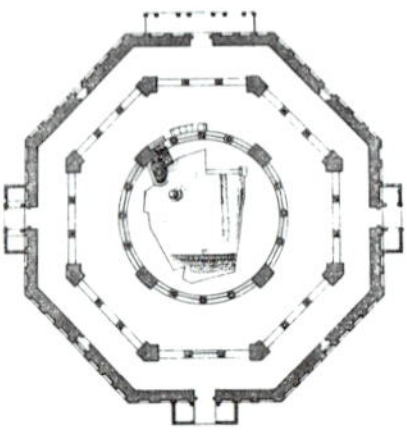

744 putschte eine Gruppe syrischer Soldaten und löste damit den dritten Bürgerkrieg aus. Es folgte ein vierjähriger blutiger Streit um den Thron. Dann machte eine schiitische Rebellion in der Provinz Chorasan, dem heutigen Nordostiran, den Umayyaden politisch endgültig den Garaus. Ihr letzter Kalif, Marwân II., wurde in der ›Schlacht am Großen Zab‹ (750) vernichtend geschlagen und seine Familie mit Ausnahme eines Sprößlings umgebracht. Zum Kalifen wählten die Aufständischen nach langer Zeit wieder ein Mitglied der Familie Mohammeds: Abû l-‘Abbâs, einen Abkömmling des gleichnamigen Onkels des Propheten aus dem Clan der Haschimiten.

Das Kalifenreich Mitte des 8. Jh.

Die Blüte der Abbasiden

Der neue, nunmehr abbasidische Kalif, der sich mit seiner Brutalität bei der Verfolgung der Umayyaden den Beinamen »der Blutvergießer« zugezogen hatte, drang unter dem schwarzen Banner der Banû l-'Abbâs aus dem Nordosten kommend im Zweistromland ein und eroberte Kufa. Doch als eigentlicher Begründer der Abbasiden, dieser bislang zweiten großen Herrscherdynastie der islamischen Welt, gilt erst sein Bruder al-Mansûr. Denn unter ihm begann die Goldene Zeit des Reiches. Nun erhielt das riesige Herrschaftsgebiet auch formal die organisatorischen Strukturen eines zentralistisch gelenkten Welt- und Kolonialreiches. Seine Grenzen wurden abgesichert und neue Institutionen der Rechtspflege und Verwaltung, des Handels- und Militärwesens geschaffen. Mit Reformen des Steuer- und Bodenrechts federte man die harten Auswirkungen des sozialen Wandels, insbesondere der durch extreme Konzentration von Arbeit und Kapital verursachten, rapiden Verstädterung, ab, und trug außerdem der urislamischen Forderung nach Gleichheit aller Gläubigen Rechnung. Zugleich unterstrichen die Kalifen jedoch ihren absolutistischen Anspruch und den theokratischen Charakter ihres Amts, indem

Die wichtigsten Kalifen der Abbasiden:
Abû l-'Abbâs as-Saffâh 749–754
al-Mansûr 754–775
al-Mahdî 775–785
Hârûn ar-Raschîd 786–809
al-Amîn 809–813
al-Ma'mûn 813–833
al-Mu'tasim 833–842
al-Mutawakkil 847–861
al-Muntasir 861/62
al-Muktafî 902–908

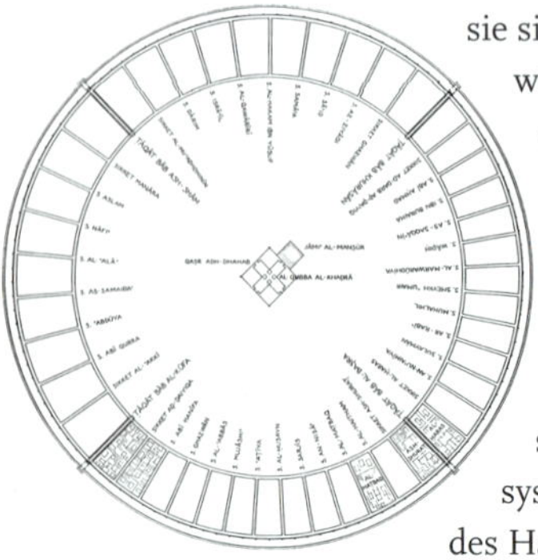

Der rekonstruierte Plan des von Kalif al-Mansûr gegründeten Bagdad (nach A. C. Creswell). Die kreisrunde Metropole, die auch den Namen *madînat as-salâm*, »Stadt des Friedens«, trug, besaß drei Mauerringe mit jeweils vier Toren und darum herum einen tiefen Graben. Der äußerste Mauerkreis maß 2,6 km im Durchmesser. In der Mitte erhoben sich der gigantische, nach dem Vorbild des sassanidischen Palasts von Ktesiphon errichtete Kalifenpalast und die Freitagsmoschee. Sie waren von einem 1,5 km breiten Kranz aus Gärten umgeben.

sie sich charismatische Beinamen und Titel wie ar-Raschîd (»der Rechtgeleitete«) oder al-Mahdî (»der unter [göttlicher] Leitung Stehende«) verliehen. Indirekt erhöht wurde die Autorität der Abbasiden – vor allem gegenüber der sunnitischen Orthodoxie – auch dadurch, daß im Laufe des 9. Jh. Rechtsgelehrte die juristisch-religiöse Überlieferung, die Sunna, systematisch und kritisch sichteten, in Form des Hadith allseits verbindlich zusammenfaßten (s. S. 40) und so eine mehr oder weniger einheitliche Rechtsgrundlage schufen. Einen wegweisenden Schritt hatte bereits 762 Kalif al-Mansûr getan, als er sich am Westufer des Tigris, dort, wo einander die zentralen Karawanenrouten zwischen Arabien, Mesopotamien, Persien und Indien kreuzten, eine neue Reichsmetropole – das auf dem Reißbrett geplante, kreisrunde Bagdad – bauen ließ.

Die Verlagerung des politischen und ökonomischen Zentrums vom mediterranen in den irakisch-iranischen Raum symbolisierte nicht nur den wachsenden Einfluß asiatischer Völker, vor allem der Perser, in Administration und Kultur, und damit die unwiderrufliche Umwandlung des ehemals arabisch dominierten Reiches in einen multinationalen Staat. Sie signalisierte auch eine verstärkte Öffnung gegenüber geistigen Anregungen aus Zentralasien, Indien und China. Vor allem aber half sie dem Islam, endgültig sein ethnisches Korsett abzustreifen und sich zu einer wirklichen Weltreligion zu entwickeln.

Ihren Höhepunkt an Macht und Prachtentfaltung erreichte die Ära der Abbasiden unter Hârûn ar-Raschîd, jenem Kalifen, der aufgrund der Entsendung

von Gesandten an den Hof Karls des Großen schon zu Lebzeiten (und später zusätzlich dank der Geschichten aus 1001 Nacht) auch im Abendland hohe Bekanntheit und Achtung genoß. Er, dessen Gerechtigkeitsliebe und Ritterlichkeit legendär waren, schuf in Bagdad prächtige Bauten und förderte Kunst und Wissenschaft. Seine über 20jährige Regierungszeit war von Wohlstand und sozialem Frieden geprägt. Diese »goldene Epoche der islamischen Geschichte« setzte sich auch unter Hârûns Sohn al-Ma'mûn fort. Theologisch und philosophisch hoch gebildet, gründete er in Bagdad das berühmte *bait al-hikma* (arab. für »Haus der Weisheit«) – den Treffpunkt für Intellektuelle jener Zeit schlechthin, wo Philosophie und Naturwissenschaften betrieben wurden und wichtige literarische Schätze der Antike ins Arabische übersetzt und damit indirekt auch der europäischen Nachwelt zugänglich gemacht wurden.

Das Grab der Sitt Zubaida (1179–1225) in Bagdad. Der achteckige Ziegelbau ist berühmt für sein konisches, mit Muqarnas verziertes Steildach.

Innere Aushöhlung des Reiches und Niedergang

Die Glanzzeit der Abbasiden dauerte nicht länger als hundert Jahre. Dann begann ihre weltliche und religiöse Autorität zu schwinden. Schon seit al-Mansûr hatte es immer wieder Aufstände von schiitischen Kräften gegeben. Als Unterstützer der damaligen antiumayyadischen Rebellion in Chorasan fühlten sie sich nun durch die Anbiederung mancher Kalifen an die sunnitische Majorität der Reichsbevölkerung um ihren politischen Lohn betrogen. Ebenfalls zur Zeit al-Mansûrs hatte auch ein Prozeß der Iranisierung eingesetzt, der sich beispielsweise in der

Das 60 m hohe, *malwîya* (»die gedrehte«) genannte Spiralminarett der Großen Moschee von Samarra. Die gut 100 km nördlich von Bagdad gelegene Kalifenresidenz wurde 838 gegründet und 883 bereits wieder verlassen. Heute erinnert nur noch ein ausgedehntes Ruinenfeld an diese ehemals prächtige Palaststadt. Die beeindruckende, von außen wie eine Festung wirkende Moschee wurde vom Kalifen al-Mutawakkil errichtet. Mit 240 x 156 m Ausdehnung war sie für mehr als ein Jahrtausend die größte Moschee der Welt.

Zwei tanzende Mädchen. Wandmalerei aus dem Dschausaq-Palast in Samarra, 836–839. Rekonstruktion von Ernst Herzfeld

Wiederbelebung des alten, sassanidischen Hofzeremoniells zeigte. Die Kalifen blieben während Audienzen neuerdings wie altorientalische Gottkönige für Gäste unnah- und unsichtbar hinter einem Vorhang verborgen. Immer wieder traten allerdings auch handfeste Rivalitäten zwischen der arabisch- und der persischstämmigen Elite zutage. Sie veranlaßten etwa Hârûn ar-Raschîd im Jahr 803 den aus dem nordafghanischen Balch stammenden Clan der Barmakiden, dessen Mitglieder sich über Generationen hinweg als wichtigste Stützen der Staatsverwaltung verdient gemacht hatten, auf blutige Weise zu entmachten. Schon in den Jahrzehnten davor hatte sich die Bewegung der sogenannten *schu'ûbîya*, der »Volksbewußten«, immer wieder bemüht, das kulturelle Monopol der Araber durch die Betonung des eigenen (vor allem literarischen) Erbes zu brechen. Und kurz nach Hârûns Tod war zwischen seinen Söhnen – dem mit einer arabischen Adeligen gezeugten, bereits inthronisierten Nachfolger al-Amîn und al-Ma'mûn, den eine persische Sklavin geboren hatte – ein regelrechter Bürgerkrieg entbrannt.

Das Mausoleum der Samaniden in Buchara. Um 900 erbaut, ist es trotz seiner bescheidenen Ausmaße von nur 10 x 10 m eines der schönsten noch aus dem Mittelalter erhaltenen Bauwerke Zentralasiens – ein schlichter Würfel, bei dem als Baumaterial und Schmuckdekor ausschließlich gebrannte unglasierte Ziegel Verwendung fanden.

Durch die Niederlage al-Amîns gerieten die Araber vollends ins Abseits, wurden aus dem Reichsheer verdrängt und dort durch Söldner aus halbislamisierten Randvölkern ersetzt. So nahm am Hofe zu Bagdad vor allem der Einfluß von Türken aus Zentralasien rasch überhand. Konflikte zwischen ihnen und der ansässigen Bevölkerung waren unausweichlich und führten dazu, daß Kalif al-Mu'tasim 838 gut 100 km weiter nördlich eine neue, militärisch massiv bewehrte Residenz, die Garnison Samarra, gründete. Der Rückzug in die Isolation machte die Entfremdung der Herrscher zu ihrem Volk offenkundig und sie selbst endgültig zum Spielball ihrer machthungrigen türkischen »Beschützer«. Zwar versuchte der energische al-Mutawakkil, unterstützt von der Bevölkerung und den *'ulamâ'* (s. S. 78), nochmals, seine Position zu festigen und verlegte zu diesem Zweck seinen Sitz zurück nach Bagdad. Doch 861 wurde er von seinen Leibgardisten

Rekonstruktion des Ehrenhofes von Uchaidir, einem früh-abbasidischen Wüstenschloß südwestlich von Kerbelâ

ermordet – ein Schicksal, das seine vier Amtsnachfolger mit ihm teilen sollten. Nach einer Periode der Anarchie, in der auch die Staatsfinanzen völlig zerrüttet wurden, eroberten 945 die Buyiden, eine schiitische Regionaldynastie, die verwahrloste Hauptstadt. Sie »retteten« den Kalifen und übernahmen bis zu ihrer Ablösung durch die Seldschuken (1055) de facto die Macht. Einer ihrer Herrscher, ʻAdud ad-Daula mit Namen, ließ sich 977 (oder 978) in Bagdad sogar zum König krönen.

Politische Zersplitterung

Schon lange zuvor hatten sich zahlreiche Provinzen von der Zentralregierung losgesagt (das Reich erwies sich als zu groß, um mit den damaligen Mitteln der Kommunikation und Administration effektiv kontrolliert zu werden): Im Ostiran genoß die von einem General al-Ma'mûns begründete Erbdynastie der Tahiriden seit 821 Autonomie. Ihr folgten 873 die Saffariden und zu Beginn des 10. Jh. die in Buchara residierenden Samaniden. In Nordsyrien regierte im 10. Jh. – erst von Mosul, später von Aleppo aus – das arabisch-schiitische Fürstengeschlecht der Hamdaniden; und in Afghanistan und im indischen Pandschab von 998 an über 150 Jahre lang das aus türkischen Sklavengenerälen gebildete Herrscherhaus der Ghaznawiden. Vergrößert wurde die heillose politische Unordnung noch durch diverse Ketzerbewegungen, die in dem Klima steter religiöser Erregtheit prächtig gediehen. Besonderes Aufsehen verursachten hierbei die sozial-religiösen Rebellionen der ismailitischen Qarmaten (s. S. 72) und der Zandsch, schwarzafrikanischer Sklaven, die im Südirak kurzfristig (869–883) einen eigenen Staat ausriefen.

Auch im Westen bröckelte die Autorität des Kalifats seit langem und die Provinzgouverneure und -fürsten emanzipierten sich zunehmend vom Bagdader Hof. So herrschten im Maghreb bereits seit dem späten 8. Jh. weitgehend unabhängig die Idrisiden (bis 974), im

»Außerhalb ihrer Halbinsel stellten die Araber nur eine Erobererschicht dar. Die unterworfenen Iberer, Westgoten, Berber, Ägypter, Griechen, Syrer, Chaldäer, Perser, Kurden u. a. wurden mit der Übernahme des Islam zwar sprachlich teilweise arabisiert [...], verloren aber nie völlig ihre völkische Identität. Der Begriff einer vom Atlantik bis zum Persischen Golf reichenden ›arabischen Nation‹ ist eine moderne, politischer Propaganda dienende Konstruktion. Perser und Türken, die bald die führende Rolle innerhalb der islamischen Welt spielten, haben sich als Moslems, nie aber als Araber gefühlt, genausowenig wie die Moslems in Indien, China oder Indonesien.«

Alfred Renz, Geschichte und Stätten des Islam

Die marokkanische Königsstadt Fes wurde 791/792 unter der Dynastie der Idrisiden gegründet. Im 13. und 14. Jh. erlebte sie als Residenz der Mariniden eine Blütezeit. Im Bild: die 862 gestiftete al-Qarawîyîn, deren zugehörige Universität bis heute zu den wichtigsten islamischen Lehrzentren zählt.

tunesischen Raum die Aghlabiden (800–909) und in Ägypten die Tuluniden (868–906) sowie die Ichschididen (935–969). All diese abtrünnigen Gouverneure, Heerführer und Wesire agierten zwar mehr oder minder eigenständig, ließen sich jedoch immer noch vom Kalif in Bagdad offiziell in ihren Ämtern bestätigen. Auch nannten sie dessen Namen weiterhin in ihren Freitagspredigten (sing. *chutba*; s. S. 65) beziehungsweise auf den von ihnen geprägten Münzen. Auf diese Weise blieb die geistige Geltung des Kalifats und damit in gewissem Sinne auch die Einheit des Islam gewahrt.

Die aus Ifrîqiya, dem heutigen Tunesien, stammenden Fatimiden (909–1171) waren die ersten von Bedeutung, die mit dieser Tradition brachen. Letztere riefen 909 in Mahdîya ein schiitisches Gegenkalifat aus, dessen Macht im Jahre 969 mit der Gründung der neuen Hauptstadt Kairo (*al-qâhira*, »die Siegreiche«) eindrucksvoll demonstriert wurde. Sie regierten ein Imperium, das neben halb Nordafrika auch Palästina, große Teile Syriens und zeitweilig sogar den Hedschas mitsamt den Heiligen Stätten umfaßte.

Al-Andalus und die großen Berberreiche

Politisch gänzlich eigene Wege ging sehr früh schon der äußerste Westen des islamischen Reiches. Mitte des 8. Jh. war einem gewissen 'Abd ar-Rahmân als einzigem Umayyaden die Flucht vor den abbasidischen

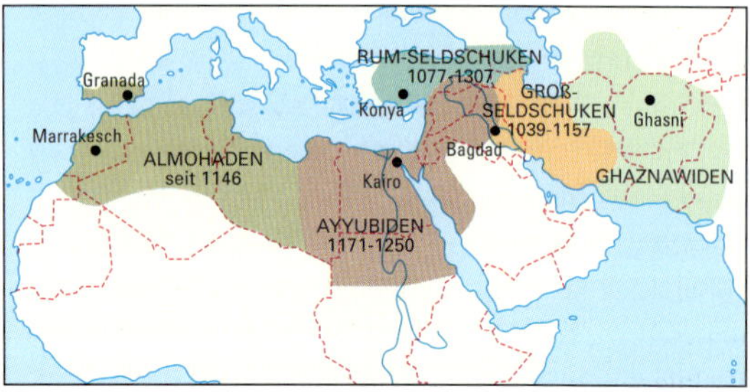

Islamische Reiche im 12. Jh.

Schergen nach Spanien gelungen. Er errichtete 756 – 45 Jahre, nachdem arabische Heere den Westgoten al-Andalus entwunden hatten – das Emirat von Córdoba, jenen glanzvollen Staat, in dem Muslimen, Juden und Christen zeitweilig ein friedliches Miteinander gelang. Zu seiner ersten Blüte reifte der islamische Teil der iberischen Halbinsel unter 'Abd ar-Rahmân III. (912–961). Dieser nahm 929 den Kalifentitel an und war somit neben dem abbasidischen und dem fatimidischen der dritte »Beherrscher der Gläubigen« (*amîr al-mu'minîn*). Diesen Anspruch auf die Universalherrschaft über das muslimische Reich demonstrierte er nachdrücklich mit dem Bau der prächtigen Palaststadt Madînat az-Zahrâ' als Regierungssitz, womit er auch hier an eine von den Abbasiden begründete und den Fatimiden fortgeführte Tradition anknüpfte. Kurz nach der Jahrtausendwende machten ein Bürgerkrieg und plündernde Berber der Herrlichkeit ein Ende. 1031 zerfiel das Kalifat in zuweilen mehr als zwei Dutzend eigenständige Teilkönigreiche (*mulûk at-tawâ'if*).

Symbol der Macht und Pracht des Emirats von Córdoba: die 785 gegründete, mehrmals erweiterte Umayyadenmoschee und jetzige Kathedrale ›La Mezquita‹. Im Bild: ein Ausschnitt des Betsaales mit seinen insgesamt 860 Säulen

Mitte des 11. Jh. erschien im Osten Nordafrikas eine neue Kraft auf der politischen Bühne: die Almorawiden (von arab. *al-murâbitûn*; »Leute vom *ribât* [s. u.]«). Es waren Sanhadscha-Berber aus dem Gebiet des Senegal und Niger, die um 1060 unter Abdallâh ibn Yâsîn, einem streng traditionalistisch gesinnten Gelehrten der malikitischen Rechtsschule, in einer Mischung aus religiösem Eifer und Eroberungsdrang den Süden Marokkos besetzten. Von ihrer neuen Hauptstadt Marrakesch und von über das Land verstreuten Wehrklöstern (arab. sing. *ribât*) aus, befreiten sie binnen 20 Jahren den gesamten Maghreb von aus ihrer Sicht ketzerischen Einflüssen. Als die christlichen Heere unter Alfonso VI. Toledo von den Arabern rückeroberten (1085), kam Yâsîns Nachfolger, Yûsûf ibn Taschfîn, der inzwischen über das gesamte Gebiet Marokkos und Westalgeriens herrschte, seinen Glaubensbrüdern zu

In Tinmal, einem kleinen Ort rund 100 km südlich von Marrakesch, gründete Ibn Tûmart, der Stammvater der Almohaden, um 1120 ein *ribât*, ein Wehrkloster. Sein Nachfolger 'Abd al-Mu'min brach von hier mit seinen Getreuen auf, um den »vom wahren Glauben abgefallenen« Almorawiden Marrakesch und später das gesamte Land zu entreißen. Die örtliche Moschee – im Bild: ihr Gebetssaal kurz vor der unlängst erfolgten Renovierung – war seinerzeit das erste vollendete Gotteshaus der neuen Dynastie.

Hilfe. In der Schlacht von Zallâqa schlug er die Christen vernichtend und verleibte die untereinander in ständiger Fehde lebenden arabischen Kleinstaaten seinem Reich ein.

Allmählich ließ der Ehrgeiz der Almorawiden freilich nach. Und eine neue, von Masmuda-Berbern aus dem Atlas getragene Erweckungsbewegung, die Almohaden (arab. *al-muwahhidûn*, »Bekenner der Einheit Gottes«), schickte sich an, ihren Platz einzunehmen. Von Muhammad ibn Tûmart, einem asketischen Gelehrten und von al-Ghazâlî (s. S. 131) beeinflußten Mystiker, der sich 1125 höchstpersönlich zum Mahdî ausrief, auf einen kompromißlosen Glaubenskampf eingeschworen, brachten sie unter Führung von 'Abd al-Mu'min ihre Vorgänger zu Fall und übernahmen deren Herrschaft über Marokko (1151) und das

Ferne Erinnerungen an die einstigen Heerzüge der Berber: ein Reiter-Schaukampf (*fantasia*), aufgeführt aus Anlaß des marokkanischen Nationalfeiertags am 3. März.

Der in Tunis geborene Gelehrte 'Abd ar-Rahmân **ibn Chaldûn** (1332–1406) gilt als einer der größten Historiker des Mittelalters und vielen als Vater der modernen Soziologie. Als sein Hauptwerk wird die Muqaddima angesehen, die »Einleitung« zu seiner mehrbändigen, enzyklopädischen Weltgeschichte (Kitâb al-'Ibar), in der er den Versuch unternimmt, ein völlig neues, allgemein gültiges Modell für historische und gesellschaftliche Abläufe zu erstellen. Bis dahin hatten sich Muslime die Geschichte der Menschheit als lineare Entwicklung von der Erschaffung der Welt bis zum Jüngsten Gericht erklärt. Dem stellte Ibn Chaldun eine Theorie über den zyklischen Aufstieg und Fall von Dynastien und Kulturen gegenüber. Ihr zu Grunde liegt die prinzipielle Unterscheidung zwischen nomadischer, stammesorientierter und seßhafter, insbesondere städtischer Lebensform. In regelmäßigen Abständen, so der Kerngedanke, würden die im harten Lebenskampf erprobten und durch ein starkes Solidaritätsgefühl geeinten Bewohner der Wüste, begierig nach mehr Bequemlichkeit, in die fruchtbaren Gegenden eindringen, die dortigen Städte erobern und die Herrschaft übernehmen. Die Lebensdauer jeder neuen Dynastie sei freilich auf jeweils maximal vier Generationen beschränkt. Dann werde auch sie, durch die Zivilisation verweichlicht, moralisch korrumpiert und geschwächt, von frischen Kräften abgelöst. Als Muster für sein Deutungsschema dienten Ibn Chaldun, der einen Großteil seines turbulenten Lebens als politischer Funktionär und zuletzt als oberster *qâdî* an den Höfen von Fes, Granada, Tunis und Kairo tätig war, die aktuellen Geschehnisse in seiner nordafrikanischen Heimat: die periodischen Eroberungswellen berberischer Stämme wie der Almorawiden, Almohaden und Mariniden.

islamische Spanien (1170). Wenngleich die Almohaden eine religiöse Bewegung waren, erfuhren unter ihnen die Wissenschaften und Künste, allen voran Medizin und Landwirtschaft, Musik, Kunsthandwerk, Poesie und Philosophie, eine beispiellose Blütezeit (s. S. 95f.). Seinen machtpolitischen Zenith erreichte das almohadische Reich 1195 mit einem glänzenden Sieg in der Schlacht bei Alarcos. Doch schon 17 Jahre später wendete sich das Blatt: In der Schlacht von Las Navas de Tolosa siegten die Christen. Im Zuge der Reconquista (span. ›Rückeroberung‹) wurden die Almohaden Schritt um Schritt von der Iberischen Halbinsel verdrängt. Und wenig später stürzten sie auch in ihrem nordafrikanischen Stammland: 1269 wurde ihre Residenz in Marrakesch von Anhängern der Mariniden erstürmt, einer ebenfalls berberischen Dynastie, die – größtenteils von ihrer neuen Hauptstadt Fes aus – für die nächsten 200 Jahre über Marokko herrschte. In Spanien bildete ab 1238 das Königreich der Nasrîden das einzig verbliebene – und von den Christen geduldete – Bollwerk des Islam. In dessen Hauptstadt Granada verzeichneten Kunst und Geist der Mauren noch einmal einen imponierenden Höhenflug. Doch als 1492 eine christliche Armee unter Ferdinand von Aragon und Isabella von Kastilien Granada einnahm, fand er ein jähes Ende. Die Muslime, ebenso die Juden, duldete man noch eine Zeitlang als Minderheit, schließlich wurden sie aber mit unerbittlicher Härte vertrieben und mußten nach Nordafrika fliehen.

Die Iberische Halbinsel im 10., 12. und 14. Jh.

Letzter islamischer Stützpunkt auf spanischem Boden – die Alhambra von Granada. Im Bild: Torre de las Damas und Partal-Palast

So wie Arabisch als Sprache des Korans in der gesamten islamischen Welt von überragender Bedeutung ist, so gelten auch arabische Personennamen als islamische Namen schlechthin. Ihr Gebrauch wird bei nichtarabischen muslimischen Völkern seit je her als Zeichen für das Bekenntnis zur von Mohammed begründeten Religion verstanden. Wer zum Islam übertritt, nimmt in der Regel, wo auch immer er lebt, noch heute einen arabischen Namen an.

Die Basis für die Benennung jedes Menschen bildet traditionsgemäß der bei der Geburt verliehene, persönliche Name (arab. *ism*). Er entspricht ungefähr dem im Westen gebräuchlichen Vornamen, und bevorzugt werden dafür Namen wichtiger Persönlichkeiten aus der Frühzeit des Islam – allen voran jener Mohammeds und seiner engsten Gefährten. Die Wurzeln dieser Namen, die mehrheitlich schon von altarabischen Stämmen benutzt worden sind, haben eine bestimmte Bedeutung. Bei »Mohammed« (eigentlich »Muhammad«, »gepriesen«) implizieren die Wurzel-Konsonanten *h-m-d* die Bedeutung »loben«, »preisen«. Von dieser Wurzel leiten sich aber auch eine Reihe anderer Namen mit dementsprechend ähnlicher Bedeutung ab, wie Mahmûd (»gepriesen«), Hamîd (»lobenswert«) oder Ahmad (»löblicher«). Die Wortwurzel *s-'-d* (bei Sa'îd, Mas'ûd, Sa'd etc. meint »Glück«; *h-s-n* (in Hasan, Husain etc.) bedeutet »gut« oder »schön« und *'-m-r* ('Amr, 'Umar etc.) »langes Leben«. Häufig verwendet werden auch Zusammensetzungen mit dem Wort Allâh oder mit Begriffen wie *dîn* »Religion« ('Abdallâh: »Knecht Gottes«; Dschalâl ad-dîn: »Erhabenheit der Religion«). Als Vorbilder dienen ferner die Namen jener biblischen Gestalten, die im Koran als verehrungswürdige Propheten erwähnt sind: Ibrâhîm (Abraham), Ismâ'îl (Ismael), Ishâq (Isaak), Yûsuf (Josef), Mûsâ (Moses), Hârûn (Aaron), Dâwûd (David) oder Sulaimân (Salomo). Für Mädchen werden mit Vorliebe die Namen der Tochter des Propheten (Fâtima), seiner Mutter (Amîna) oder seiner Gattinnen ('Â'ischa, Zainab, ...) verwendet.

Diesem Namenskern vorangestellt war traditionell meist ein persönlicher Beiname (arab. *kunya*) in Form von »Vater von ...« (*Abû*) oder »Mutter von ...« (*Umm*), wobei dieser unabhängig von tatsächlichen Verwandtschaftsverhältnissen auch Teil des regelrechten Eigennamens – z. B. Abû l-'Abbâs – sein kann.

Dem *ism* hintangefügt war eine Angabe der Abstammung (arab. *nasab*), bestehend aus den Namen des Vaters sowie, zeitlich geordnet, weiterer männlicher Vorfahren. Als jeweiliges Bindewort dienen *ibn* (»Sohn des ...«) bzw. *bint* (»Tochter des ...«). Die Silben *banû* (Plural von *ibn*) geben die Verbundenheit mit

Muhammad

Allâh

einem arabischen Stamm oder einer Stammesgruppe an.

Ein weiteres Element der Personennamen stellt der Hinweis auf die Herkunft, die *nisba*, dar. Die Beduinen bezeichneten damit ihre Stammesmitgliedschaft (z. B. *al-Hâschimî,* »vom Stamm der Haschimiten«). Im städtischen Umfeld wurde daraus die Angabe des Geburts- oder früheren Wohnorts (*ar-Rûmî, ad-Dimaschqî,* »der aus Rûm=Konya« bzw. »Damaskus«). Auch die Zugehörigkeit zu einer Rechtsschule (*al-Hanafî,* »der Hanafit«), einer Glaubensrichtung (*asch-Schî'î,* »der Schiit«) oder einer Berufsgruppe (*al-Chayyâm,* »der Zeltmacher«) wurde damit zum Ausdruck gebracht.

Schließlich findet sich oft am Anfang oder Ende der Namensfolgen noch ein Bei- oder Spitzname (arab. *laqab*), der eine charakteristische Eigenschaft seines Trägers unterstreicht. Er kann sowohl ehrend (*al-Mansûr,* »der Siegreiche«) als auch spöttelnd (*al-Dschâhiz,* »der Glotzäugige«) gemeint sein. Herrscher kennt man in der Regel nur unter diesem Namen. Der *laqab* half gelegentlich auch bei der Unterscheidung namensgleicher Herrscher. Beispiel: die osmanischen Sultane Mehmed II. (*Fâtih Muhammad,* »der Eroberer«) und Mehmed IV. (*'Audschî Muhammad,* »der Zenith«).

Prominente historische Persönlichkeiten waren bereits im Mittelalter meist bloß unter ein oder zwei besonders typischen Gliedern dieser Namenskette bekannt. Generell und endgültig wurde auf die komplizierten Wortfolgen freilich erst im Laufe der letzten zwei Jahrhunderte verzichtet. Seither unterscheidet man auch im islamischen Orient nach europäischem Vorbild nur noch zwischen dem Vor- und dem allen Mitgliedern und Nachkommen einer Familie gemeinsamen Zunamen. In noch jüngerer Vergangenheit führte der Nationalismus im türkischen und iranischen Raum dazu, daß man sich dort verstärkt auf die eigene Sprache zurückbesann und dadurch auch die ursprünglichen, nicht-arabischen Namen eine Wiederauferstehung feiern.

Ein Beispiel – der Name des Buchârî, des wichtigsten Autors der sunnitischen Traditionen (810–870): Abû 'Abdallâh Muhammad ibn Ismâ'îl ibn Ibrâhîm ibn al-Mughîra al Dschu'fî al-Bukhârî = Muhammad, der Vater des Abdullâh und Sohn des Ismâ'îl, der Sohn des Ibrahim und Enkel des Mughira, geboren in Buchara und vom Stamme der Dschu'f.

751
Erste Erkenntnisse zur Herstellung von Papier, vermittelt durch chinesische Kriegsgefangene in Samarkand
785–786
Bau der großen Moschee von Córdoba
Mitte 9. Jh.
Eines der ältesten deutschen Sprachdenkmäler, die »Straßburger Eide«, werden verfaßt.
Ende 10. Jh.
Baubeginn der Dome von Magdeburg, Halberstadt und Mainz
um 1100
Ausbreitung des Römischen Rechts in Europa, ausgehend von der Universität Bologna
1122
Tod des Harîrî, dem Verfasser der *mâqâmat*, eines der sprachgewaltigsten Werke der arabischen Literatur
1202
Erster Gebrauch der arabischen Ziffern in Italien
ca. 1250
Übertragung des Aristoteles-Kommentars von Ibn Ruschd (Averroes) ins Lateinische durch Siger von Brabant
1274
Tod des Theologen und Philosophen Thomas von Aquin
1311–1321
Dante verfaßt seine »Göttliche Komödie«.
1348
Gründung der Prager Universität
1925
Veröffentlichung der ersten offiziellen Druckversion des Korans

Philosophie und Wissenschaft

Gut 100 Jahre nach dem Tod des Propheten, um 750, begann man im Kalifenreich bereits Werke aus allen nur erdenklichen Wissensgebieten aus den Sprachen des Ostens ins Arabische zu übersetzen. Vor allem in Schlüsseldisziplinen wie Medizin, Mathematik und Astronomie, Logik, Optik und Landwirtschaft wurde so den Gelehrten des noch jungen islamischen Imperiums binnen nicht einmal eineinhalb Jahrhunderten ein großer Teil des Wissensschatzes aus der griechisch-alexandrinischen, der iranischen und der indischen Tradition zugänglich gemacht. Mit dem Ende der Blütezeit des Abbasidenreiches im 9. und 10. Jh. trat an die Stelle der zerfallenden staatlichen Institutionen ein islamischer Kulturkreis, der die verschiedenen Völkerschaften über alle politischen Gegensätze hinweg verband und sich – vor allem dank der Konkurrenz zwischen arabischen und iranischen Geisteskräften – als außerordentlich fruchtbar erwies.

Es waren Mathematiker wie al-Chwârizmî (gest. um 846), Thâbit ibn Qurra (901) und Omar Chayyâm (1131), denen die Nachwelt so bahnbrechende Errungenschaften wie den Dezimalbruch, die Trigonometrie oder die Algebra verdankt. Auch Alchimie, Physik und Astronomie wurden in dieser überaus weltoffenen, von Wissensdurst durchdrungenen Ära maßgeblich vorangetrieben und systematisiert. So maß z. B. Ibn al-Haitham (in Europa als Alhazen bekannt), der auch auf dem Gebiet der Optik Furore machte, bereits kurz nach der Jahrtausendwende erstmals die Atmosphärendichte. Der iranische Universalgelehrte al-Bîrûnî (gest. 1048) bestimmte als erster spezifische Gewichte und verfaßte mit dem *Qânûn al-Mas'ûdî* ein epochales Lehrbuch der Astronomie. Und an der berühmten Sternwarte von Marâgha im

Zwei Gelehrte. Syrische Miniatur, 1229. Istanbul, Topkapi-Museum

nordwestlichen Iran erarbeiteten Nasîr ad-dîn at-Tûsî (gest. 1274) und seine Schüler eine fundierte Kritik am ptolemäischen Planetenmodell, die Kopernikus zur Entwicklung seines heliozentrischen Weltbilds anregte.

Ein weiteres zentrales Forschungsgebiet bildete die Medizin, in der Männer wie ar-Râzî (lat. Rhazes; gest. 925), ʿAlî ibn ʿAbbâs al-Madschûsî (Hali Abbas, gest. 994), Abû l-Qâsim (Abulcasis, gest. um 1013) oder Ibn Zuhr (Avenzoar, gest. 1161) die Erkenntnisse ihrer Vorgänger Galenus und Hippokrates entscheidend weiterentwickelten. Ausgesprochen fortschrittlich war man auch, was die Betreuung von Kranken betraf. Während man diese in Europa noch mit Geisterbeschwörungen behandelte, gab es in Kairo, Damaskus und Bagdad Spitäler, in denen es Abteilungen für Chirurgie, Orthopädie, Fieber- und Geisterkrankheiten gab, wo man Register für Arzneien und Diäten führte und den Patienten sogar Massagen und Musiktherapien angedeihen ließ.

Astrolabium aus dem syrischen Hama, um 1180–1280. Dieses Meßinstrument diente nicht nur der Wissenschaft, sondern auch der Religion. Mit seiner Hilfe konnte man nicht nur die Position der Sternbilder angeben, vielmehr auch die einzuhaltende Gebetsrichtung (*qibla*) und den Stand der Sonne ermitteln – zwei fundamentale Voraussetzungen zur Ausübung des islamischen Ritus.

Herausragende Persönlichkeit auf medizinischem Gebiet war der gebürtige Perser Ibn Sînâ, im Abendland besser bekannt als Avicenna (980–1037). Seine Enzyklopädie *al-Qânûn fî t-tibb* gab, ins Lateinische übersetzt, der späteren abendländischen Heilkunde eine wissenschaftliche Grundlage und war an den medizinischen Fakultäten zwischen Bologna, Salamanca und Paris bis weit in die Neuzeit hinein als das Lehrbuch schlechthin in Gebrauch. Avicenna verlieh auch der Philosophie entscheidende Impulse, indem er, wie zuvor bereits der Araber al-Kindî (gest. um 873) und der Türke al-Fârâbî (gest. 950), aristotelisches mit neuplatonischem Gedankengut verschmolz. Sein Einfluß auf Albertus Magnus, Thomas von Aquin und andere große christliche Philosophen kann kaum überschätzt werden.

Im 12. und 13. Jh. erlebten Naturwissenschaft, Philosophie und die Künste des Islam eine Nachblüte im maurischen Spanien. Dank seiner weltoffenen Herr-

Eine Anatomie-Studie aus dem 15. Jh.

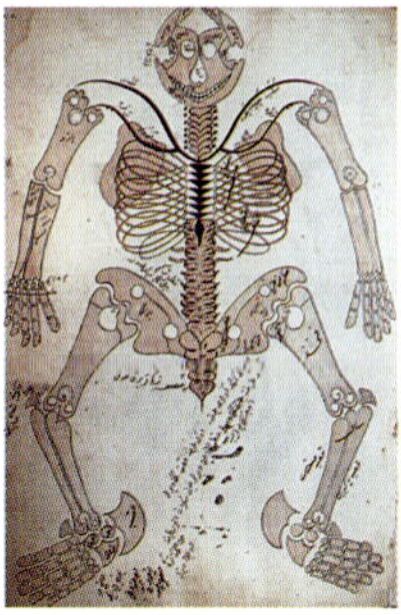

Erfindungen auf dem Gebiet der Mechanik brachten den Arabern enorme Fortschritte in der Bewässerungstechnik. Im Bild: das Modell eines Wasserrades aus dem berühmten Mechanik-Handbuch des al-Dschazarî; 13. Jh.

»Suchet das Wissen«, forderte Mohammed seine Anhänger auf, »und wäre es in China.« Und: »Eine Stunde Besinnung ist besser als zwei Jahre Gottesdienst.« Das Denken hat freilich eine natürliche Grenze: »Sinnt nach«, heißt es in der Überlieferung, »über die Eigenschaften und Taten Gottes, nicht über seine Wesenheit.«

scher, die sich als Mäzene für alle Arten von Talenten und Genies einsetzten, wurden neuerlich in den verschiedensten Gebieten große Fortschritte erzielt. In der berühmten »Übersetzerschule von Toledo«, aber auch anderenorts, wurden die wissenschaftlichen Werke des griechischen Altertums – von Aristoteles und Platon bis zu den Stoikern, Pythagoräern und Neuplatonikern – eifrig übersetzt; hier allerdings vornehmlich aus dem Arabischen ins Lateinische. Dank dieser Vermittlungstätigkeit sollte auf dem Umweg über die Iberische Halbinsel das Erbe der hellenistischen Gelehrsamkeit, die auf das theologische, mystische und politische Denken der islamischen Welt eine so immense Wirkung geübt hatte, letztlich seinen Weg in die Gelehrtenstuben und Universitäten Europas finden.

Den Höhe- und in gewissem Sinne zugleich Endpunkt auf erkenntnistheoretischem Gebiet bildete das scharfsinnig-aufklärerische Denksystem des Muhammad ibn Ruschd (Averroes). Der 1126 in Córdoba geborene Philosoph und Mediziner, der stark von jüdischen Denkern – allen voran seinem Landsmann Maimonides – beeinflußt war, versuchte in Form von Kommentaren die Lehren des Aristoteles mit der islamischen Theologie zu verbinden. Mit seiner Auffassung, daß die Vorstellungen der Religion nur gleichnishafte Verhüllungen einer reinen Wahrheit und allen Menschen gemeinsamen Vernunft seien, erregte er freilich den Zorn orthodoxer Theologen und den Vorwurf der Gotteslästerung.

Darstellung der Sehnerven und der beiden Augen aus einer Istanbuler Handschrift, um 1560

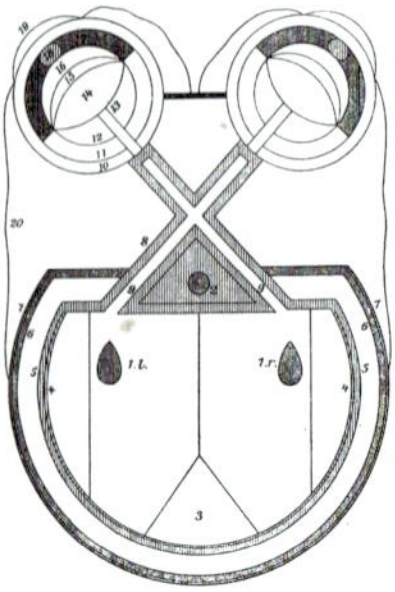

Das 15. Jh. brachte immer weniger große Gelehrte hervor. Schuld daran war zum einen der wachsende Druck der konservativen Theologen, die eine rationa-

le Beschäftigung mit den Rätseln der Schöpfung und ein Infragestellen der herkömmlichen Lehrmeinungen zusehens erschwerten. Zum anderen bewirkte die – durch Handelskonflikte zwischen Mamluken und nördlichen Mittelmeeranrainern hervorgerufene – Unterbrechung der transkontinentalen Handelswege, über die einst die Güter des Ostens wie etwa Seide, Baumwolle, Papier oder Zucker erstmals nach Europa gelangt waren, daß der bis dahin weiträumige Wissensaustausch versiegte und die Qualität der Lehrstätten allmählich auf provinzielles Niveau herabsank. Zwar genoß die Geistigkeit der islamischen Welt in Europa bis zur Renaissance noch großes Ansehen, doch neue epochale Erkenntnisse lieferte sie kaum noch. Als letzte Zufluchts- und Pflegestätte diente ihr im 16. und frühen 17. Jh. das nordindische Reich der Moguln.

Welch vielfältige und wichtige Inspirationen insbesondere in mathematisch-naturwissenschaftlichen und technischen Disziplinen die arabischen Wissenschaftler des Mittelalters den Europäern gegeben haben, bezeugt unser stattliches Erbe an einschlägigen Vokabeln. Es reicht vom Alkohol (von arab.

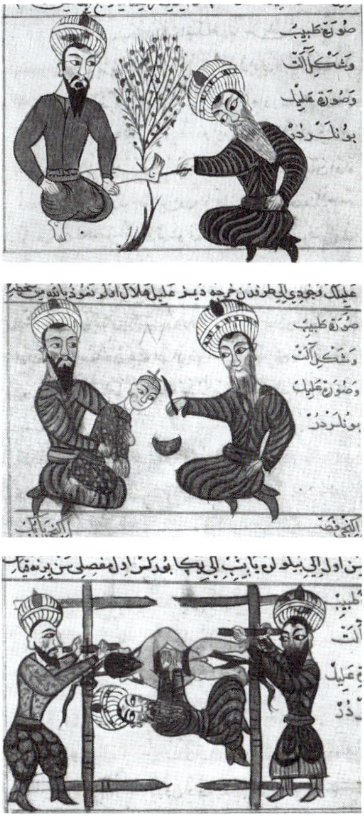

Aus dem chirurgischen Werk des Scharaf ad-Dîn ‘Alî (1465), der türkischen Abschrift eines 400 Jahre älteren Kompendiums des Abu l-Qâsim az-Zahrâwî.
Von oben nach unten: Wegbrennen eines Fußgeschwürs an der Fußsohle; Entleerung angesammelter Flüssigkeit am Kopf eines Kindes; Einrenkung einer Wirbelluxation

Ibn Battûta, der »weitestgereiste unter allen Morgen- und Abendländern im Altertum und Mittelalter« brach 1324 gerade 20jährig aus seinem Geburtsort Tanger auf, pilgerte nach Mekka und kehrte erst 24 Jahre später zurück. Seine Reisen führten ihn auf verschlungenen Routen durch das Rote Meer mehrmals nach Mekka und von dort nach Mesopotamien, Persien, Afghanistan, Zentralasien und Indien, zur Wolgamündung, auf die Malediven, nach Ceylon, Sumatra, China und Ostafrika. Die Reiseerinnerungen dieses »Marco Polo der Islamischen Welt«, die er im Alter mit Hilfe eines literarisch versierten Dieners niederschrieb und die vier Bände füllen, blieben in Europa beinahe 500 Jahre lang, bis Mitte des 19. Jh., unbekannt.

Eine Büste zum Gedenken an Ibn Sînâ (Avicenna), aufgestellt im über 800 Jahre alten Nûr-ad-Dîn-Hospital in Damaskus, das heute als Museum für Wissenschaft und Medizin dient. Der Philosoph und Arzt aus Buchara (980–1037) gilt als bedeutendster Vermittler griechischen Gedankenguts an den Orient.

al-kuhl) bis zum Zucker (*sukkar*), von der Algebra (*al-dschabr*) und der Chemie (bzw. Alchimie (*al-kimiyâ'*) bis zum Zenith (*as-samt*) und zur Ziffer (*sifr;* »Null«). Apropos: Der Vermittlung durch die Araber verdankt der Westen auch das heute gebräuchliche Ziffernsystem, das, ursprünglich aus Indien stammend, im Mittelalter das römische verdrängte.

Literatur und Musik

Schon in vorislamischer Zeit hatten die Bewohner der Arabischen Halbinsel in der Wüste, aber auch in den Städten die Poesie und das Geschichtenerzählen intensiv gepflegt. Die Themen dieser metaphernreichen und sprachlich außerordentlich komplexen Dichtungen (arab. sing. *qasîda*) kreisten vielfach um das Leben in der Wüste. Zur Zeit des Propheten und in ummayyadischer Zeit verlagerte sich die Dichtkunst immer weiter an die Herrscherhöfe; entsprechend wandelten sich auch die Themen: Nun waren es die neue Religion, die Jagd (ein beliebter Zeitvertreib der Kalifen), der Wein (!), Ruhm und Ehre der Herrscher und die Schönheiten der Paläste und Gärten, welche die Poeten beschäftigten. In früh-abbasidischer Zeit begann man, die mündlich überlieferten Gedichte systematisch zu sammeln und philologisch auszuwerten – sie galten und gelten neben dem Koran als Inbegriff des »klassischen« Arabisch.

Auch auf dem Gebiet der Prosa entstand alsbald eine reiche Literatur, deren Themenbogen sich von der Heilsgeschichte Mohammeds – darin federführend: Ibn Ishâq (gest. 768) – über Theologie (al-Ghazâli, gest. 1111), Philosophie (al-Fârâbî, gest. 950) bis zur Jurisprudenz (die Begründer der

Das Mausoleum des persischen Poeten und Mystikers Schams-ud-Dîn Muhammad, besser bekannt als Hâfiz (um 1326–1390) in Schiras.

Herrlich ist der Orient
Übers Mittelmeer gedrungen;
Nur wer Hafis liebt und kennt
Weiß was Calderon gesungen.
Goethe, Westöstlicher Diwan

Rechtsschulen; s. S. 41f.), der Historiographie (at-Tabarî, 839–923; Ibn Chaldûn, s. S. 90), der Geographie und Reisebeschreibung (Ibn Battûta, s. S. 97) spannt (auf all diesen Gebieten gleichermaßen bewandert ist al-Bîrûnî (975– um 1050). Daneben entwickelte sich auch eine »schöne« Literatur zur Erbauung (arab. *adab*), deren berühmtester Vertreter in Europa vielleicht Ibn Hazm aus Córdoba (994–1064) mit seinem Werk über die Liebe, »Das Halsband der Taube« (arab. *Tauq al-hamâma*) ist. Noch populärer sind die Erzählungen aus Tausendundeiner Nacht – eine ungemein vielschichtige, über Jahrhunderte entstandene Zusammenstellung von Ritterromanen, Märchen, Fabeln, Sagen und Anekdoten, deren erste Spuren bis ins 8. Jh. zurückreichen. Diese eher volkstümliche Sammlung spiegelt gewissermaßen die kulturelle Vielfalt des islamischen Raumes wieder, da sie Elemente des arabischen, persischen und indischen Raums, aus Ägypten und auch aus der griechischen Antike aufnimmt.

Als an der Wende vom 9. zum 10. Jh. im Osten des Kalifenreiches mit den Samaniden eine einheimische Regionaldynastie die Herrschaft übernahm, feierten Sprache und Literatur des Iran eine Wiedergeburt. Firdausi (940–1020) schenkte den Persern mit seinem 50 000 Doppelverse umfassenden *Schâhnâme*, dem »Buch der Könige«, ein monumentales Nationalepos, das die mythische und halbhistorische Vergangenheit des Landes nachzeichnet. Ebenfalls literarische Werke von Weltrang schufen Nizâmî (1141–1209) mit seinen romantischen Liebes-Epen, 'Attâr (gest. 1230) mit seinen symbolisch-mystischen Dichtungen und der Mystiker Rûmî (1207–1273) mit seinem großen, sufischen Lehrgedicht, dem *Mathnawî*. Von außergewöhnlicher skeptisch-frivoler Freigeisterei und mystischem Tiefsinn zeugen die *rubâ'î* genannten Verse des Dichters und Mathematikers Omar Chayyâm (1048–1131). Eine Mischform aus Prosa und Lyrik prägte Sa'dî (um 1215–1292) mit seinem *Gulistân* (›Rosengarten‹), in

Lautenspieler; Detail einer türkischen Miniatur aus dem ›Buch der Feste‹ von Vehbi, 18. Jh.

Neben dem Gesang spielten Flöten und Lauten in der Musik an den islamischen Höfen von Persien bis al-Andalus die wichtigste Rolle. Meist wurden sie durch eine Trommel begleitet, der eine Vielzahl von rhythmischen Mustern zur Verfügung stand. Im Bild: Flötenspieler. Detail einer Miniatur aus der Schule von Täbris, 16. Jh.

Eine Schlachtenszene im Taschenformat: Die Tradition der Miniaturmalerei ist im Iran bis heute lebendig.

Islam und Musik
Da die Musik im Koran nicht angesprochen wird und die Hadîthe sich hierzu widersprüchlich äußern, wird sie bei den Rechtsgelehrten recht kontrovers behandelt. Theologen wie der Mystiker al-Ghazâlî (s. S. 131) haben grundsätzlich nichts gegen sie einzuwenden, sofern sie den Gläubigen nicht vom Weg zu Gott abbringt. Auf ihn berufen sich auch viele Sufis, welche die Musik bei ihren *dhikr*-Zeremonien verwenden (s. S. 133). Ein radikaler Gegner ist dagegen der einflußreiche hanbalitische Theologe Ibn Taimîya (gest. 1328). »Musik« in einem umfassenden Sinn kennt das Arabische allerdings nicht, weswegen meist nur Einzelaspekte Gegenstand der Diskussion sind.

dem er den Menschen inmitten seiner alltäglichen Freuden und Nöte beschreibt. Als unübertroffener Meister des Liebesgedichts (*ghazal*) gilt, sowohl was Sprache als auch Form und Inhalt betrifft, der in Schiras geborene Hâfiz (um 1326–1390).

Das Verhältnis des Islam zur Musik war von Anfang an ambivalent, da sie meist mit Wein und Prostitution in Verbindung gebracht wurde (s. Kasten). Ungeachtet dessen konnte sich im Islamischen Herrschaftsgebiet ein reiches höfisches Musikleben entwickeln, das ab dem 8. Jh. mit der 'abbâssidischen Machtübernahme einen zunehmend persischen Einfluß erfuhr. Dank der enzyklopädischen Sammlung »Buch der Lieder« (arab. *Kitâb al-aghânî*) von Abû l-Faradsch al-Isfahânî mit Gedichten, Liedern und Anekdoten sind wir heute recht genau über das Musikleben am Bagdader Hof des 8. und 9. Jh. informiert. Daneben entwickelte sich ab dem 8. Jh. – Hand in Hand mit der Bagdader Antikenrezeption – eine äußerst produktive Musiktheorie, zu deren prominentesten Vertretern die in anderem Zusammenhang genannten al-Kindî, al-Fârâbî und Ibn Sînâ gehören. Die höfische Musik Bagdads, aber auch Elemente der Volksmusik wurden vom arabisch-persischen Raum über das ganze islamische Reich verbreitet, was heute z. T. noch an verschiedenen Instrumenten und Musikgattungen nachzuvollziehen ist. Wie die zahlreichen, regionalen Volksmusikstile ist auch die Kunstmusik durch Einstimmigkeit und die vorrangige Bedeutung des Vokalen geprägt. Die Melodien folgen vielfach in mehrjähriger Praxis erworbenen – je nach Region variierenden – Mustern und werden unter Beachtung eines mehr oder weniger festgelegten Regelwerks sehr verzierungsreich dargeboten.

Bildende Kunst

Viel mehr noch als in der Musik entwickelte sich nach den arabischen Eroberungen des 7. Jh. auf dem Gebiet der Bildenden Kunst eine Ausdrucksform, die jenseits der spezifischen Traditionen einzelner Völker gemeinsame, islamisch zu nennende Stilelemente aufwies. Von Anfang an prägend war dabei das im Koran zwar nicht ausdrücklich erwähnte, aber aus den Hadithen hergeleitete Verbot figürlicher Darstellungen. Ihm liegt die Überzeugung zugrunde, daß alle Bilder, auch reines Dekor, grundsätzlich darauf warten, belebt zu werden. Da jedoch nur Allah Leben zu spenden vermag, stelle jede Nachahmung von Naturerscheinungen einen unzulässigen Eingriff in dessen Schöpfertätigkeit dar. Außerdem zerstöre die formale Fixierung von etwas lebendig Erschaffenem die Unmittelbarkeit der göttlichen Tat und lenke von ihrem tieferen, eigentlichen Wesen ab – eine Überzeugung, die schon lange vor Mohammed vom Volke Israel sowie von christlichen Bilderstürmern vertreten wurde und noch heute in der Fotoscheu vieler Orientalen zum Ausdruck kommt.

Moschee-Ampel, Syrien, 1337

Die arabische Kalligraphie: Sie entsprang bereits um 700 dem Wunsch, den Koran in der ihm gebührenden Schönheit niederzuschreiben. Zuerst entwickelte sich in Anlehnung an eine alte nabatäische Zierschrift ein eckig-monumentaler Duktus namens *kûfî*. Als Papier den Papyrus zu ersetzen begann, entstand das *naschî* (gesprochen *nas-chi*), eine deutlich geschmeidigere Reformschrift mit erstmals exakten Regeln für die Proportionen zwischen diakritischen Punkten (zur Unterscheidung einiger Konsonanten) und Buchstabenkörpern sowie für das Verhältnis zwischen Höhe und Breite der Lettern. Auf dem *naschî*-Duktus und dem osmanischen *riq'a* basieren der Drucksatz und das moderne Schriftarabisch. Zu den bekanntesten Zierschriften, die in der Folge entstanden, zählen *thuluth*, die persisch-indischen Formen *nasta'lîq* und *schikasta*, des weiteren *maghribî* und die am osmanischen Hof verwendete Kanzleischrift *dîwânî*.

Rechts: Die *basmala* in den verschiedenen Schrifttypen

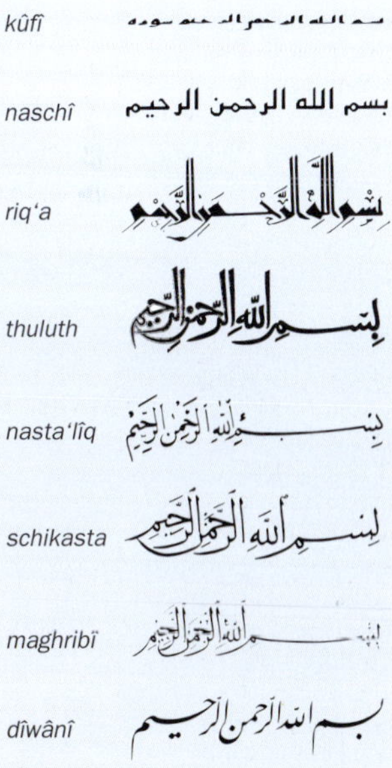

Kerzenleuchter aus Damaskus mit kunstvoll tauschierter Oberfläche, 13. Jh.

Im sakralen Bereich wurde das »Bilderverbot« lange Zeit in der Tat recht streng befolgt. Im profanen Bereich hingegen handhabte man es ziemlich locker: Schon die Umayyaden schmückten die Innenwände ihrer Wüstenschlösser mit freizügigen Fresken, und die Paradiesszenen auf den Hofmosaiken ihrer Großen Moschee in Damaskus sind weltberühmt. Wissenschaftler, allen voran Anatomen und Techniker, ließen sich das Recht nicht nehmen, ihre Theorien durch Bilder zu veranschaulichen, und die osmanischen Sultane und safawidischen Schahs beauftragten sogar regelrechte Portraitisten. Um 1400 tauchten dann erste Bilder mit Darstellungen aus dem Leben des Propheten auf, wobei sein Gesicht noch meist durch eine weiße Scheibe oder einen Schleier verdeckt blieb. Wenig später schufen die Schiiten Irans eine regelrechte Ikonographie mit Themen aus den Martyrien ʻAlîs, Husains und der auf sie folgenden Imame.

»Kein Engel betritt jemals ein Haus, in dem sich ein Bild oder ein Hund befindet.«

Hadith

Ebenfalls im Iran begründeten etwa zur gleichen Zeit die einfallenden Mongolen eine Kunstgattung, die von den Arabern vorerst als anrüchig empfunden wurde: die Miniaturmalerei. Anfangs kamen bevorzugt fernöstlich-zarte Pastelltöne zur Anwendung, bald jedoch pinselte man Landschaften, Tiere und auch Menschen in kräftig leuchtenden Farben. Die berühmtesten Malschulen waren in Täbris, Schirâz und Herat beheimatet. Im 16. und 17. Jh. erlebten auch Istanbul und Nordindien eine Blüte. Hier wie dort verewigten Aberhunderte Künstler die Sultane beziehungsweise Moguln, deren Kriegszüge und das Leben in den Palästen auf Papier.

Die aller Wahrscheinlichkeit nach von fatimidischen Künstlern gemalte Muqarnas-Decke aus Holz in der Capella Palatina, Palermo. Um 1140

Ungeachtet solcher Abstecher ins Figürliche dominierte in der Islamischen Kunst jedoch, insbesondere in der Architektur, weit über tausend Jahre lang das Ornament. Ob an der Moschee oder am Mausoleum, in der Bibliothek, im Bad, in der Hochschule, im Kloster oder im Krankenhaus – stets bildeten geometrische Muster, allen voran die stilisierten Blumen- und Blattranken der Arabeske, das beherrschende, ja über weite Strecken sogar einzige Zierelement. Denn wodurch ließe sich die »Vielfalt in der Einheit«, dieses erkenntnistheoretische Kernprinzip des Islam, angemessener ausdrücken, als durch die Viefalt solcher ornamentalen Strukturen, die sich ständig wiederholen, sich ineinander verschlingen und, aus einer gewissen Entfernung betrachtet, trotzdem ein harmonisches Ganzes ergeben?

Muqarnas als optisches Stützelement eines Minarett-Balkons. Chanqa (Sûfî-Kloster) und Mausoleum des Mamluken-Sultans Baybars Dschaschankir. Kairo, 1307–1310

Ein Prachtexemplar eines Damaszener Schwertes. Die syrische Hauptstadt war bis ins 19. Jh. das Zentrum der hohen Kunst des Klingenschmiedens.

Die Form des Baudekors ergab sich übrigens in hohem Maße aus dem Material. So erzeugten die Ziegelbauten Zentralasiens und später auch im Seldschuken-Reich (10.–12. Jh.) eine ganz eigenwillige Ornamentik, die, anfangs monochrom, später stellenweise mit farbigen Steinen angereichert wurde. In der Folge kamen als Wanddekorationen die farbigen Fayencemosaike aus Persien und danach die glasierten Kacheln in Mode. Auch Stuckwerk und Holzschnitzereien fanden reichlich Verwendung. Und natürlich die Schrift, die, an sich schon dekorativ, besonders im ältesten *kûfî*-Duktus (»aus der Stadt »Kûfa stammend«) eine besonders attraktive, geometrische Ausformung erfuhr

Beweis für die Internationalität der fatimidischen Künstler: der Krönungsmantel für Roger II., den Normannenkönig von Sizilien (1095–1154), der sich heute im Kunsthistorischen Museum in Wien befindet.

Der Koran zu Gold und Silber: »Denjenigen nun, die Gold und Silber horten und es nicht um Gottes willen spenden, verkünde (daß sie dereinst) eine schmerzhafte Strafe (zu erwarten haben), / am Tag (des Gerichts), da es (d.h. das gehortete Gold und Silber) im Feuer der Hölle erhitzt wird und ihnen Stirn, Seite, Rücken damit gebrandmarkt werden (während zu ihnen gesagt wird): Das ist das, was ihr für euch gehortet habt. Nun bekommt ihr es (leibhaftig) zu spüren«. (Sure »Die Beute« – 9,34–35) Die Koranexegeten schwächen solch harte Weisungen etwas ab und erlauben das Ansammeln von Vermögen in Edelmetallen, sofern die *zakât* (s. S. 33f.) entrichtet wird. Allerdings überließ man die Gold- und Silberberufe wie Wechsler, Juweliere etc. oft lieber den Nichtmuslimen, v. a. den Juden.

und, zu kunstvollen kalligraphierten Bändern geformt, z. B. das Innere von Moscheen schmückt.

In der Keramik wurde von den Sassaniden die Technik des Farbglasierens übernommen. Angeregt durch die Konkurrenz mit dem aus China importierten Porzellan stellte man in Zentren wie Bagdad, Samarra oder Kairo schon früh Stücke von höchster Qualität her wie etwa die metallisch schimmernde Lüsterware. Die iranischen Städte Rayy und Nischapur waren berühmt für ihre mit feinen Miniaturen bemalten Fayencen, Konya und Raqqa für eine spezielle Hartglasur und Kaschan für den besonders virtuosen Umgang mit polychromen Effekten.

Sogenannter Gartenteppich. Nordwestlicher Iran, ca. 1700. Fogg Art Museum, Cambridge, Massachusetts

Das Verbot, Gold- und Silbergeräte herzustellen (die den Seligen im Paradies vorbehalten sind), führte zur Verfeinerung von Techniken zur Bearbeitung unedlen Metalls. In diesem Zusammenhang hervorzuheben ist die hohe Kunst des Ziselierens. Später machte man aus der Not eine Tugend, indem man Eisen- und Bronzeoberflächen tauschierte (von arab. *tauschiya*, »Verschönerung, Verzierung«), d. h. nach komplizierten Mustern Gold- und Silberdrähte in sie einhämmerte. Spezialitäten, die man auch an europäischen

Der Patio de la Acequia im Generálife. Das typische Element des auf Erden nachgebildeten Paradiesgartens ist der zentrale Wasserlauf.

Höfen heftig begehrte, waren des weiteren die besonders festen »damaszierten« – ein Verfahren, bei dem Stäbe und Drähte aus hartem und weichem Stahl mehrfach übereinandergelegt, verschweißt und durch Hämmern gestreckt werden – Schwertklingen sowie mundgeblasenes Glas (beide aus dem syrischen Raum). Die Herstellung kostbarer Brokate besorgten staatliche Miniaturen vor allem im fatimidischen Kairo, in Persien sowie im maurischen Spanien. Spezielles Ansehen genießen seit dem Mittelalter auch die vorwiegend in Knüpftechnik hergestellten orientalischen und unter ihnen insbesonders die persischen Teppiche.

Von überragender Bedeutung in der islamischen Kultur ist die Gestaltung von Gärten. Und zwar nicht nur, weil diese in der Sommerhitze wenigstens ein bißchen Kühle spenden. Viel wichtiger ist die spirituelle Ebene, galten den Arabern als ursprünglichen Wüstenbewohnern Gärten doch als irdische Abbilder des Paradieses. Im Gegensatz zu den im Europa der Renaissance und des Barock verbreiteten Fontänen und Kaskaden bevorzugen Muslime freilich regloses oder höchstens leise rieselndes, tropfendes Wasser. Ihrem Empfinden nach spiegelt sich in den glatten Oberflächen der Brunnen und Bassins, wie man sie in prachtvollen Anlagen wie etwa dem Schalimar Bagh in Lahore, dem Tâdsch Mahal in Agra, den Gärten von Fin und Mahan im Iran oder dem Generálife und der Alhambra in Granada noch heute findet, in doppeltem Sinne die Tiefe des Himmels wider.

»Das Paradies (...) ist so beschaffen: In ihm sind Bäche mit Wasser, (...), andere mit Milch, (...) andere mit Wein, den zu trinken ein Genuß ist (...). Sie (die Gottesfürchtigen) haben darin allerlei Früchte und Barmherzigkeit von ihrem Herrn (zu erwarten). (Sind die Insassen eines so herrlichen Paradieses etwa) Leuten gleich, die (ewig) im Höllenfeuer weilen und heißes Wasser zu trinken bekommen, das ihnen die Eingeweide zerreißt?

Koran, Sure »Mohammed« (47, 15)

641
Gründung der Garnison Fustât am Nil durch ʻAmr ibn al-ʻÂs
732
Bau der Zaitûna (Ölbaummoschee) in Tunis
um 789
Gründung von Fes, dem künftigen geistigen Zentrum Marokkos
969
Die Fatimiden gründen unmittelbar neben Fustât al-Qâhira
1062
Marrakesch wird Hauptstadt des Almorawiden-Reiches
um 1258/1260
Verwüstung zahlreicher Städte (u. a. Bagdads) im ersten Mongolensturm
Ende 13. Jh.
Die Mariniden machen Fes zur Hauptstadt Marokkos (bis 1524)
Ende 14. Jh.
Tîmûr verwandelt Samarkand zur Metropole des Kunsthandwerks.
um 1400
Neuerliche Verwüstung vorderasiatischer Städte, diesmal durch Tîmûr; Entstehung des Basars Chân al-Chalîlî in Kairo
1453
Eroberung Konstantinopels durch die Osmanen
1589
Verheerende Feuersbrunst in Istanbul
um 1600
Der Safawide Schâh ʻAbbâs I. baut Isfahan zur prachtvollen Residenz aus.
1847
Sultan ʻAbdülmedschîd verbietet in Istanbul den Sklavenhandel.

Sozialgefüge und Status der Stadt

Im 8. und 9. Jh. war es den Kalifen – unter anderem dank Reformen in der Rechtssprechung und Verwaltung – durchaus gelungen, manche der alten Forderungen nach Gleichheit unter den Muslimen zu erfüllen. Vor allem bei der sozialen und ökonomischen Eingliederung der Nichtaraber im islamischen Vielvölkerreich erzielten sie durch kompromißlose Zentralisierung anfangs beachtliche Erfolge. Doch wie aufgesplittert und von gesellschaftlichen Gegensätzen gezeichnet die *umma*, die Gemeinschaft der Gläubigen, trotz aller von Regierungsseite postulierten Einheit von Beginn an war, zeigt sich nicht nur in den politischen Auseinandersetzungen, sondern deutlich auch im sozialen Gefüge der rasant wachsenden Städte jener Zeit. Jede ethnische oder konfessionelle Gruppe besaß – und besitzt vielerorts bis heute – ihr eigenes, von den Nachbarn klar abgegrenztes Wohnviertel.

Ebenso klar heben sich sowohl räumlich als auch, was ihren Status betrifft, viele der Berufsgruppen voneinander ab. Wobei – in traditionellen Stadtgesellschaften ebenfalls bis heute – eine eindeutige Hierarchie des Ansehens besteht. An deren unterem Ende rangieren die Tagelöhner und Lohnarbeiter. Von noch minde-

Eine Begrüßung im Basar von Marrakesch. Das Prinzip gegenseitiger Hilfe bestimmt in den Altstädten noch heute das Zusammenleben und gewährleistet dem Individuum eine gewisse soziale Sicherheit. Bestimmend sind dabei die Begriffe *dschiwâr*, *dschâr* und *walâ'*. *Dschiwâr* bedeutet eine zwischen gleichgestellten Personen mündlich getroffene Vereinbarung, die Nachbarn Solidarität in allen Lebenslagen und absolute Ehrlichkeit gebietet – ein Ethos, das schon unter den vorislamischen Beduinen galt, weil in der feindseligen Wüste ein Überleben ohne gegenseitige Hilfe nicht möglich war. *Dschâr* hingegen umfaßt die Beziehung von »Patron und Schützling« und beschreibt eine Art Klientelverhältnis, das dem vom Schicksal benachteiligten Bürger ermöglicht, an Sicherheit und Wohlstand bessergestellter Familien teilzuhaben. *Walâ'* schließlich meint den Schutz- und Treuepakt, den der einzelne Händler oder Handwerker mit einem Berufsverband eingeht.

rerem Wert war im Mittelalter das Heer von Haussklaven, deren Existenz damals ebenso selbstverständlich, wenn auch weit weniger erbarmenswert, als im klassischen Altertum war. Geringe Geltung haben weiterhin bestimmte als rituell unrein geltende Branchen, z. B. die Schlächter und Gerber, aber auch Andersgläubige, die im Islam verpönten Tätigkeiten wie etwa dem Weinhandel oder der Beschaffung von verzinsten Krediten nachgehen. Am oberen Ende der Prestigeskala standen und stehen die *'ulamâ'* (arab. für »Gelehrte«) – jene vor allem aus Theologen und Rechtsgelehrten zusammengesetzte Führungsschicht, die für die Ordnung des islamischen Gemeinwesens garantierten.

Eine privilegierte Position nehmen seit urislamischen Zeiten auch die Händler und bis zu einem gewissen Grad die Handwerker ein, was zum einen in dem merkantilen Milieu begründet liegt, in das die Religion hineingeboren wurde: Mekka und Medina (Yathrib) stellten schon lange vor der Zeit, als Mohammed seine neue Religion verkündete, wichtige Handelszentren dar, und der Prophet selbst war von den ausgedehnten Karawanenreisen seiner Jugendzeit tief geprägt. Zum anderen spielte gewiß auch die großräumige Geographie eine Rolle: Der gesamte Vordere Orient war dank seiner Lage als Scharnier zwischen drei Kontinenten seit jeher zum Warenumschlagplatz prädestiniert.

Die Gegensätze im Rentenkapitalismus

Die Rangunterschiede sind jedoch auch innerhalb des Wirtschaftsbürgertums enorm. Verkehr, Versorgung und Handel waren im Kalifenreich von Anfang an privatwirtschaftlich organisiert (die Planwirtschaft unter den Fatimiden oder im Osmanischen Reich mit ihren staatlichen Monopolen und Manufakturen bildeten nur Ausnahmen, die die Regel bestätigten). Folglich existierte auch von Anfang an eine Elite von Import- und Exportkaufleuten, die, übrigens genau wie ihre damaligen Kollegen in der christlichen Welt, parallel auch als Bankiers agierten und sich dementsprechend großen

1870
Auflösung des Sklavenmarktes in Kairo
1981
Die UNESCO erklärt die Altstadt von Tunis zum »Kulturgut der Menschheit«.
1992
Ein Erdbeben verursacht in Kairo große Schäden.

Ein Wasserpfeifen-Raucher im Basar von Kairo. Die öffentlichen Zonen der Altstadt, vor allem die Marktgassen, Kaffeehäuser und Moscheen, sind im wesentlichen Männerdomäne, in die Frauen ursprünglich, wenn überhaupt, nur verschleiert vordringen durften. Freilich existieren »Inseln der Weiblichkeit«: die Bäder z. B. oder separierte Bereiche in den Gebetsräumen und Mausoleen. Die Wohnquartiere hingegen, und dort insbesondere die Dachterrassen, sind seit jeher die Reviere der Frauen, wo im Gegenzug die Bewegungsfreiheit für die Herren der Schöpfung stark eingeschränkt ist.

Athleten in einem *zurchaneh* in Isfahan. In solchen »Krafthäusern«, die sich in vielen Städten des Iran bis heute erhalten haben, treffen einander jeden Freitag traditionsbewußte Männer, um ihre Muskeln zu trainieren. Ihre gymnastischen Übungen enthalten noch Elemente der alten persischen Kriegskünste und sind eingebettet in ein streng religiöses Zeremoniell. Unter anderem rezitiert ein Vorsänger, von einer Trommel begleitet, stundenlang Verse aus Firdausis legendärem »Königsbuch«, dem *Shâh-Nâme*. Das Ritual, dem die Versammlung folgt, hat seine Wurzeln im mittelalterlichen Zunftwesen. Indem seine Teilnehmer die Notwendigkeit einer sittlich makellosen Lebensführung betonen, halten sie – zumindest in Resten – die *futûwa* (arab. für »Jugend«, »edle Mannhaftigkeit«), das in frühislamischer Zeit unter Männerbünden verbreitete Ideal von Ritterlichkeit und höchster Tugend, lebendig.

Reichtums erfreuten. Ganz anders sah seit jeher die Stellung der Masse der Gewerbetreibenden aus: Sie waren durch den sogenannten Rentenkapitalismus geknebelt. Im Rahmen dieses althergebrachten, im Orient noch heute weit verbreiteten Wirtschafts- und Sozialsystems besitzt eine kleine Minderheit von Geldleihern, Fernhändlern oder Lehnsherren – und bisweilen auch die Herrscherfamilie selbst – einen Großteil der Produktionsmittel, also Rohmaterial und Arbeitsgerät, aber oft auch die fertige Verkaufsware sowie die Läden, Lager und Werkstätten im Basar und die Latifundien samt Wasser, Vieh und Saatgut in der Umgebung der Stadt. Sowohl die kleinen Markthändler und Handwerker als auch die Bauern, also das »gemeine Volk« (arab. *'âmma*), sind gewöhnlich bei dieser Minderheit heillos verschuldet.

Dennoch ist die Rolle der »höheren Klasse« (arab. *châssa*) nicht ganz mit der klassischer Feudalherren vergleichbar. Zwar gilt auch ihr Interesse vorwiegend dem Abschöpfen möglichst hoher Erträge. Doch bekommt man die Rententitel nicht dank eines angeborenen oder verliehenen Adels, sondern man kauft sie auf dem freien Markt. Der Aufstieg in die ökonomische Elite ist also grundsätzlich jedermann möglich. Außerdem fließt ein beträchtlicher Teil des Mehrwerts als Privatvermögen in sogenannte »fromme Stiftungen« (arab. *waqf*, im Maghreb auch: *hubs*), die, je nach Widmung, entweder den Bau und Erhalt von religiösen und gemeinnützigen Einrichtungen wie Moscheen, Koranschulen, Krankenhäusern, Bibliotheken, Bädern, Brunnen, Friedhöfen usw. ermöglichen oder Arme, Alte und Kranke unterstützen.

Für eine gewisse soziale Absicherung und für Schutz vor staatlicher Willkür sorgen bereits seit abbasidischer Zeit die Berufsverbände (arab. sing. *sanf*), deren Zahl noch vor 100 Jahren etwa in Damaskus über 400 und im Istanbul des 17. Jh. gar über 1000 betrug. Ihre Mitglieder mußten in Fonds einzahlen, aus denen unter anderem Begräbnisse oder Kredite zur Gründung neuer Geschäfte finanziert und Nachtwächter sowie Polizisten entlohnt wurden. Zusätzlich war allen Angehörigen eine medizinische Behandlung und die Versorgung in Krisenzeiten und im Alter garantiert. Die Leiter, auf Arabisch je nach Region *amîn*, *'ârif*, *ra'îs* oder *schaich* genannt, wählten einen »Präsidenten«, der in allen wichtigen Fragen zwischen Bürgern und Obrigkeit vermittelte.

Der Händlerberuf genießt in den islamischen Gesellschaften bis heute ein vergleichsweise hohes Ansehen. Im Bild: eine Feilsch-Szene auf dem Kamelmarkt von Kairo

Die Abhängigkeit der Stadt von der Zentralgewalt

Ein solcher Mann des Ausgleichs war um so wichtiger, als islamische Städte im Gegensatz zur Polis der Antike oder zu Kommunen des Abendlands nie die Entwicklung zu politischen Einheiten, zu juristischen Personen vollzogen. Sie besaßen weder Münz- noch Zoll- noch Steuerprivilegien und deshalb auch kein eigenes Budget – ihre Infrastruktur wurde aus staatlichen oder privaten Quellen finanziert. Ihr Beamtenapparat blieb auf ein Mindestmaß beschränkt – auf den Kadi, den Marktinspektor, ein paar Quartier-Vorsteher und eine handvoll Notare, Gerichtsschreiber und amtliche Zeugen. Auch verfügten die Städte über kein Befestigungs- oder Marktrecht, kein offizielles Stadtgericht und, sieht man von einem informellen »Rat der Notabeln« ab, über keine Einrichtung zur politischen Willensbildung oder Konfliktlösung von der Art eines Stadtparlaments. Die Bewohner genossen weder bürgerliche Freiheiten nach europäischem Vorbild noch kannten sie eine institutionelle, ständische Ordnung, geschweige denn ein Klassenbewußtsein im modernen Sinn. Sie waren vornehmlich Mitglieder der *umma* und als Untertanen direkt dem Souverän unterstellt, der für die Einhaltung des göttlichen Gesetzes sorgte. Kurz: die Abhängigkeit der Stadt und ihrer Bewohner von der Zentralgewalt war absolut.

»... Und dieses Zusammenhängen aller Dinge mit allen, diese Verkettung der Behausungen und der Arbeitsstätten und der Märkte und der Moscheen, dieses Ornament der sich ineinander verstrickenden Schriftzüge, das überall von den sich tausendfach verstrickenden Lebenslinien wiederholt wird, all dies umgibt uns mit einem Gefühl, einem Geheimnis, einem Geruch, in dem etwas Urewiges ist, eine Urerinnerung – Griechenland und Rom und das arabische Märchenbuch und die Bibel.«

Hugo von Hofmannsthal, Reise im nördlichen Afrika

Die Transportwege innerhalb der Medina sind, was ihre Breite betrifft, nicht für den Wagenverkehr, sondern bis heute für den Transport mit Vierbeinern dimensioniert.

Urzellen jedes Stadtgefüges. Links: das Schema einer »Traube« aus einzelnen Häusern; rechts: mehrere solche »Trauben« bilden gemeinsam ein Wohnquartier (nach S. Bianca).

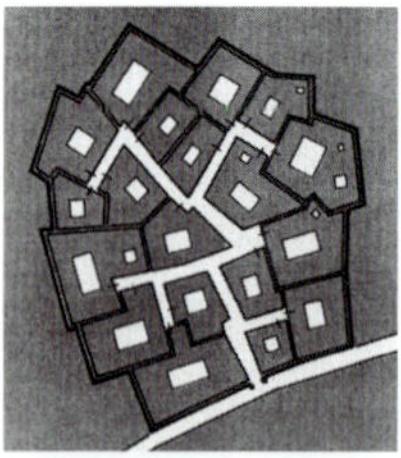

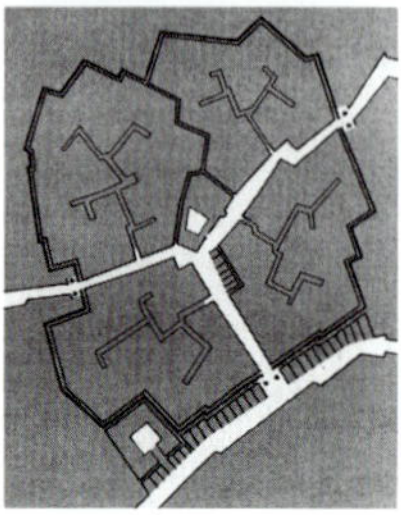

Auch die Medresen (arab. sing. *madrasa*) – Lehrstätten, an denen Theologie und Recht gelehrt wurde – und die sufischen Bruderschaften (*tarîqa*; s. S. 132) waren im Unterschied zu den europäischen Universitäten und Mönchsorden des Hochmittelalters keine Körperschaften im juridischen Sinn. Bis zu einem gewissen Grad sehr wohl mit jenen vergleichbar waren sie freilich in ihrer spirituellen Dimension. Wie im Christentum, so entpuppten sich auch im Islam die Grenzen zwischen Zünften, Bruderschaften, Lehranstalten und Orden als fließend. In all diesen Einrichtungen folgte man dem religiös bestimmten Leitbild der Mannestugend und der sozialen Gerechtigkeit – einem Ideal, das im Lauf der Jahrhunderte als Vorwand für mancherlei zweifelhafte politische Bewegungen und auch kriminelle Machenschaften mißbraucht worden ist. Überhaupt werden viele der ehemals auf zwischenmenschlicher Ebene funktionierenden Regelmechanismen der städtischen Gesellschaft längst von staatlich-bürokratischen Institutionen gesteuert: Die Rolle der Zünfte etwa haben Gewerkschaften und Syndikate sowie Industrie- und Handelskammern übernommen, die der solidarischen Nachbarn – zumindest zum Teil – anonyme Versicherungsinstitute. Auch die frommen Stiftungen wurden in den allermeisten Ländern bereits vor geraumer Zeit verstaatlicht (Ägypten z. B. hat hierfür sogar ein eigenes Ministerium).

Verschiedene Lebensbereiche

Der Schlüssel zum Verständnis der Raumstruktur jeder islamisch-orientalischen Stadt liegt in der grundsätzlichen Unterscheidung zweier Sphären – einer geheiligten, inneren und privaten, gewissermaßen »weiblichen«; und einer weltlichen, äußeren und öffentlichen, »männlichen«. Diese Zweiteilung der Lebenswelt offenbart sich bereits in der kleinsten Zelle des Baugefüges, dem traditionellen Wohnhaus (arab. *bait* oder, als größerer Komplex, *dâr*): Als schützendes Gehäuse für die Familie ist es von der Straße durch hohe und kahle Außenmauern abgeschirmt. Um indiskrete Blicke oder das jähe Eindringen Unbefugter zu verhindern, sind die Vorräume und Korridore lang, dunkel und verwinkelt. Und bei den Toren zeigen Schwellen zusätzlich an, daß der Fremde eine mit Tabus belegte Zone betritt. Das Hausinnere umfaßt wiederum zwei Bereiche: zum einen jene sorgsam behüteten, meist rund um einen Innenhof angeordneten, *harîm* (türk. *haramlik*) genannten Räume, in denen Frauen, Kinder und Dienstboten leben und Besucher keinen Zutritt haben; zum anderen jene »Salons« (arab. *qâ'a*, »Saal«; türk. *salamlik*), in denen der Hausherr männliche Gäste empfängt.

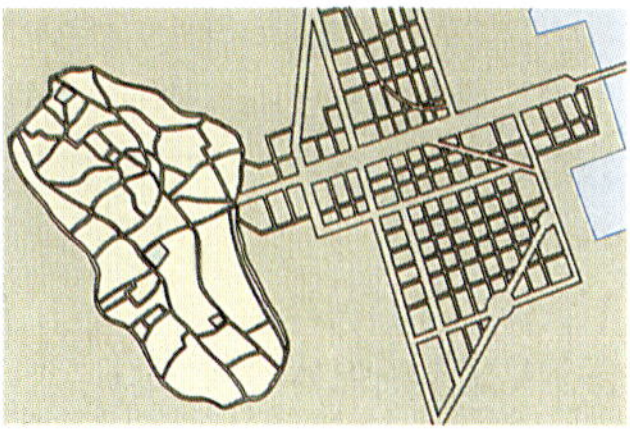

Gegensätzliche Grundrisse: die Medina von Tunis und daneben die von den Franzosen während der Kolonialzeit angelegte Neustadt

Wie das Haus setzt sich auch die Stadt aus zwei Bereichen zusammen – einem öffentlichen, bestehend aus Moscheen, Märkten und den Hauptverkehrswegen und einem privaten, der die Häuser, die Wohnquartiere und, als halbprivate »Zwischenzonen«, die Sackgassen einschließt. In ihrer Gesamtheit gleicht die Stadt einem in sich verkapselten Gehäuse, das – trotz aller Abgrenzung zwischen geweihtem und profanem Bereich – eindeutig das zutiefst islamische Bedürfnis widerspiegelt, sämtliche Lebensbereiche miteinander zu verknüpfen.

Schematischer Schnitt durch ein hamam in Kairo (nach P. Coste): Arabische/türkische Bäder sind wie die Bäder der Antike in drei Bereiche gegliedert: in den *maslach*, das *frigidarium* der alten Römer, wo man den Eintritt bezahlt, sich umkleidet und hinterher entspannt; das wohlig temperierte *bait al-awwal*, den Bereich zur Akklimatisierung; und in das *bait al-harâra* (*caldarium*), die meist mit Alkoven, Marmorpodesten und Schöpfbecken ausgestattete, heiße Kernzone (v. r. n. l.). Beheizt wird die Anlage durch ein Hypokaustensystem, d. h. mit Dampf aus einem an die Außenmauer angrenzenden Kessel, der durch in die Wände verlegte Tonröhren oder Hohlräume unter dem Fußboden zugeleitet wird.

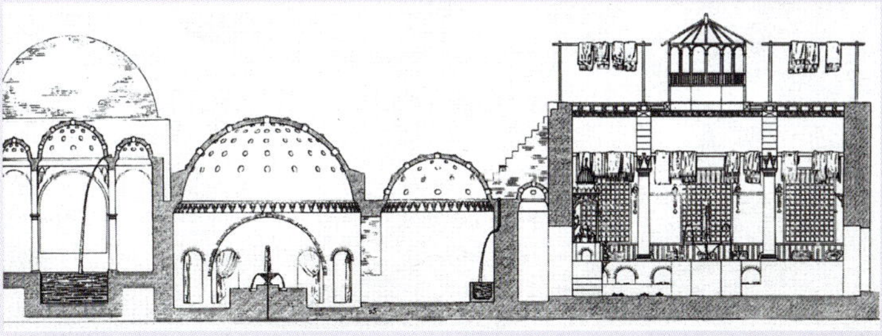

Die innerstädtischen Karawansereien (im Bild der Chân des As'ad Pascha al-'Azm in Damaskus) tragen je nach Region verschiedene Namen. In der Türkei etwa heißen sie *han*, in Iran *sarây*, im Jemen *samsara* und in Ägypten *wikâla*. Aufbau und Funktion jedoch sind grundsätzlich überall gleich: Die um einen Innenhof gruppierten Zellen im Erdgeschoß beherbergen Ställe und Warenlager. In den Stockwerken darüber liegen die Schlafräume für die reisenden Händler sowie Kontore und manchmal auch Wohnungen für Einheimische.

Dieses besondere Prinzip der Raumkomposition, das ganz im Gegensatz zur neuzeitlich-europäischen Stadt und auch zu ihrer hellenistisch-antiken Vorgängerin mit streng geometrischen Straßenrastern steht, beschreibt der Architekt und Stadtplaner Stefano Bianca wie folgt: »Das islamische Stadtbild ist nicht von großen Straßeneinschnitten und perspektivisch darauf bezogenen Bauten geprägt, sondern von der vielfachen inneren Unterteilung ganzheitlicher Raumkörper. Dem entspricht eine ganz andere Art des architektonischen Aufbaus und nicht zuletzt auch eine andere Art des Raumgefühls und des dreidimensionalen Stadterlebnisses: Dem Betrachter wird die Stadt nicht in Form von freistehenden ›Objekten‹ und entsprechenden Fassaden vorgesetzt, sondern er kann sie nur als komplexen, vielfach in sich gegliederten Hohlraum erfahren, der ihn ganz umhüllt und den er sich abschnittweise, Kammer für Kammer, erschließen muß. So hat er zwar nie das Ganze im Auge, fühlt sich aber immer in der ›Mitte‹ des Raumes.«

Institution Basar

Der Basar (pers. *bâzâr*, türk. *tscharschı*) bildet mit den religiösen Stätten und den diesen angegliederten, gemeinnützigen Bauten (s. S. 110) das Zentrum jeder islamisch geprägten Stadt. Er besteht entgegen gängiger Meinung nicht nur aus den – übrigens mancherorts bis in die jüngste Vergangenheit nächtens bewachten und durch Tore versperrten – auf bestimmte Waren spezialisierte Einzelmärkte (arab. sing. *sûq*). Hinter den Fassaden seiner malerischen Läden verbirgt sich vielmehr eine komplexe ›Stadt in der Stadt‹. Zu ihr gehörten schon im frühen Mittelalter die Karawansereien, also Herbergen für die Fernhändler und ihre Tiere; ferner Werkstätten, Kontore, Lagerhäuser, Wechselstuben, Kaffeehäuser, Garküchen und, als Refugien der Entspannung und Reinigung, die öffentlichen

Ein klassischer Wochenmarkt. Boumalne du Dades, Marokko

Bäder (arab. sing. *hammâm*). Meist im Zentrum des Basars befand sich eine Kauf- und Lagerhalle (arab. *qaiserîya*), hinter deren dicken Mauern und vergitterten Fenstern wertvoller Schmuck, Tuche und Teppiche feilgeboten sowie Geld und Dokumente aufbewahrt wurden. Im 16. und 17. Jh. bauten die Osmanen in den Handelsmetropolen ihres Reiches – in Kairo, Damaskus, Aleppo und Istanbul – überdachte Geschäftsstraßen, die zehntausende Quadratmeter umfaßten und mehrere Hundert Läden beherbergten.

Daß die meisten Metropolen in erster Linie Herrschaftszentren waren, zeigt sich in den Wehrburgen und Palästen, die vielerorts, auf erhöhtem Gelände erbaut, die Stadtzentren dominieren. Von hier aus konnte der Souverän auf bequeme Weise seine Untertanen kontrollieren. Im Bild: die Zitadelle von Aleppo, einer der eindrucksvollsten innerstädtischen Festungsbauten des Vorderen Orients.

Eine denkbar moderne Variante der altehrwürdigen Institution Basar: die Kaufhallen in Schardschah, Vereinigte Arabische Emirate

Eine Gemeinsamkeit sämtlicher Basare, die schon Ibn Battûta (s. S. 97) während seiner Reisen durch die islamische Welt verblüfft feststellte, ist die immer gleiche Gruppierung der Branchen. Wesentlichstes Kriterium dabei ist ihre rituelle Reinheit. So finden sich die »reinsten« und edelsten Waren wie Kerzen, Gewürze, Parfums, Räucherwerk, aber auch Bücher, Devotionalien und Schmuck im Zentrum, in direkter Nähe zur Freitagsmoschee (s. S. 65). Daran schließen sich die Reviere der Textil-, Hausrat- und Lebensmittelhändler an. An die Peripherie verbannt sind wegen des Gestanks, Lärms und Schmutzes Berufszweige wie etwa die Färber und Gerber, Töpfer und Schlächter, aber auch Schmiede und Schießpulververkäufer. Allerdings befindet sich diese traditionelle Branchenordnung infolge der gesellschaftlichen Umbrüche, aber auch aufgrund des Eindringens industrieller Massenware und des Touristengeschmacks vielerorts schon seit geraumer Zeit in Auflösung.

Die Wortwurzel *h-r-m* weist stets auf etwas Geheiligtes, »Geweihtes« und daher in vieler Hinsicht auch Verbotenes hin. Sie steckt in *ihrâm*, dem Weihezustand des Mekka-Pilgers, in *muharram*, dem Trauermonat der Schiiten, und in *harîm*, der Bezeichnung für den Harem, der für Fremde unzugänglichen Gemächer eines Hauses. *Harâm* werden die geheiligten Gebiete rund um Mekka und Medina sowie auf dem Jerusalemer Tempelberg bezeichnet, wo kein Lebewesen getötet werden darf und Nicht-Muslime keinen Zutritt haben. Die Große Moschee von Mekka trägt den Namen *al-Masdschid al-Harâm*. In der islamischen Scharî'a (s. S. 41ff.) ist *harâm* die strengste Verbotsstufe.

Am Ende des 11. Jh., als das Kalifenreich endgültig in zahlreiche Dynastien zersplittert war, sahen sich die Muslime plötzlich mit einem neuen, äußeren Feind konfrontiert: den Kreuzfahrern. Schon ein, zwei Generationen zuvor hatten christliche Heere in Spanien und Sizilien begonnen, von Arabern besetzte Gebiete zurückzuerobern. Im Herbst des Jahres 1095 rief Papst Urban II. im Konzil von Clermont die Christenheit zum Krieg gegen den Islam auf und begeisterte in der Folge mit seinen feurigen Predigten in ganz Frankreich Heerscharen von Gläubigen für diese Idee. Als vordergründige Motive dienten ihm der Hilferuf des byzantinischen Kaisers im Kampf gegen die türkischen Seldschuken sowie die Forderung nach der Rückeroberung Jerusalems. Dahinter stand aber machtpolitisches Kalkül – vor allem der Wunsch, das seit 1054 bestehende Kirchenschisma zwischen Rom und Byzanz doch noch zu überwinden und nach den Auseinandersetzungen mit dem deutschen Kaiser das Reformpapsttum in die Schranken zu weisen. Der Kampf gegen die Ungläubigen im Osten würde dem Papst eine gute Gelegenheit bieten, seine Bedeutung als legitimer, weil im Namen Jesu handelnder Anführer aller Christen zu unterstreichen. Einen wichtigen Nebenaspekt bildete die Absicht, den Europäern, allen voran den Venezianern und anderen italienischen Stadtstaaten, die levantinische Küste und ihr Hinterland als Handelsgebiete zu eröffnen.

Mit dem Ruf »Deus lo volt« (Gott will es) auf ihren Lippen und durch päpstlichen Ablaß von jeglichen Sünden befreit, brachen noch 1096 Zehntausende von Menschen aus allen Bevölkerungsschichten als freiwillige Kämpfer und zugleich als Wallfahrer Richtung Südosten auf. Ein Großteil von ihnen fiel unterwegs Hungersnöten und Seuchen zum Opfer. Militärisch wurde dieser erste Kreuzzug, an dessen Spitze in erster Linie französische Ritter und Normannen aus Süditalien standen, dennoch ein voller Erfolg. Nach Kämpfen in Kleinasien und vor Antiochia eroberten die christlichen Heere unter Leitung von Männern wie Gottfried von Bouillon, Boemund von Tarent oder Raimund von Toulouse Mitte 1099 Jerusalem und unterwarfen daraufhin mit äußerster Brutalität die gesamte Küstenregion. Doch schon in dieser Phase hatten politische Sonderinteressen einzelner Fürsten zu Konflikten und der Gründung eigenständiger Herrschaftsgebiete – unter anderem um Antiochia, Tripoli und Edessa, das heutige Urfa – geführt. Mächtigstes Staatsgebilde der Christen war das Königreich von Jerusalem, das zur Zeit seiner größten Ausdehnung unter Balduin II. (1118–1131) vom Golf von ʻAqaba bis in die Gegend des heutigen Beirut reichte.

Während die Kreuzfahrerstaaten einander in der Folge durch Rivalitäten und Thronwirren schwächten, sammelten sich die wiedererstarkten Muslime zum Gegenstoß. Als sich 1144 der seldschukische Heerführer Zangî der Grafschaft Edessa bemächtigte, kam es zum 2. Kreuzzug. Er mündete für die beteiligten Deutschen und Franzosen in eine militärische Niederlage. Zangîs Sohn Nûr ad-Dîn gelang es, die syrischen Kräfte zu einigen, und sein Nachfolger, der kurdischstämmige Begründer der Ayyubiden-Dynastie Salâh ad-Dîn (Saladin), brachte als vom Kalifen in Bagdad de facto unabhängiger Sultan, der über Ägypten und Syrien herrschte, den endgültigen Umschwung zugunsten der Muslime. Der entscheidende Sieg über die Kreuzfahrer gelang ihm 1187 bei Hattîn nahe dem See Tiberias. Im selben Jahr eroberte er Jerusalem zurück. Der daraufhin von Kaiser Friedrich I. Barbarossa initiierte 3. Kreuzzug, an dem auch die Könige Frankreichs (Philipp II.) und Englands (Richard Löwenherz) teilnahmen, brachte den Christen zwar noch manchen Achtungserfolg wie etwa die Eroberung der Hafenfestung von Akko. Doch abgeben sollten die Muslime ihre Vormacht nie mehr. Den 4. Kreuzzug (1202–1204) lenkten die Venezianer gegen den Willen seines Initiators Papst Innozenz III. nach Konstantinopel ab. Eine militärische Offensive wurde 1221 Richtung Ägypten gestartet, endete aber mit einem Desaster im Nildelta. Der Hohenstaufer Friedrich II. erreichte immerhin, nachdem er zum 5. Kreuzzug (1228) aufgebrochen war, auf dem Verhandlungsweg mit dem ayyubidischen Sultan in Ägypten die Freigabe der christlichen Pilgerstätten in Palästina. Nach zwei fehlgeschlagenen Kreuzzügen nach Ägypten (1248) und Tunis (1270) mußten die Christen 1302 ihre allerletzte Bastion in der Levante, die der syrischen Hafenstadt Tartus vorgelagerte Insel Arwad, räumen.

Alles in allem hatten die Kreuzzüge den Europäern zwar langfristig den Zugang zu neuen Handelsrouten gesichert. Auch waren sie dank des phasenweise durchaus friedlichen, von gegenseitigem Respekt getragenen Nebeneinanders mit ihren zivilisatorisch weit überlegenen muslimischen Nachbarn mit wertvollen, neuen Erkenntnissen und praktischen Errungenschaften in Kontakt gekommen. Politisch jedoch bedeuteten die Kreuzzüge vor allem für Ostrom eine nachhaltige Katastrophe. Für die islamische Welt hingegen stellte das Eindringen der fremden Ritter rückwirkend betrachtet lediglich eine regionale Bedrohung dar. Unterschwellig allerdings markiert der Triumph der Araber in der Levante wie auch, spiegelverkehrt, die Reconquista in Spanien eine Zäsur im Verhältnis zwischen der muslimischen und der christlichen Welt, die – besonders in Form eines gegenseitigen Argwohns – bis heute indirekt nachwirkt.

Eingang zur seldschukischen Karawanserei Agzi Kara bei Aksaray im türkischen Abschnitt der Seidenstraße (erbaut 1231–1239)

1267
Der mongolische Großchan Khubilai begründet Peking und wenig später die chinesische Yüang-Dynastie
1271–1295
Marco Polos Reise von Venedig nach China und retour
Anf. 14. Jh.
Systematische Hexenverfolgung in großen Teilen Europas
1348
Höhepunkt der ersten großen Pestepidemie. Der ›Schwarze Tod‹ fordert in Europa 25 Mio. Tote, rund 1/4 der Gesamtbevölkerung.
1378–1417
Großes abendländisches Schisma. Gegenpäpste in Avignon und Rom
Anf. 15. Jh.
Aufkommen des Humanismus im deutschsprachigen Raum
1487/88
Bartolomeu Diaz umsegelt die Südspitze Afrikas.
1492
Columbus erreicht die Neue Welt. Vertreibung der Juden und der letzten Mauren aus Spanien

Die Seldschuken und ihre Nachfolger

Um die Jahrtausendwende brachen türkische Nomadenstämme aus Zentralasien in den Vorderen Orient ein und veränderten dessen politische Landkarte nachhaltig. Die größte Durchsetzungskraft legten dabei die aus dem Stamm der Oghusen hervorgegangenen Seldschuken an den Tag. Deren Anführer Toghril-Beg entriß bereits 1040 den Ghasnawiden die Hoheit über den iranischen Raum. 1055 eroberte er Bagdad, wurde zum Sultan ernannt und löste damit die Buyiden als Schutzherren über das abbasidische Kalifat ab. Seinem Nachfolger Alp-Arslan gelang 1071 in der Schlacht von Mantzikert nahe dem Van-See sogar, was die Araber in Jahrhunderten nicht geschafft hatten: dem byzantinischen Heer eine entscheidende Niederlage zuzufügen.

Alp-Arslan und sein Amtsnachfolger Malik-Schâh (1072–1092) regierten abwechselnd von Nischapur, von Isfahan und von diversen Lagern aus ein straff administriertes Großreich, das ganz Persien und Mesopotamien, Anatolien und Syrien umfaßte. Doch da sie nicht imstande waren, die Thronfolge unmißverständlich zu regeln und den Verlauf der Reichsgrenzen exakt zu definieren, war der Zerfall der Zentralgewalt vorprogrammiert. Als 1092 Malik-Schâh starb und sein Wesir Nizâm al-Mulk, der Verfasser des berühmten »Buches der Staatskunst«, des *siyâsat-nâme*, von den Assassinen ermordet wurde, gewannen dynastische Seitenlinien rapide an Einfluß. Im anatolischen Konya errichteten die Rûm-Seldschuken ein eigenständiges Sultanat und trieben die Türkisierung Kleinasiens voran. In Mosul, respektive Aleppo und Damaskus machten sich Atabegs der Seldschuken selbständig, begründeten das Herrschergeschlecht der Zangiden und fochten mit wachsendem Erfolg gegen die christlichen Kreuzritter (s. S. 114f.). Und weiter östlich erklärten sich die Generäle der Chwârism-Türken für autonom und herrschten als Schahs zwei Generationen lang über Transoxanien, Chorasan und Teile Nordwestindiens.

Die Großseldschuken und all ihre Erben verwendeten dieselben Rechtstitel und folgten demselben Protokoll. Was sie darüber hinaus einte, war ihre Zugehörigkeit zum sunnitischen Islam und ihr Kampf gegen die radikale Schî'a. Bereits gegen Ende des 10. Jh. hatten sich die Urväter der Seldschuken in Turkestan – höchstwahrscheinlich unter dem Einfluß vornehmlich sunnitischer Sufimissionare – zum Islam bekehrt. Wenige Jahrzehnte später gaben ihre Sultane, indem sie die klassischen Rechtsschulen förderten und deren traditionalistischen Lehrern zu größerer Autorität verhalfen, dem orthodoxen Islam seine einstige zentrale Bedeutung zurück. Im Gegenzug geriet die Schî'a ins machtpolitische Abseits. Eine Schlüsselrolle spielte dabei der Feldherr Salâh ad-Dîn (Saladin; um 1138–1193). Er, der auch als großer Triumphator über die Kreuzfahrer und als Rückeroberer Jerusalems in die Geschichte einging, stürzte 1171 in Kairo die Fatimiden, beendete damit das ismailitische Gegenkalifat und begründete als neuer »Sultan von Ägypten und Syrien« die – allerdings nicht sehr langlebige – Dynastie der Ayyubiden.

Dschingis Chân, Hülägü und Timûr

Als Ende des 12. Jh. in der fernen Steppe zwischen Baikalsee und Altaigebirge ein Mongole namens Temudschin begann, einen Stamm nach dem anderen zu unterwerfen, begründete er damit eine politische Kraft, die binnen weniger Jahrzehnte die islamische Welt so nachhaltig wie keine vor ihr erschüttern sollte. 1206 hatte der für seine Grausamkeit und verräterische Diplomatie

1497
Vasco da Gama entdeckt den Seeweg nach Indien.

15./16. Jh.
Portugal wird zur führenden See- und Kolonialmacht, erobert u.a. Häfen entlang der marokkanischen Küste und im Persischen Golf.

1517
Luther veröffentlicht in Wittenberg seine 95 Thesen.

1534
Loslösung der englischen Kirche von Rom – Heinrich VIII. begründet die anglikanische Staatskirche.

1555
Calvin errichtet in Genf seinen streng protestantischen Gottesstaat.

Mitte 16. Jh.
Karl V. regiert ein »Reich, in dem die Sonne nicht untergeht«.

1582
Einführung des Gregorlanischen Kalenders in Europa

1588
England wird durch Sieg über die spanische Armada zur größten Seemacht.

1618–1648
Der Dreißigjährige Krieg verwüstet Europa.

Toghril Beg beim Gebet, glasierte Keramik aus Kaschan, spätes 13. Jh.

Gonbad-e Sultaniya, der monumentale, etwa 200 km nordwestlich von Teheran gelegene Grabbau des Sultan Oldschaytü. Nachdem dieser Herrscher der Îlchâne (der Nachkommen Hülägüs) noch drei Jahre vor seinem Tod die von einem Vorgänger gegründete, gleichnamige Stadt zur neuen Residenz erkoren hatte, fand er hier 1316 seine letzte Ruhe.

berüchtigte Sohn eines kleinen Lokalfürsten, der sich neuerdings Dschingis Chân (mongol., frei übersetzt: »universaler Herrscher«) nannte, die gesamte Mongolei unter seine Gewalt gebracht. Ab 1215 stießen seine Heere, die vor allem dank der Disziplin und extremen Beweglichkeit ihrer berittenen Bogenschützen jedem Gegner haushoch überlegen waren, nach Nordchina, Turkestan und Rußland vor. 1218 eroberten sie – als erstes muslimisches Gebiet – das Reich der Chwârism-Schahs im Nordostiran. Als Dschingis Chân starb (1227), hinterließ er ein Imperium, das vom Chinesischen Meer bis an die Pforten Europas reichte.

Nachdem die Mongolen bereits 1243 bei einem Vorstoß nach Anatolien am Köse Dagh ein Heer der Rûm-Seldschuken geschlagen hatten, eroberten sie ab 1256 unter Führung von Dschingis Chans Enkel Hülägü endgültig den Iran und große Teile Vorderasiens. Dabei nahmen sie die Burgen der ismailitischen Sekte der Assassinen ein, darunter auch deren Hauptquartier, die Festung Alamut. 1258 schließlich plünderten und zerstörten sie Bagdad und ermorderten den Kalifen – ein epochaler Akt, der das Ende des zuletzt ohnehin nur mehr schattenhaften abbasidischen Kalifats besiegelte. In der Folge erstürmten die Mongolen unter Hinterlassung der für sie üblichen Verwüstungen auch noch Aleppo und Damaskus. Doch 1260 wurde ihr Vormarsch Richtung Süden bei 'Ain Dschâlût in Palästina von der Armee der Mamluken (s. S. 120) gestoppt.

Ursprünglich waren die meisten Mongolen Anhänger des Schamanismus gewesen. Einige ihrer Herrscher hatten sich auch für buddhistisches und christlich-nestorianisches Gedankengut empfänglich gezeigt. In der westlichen, islamischen Hälfte ihres Reiches erwiesen sie sich freilich als gewandt genug, rasch die Religion ihrer Untertanen anzunehmen. So waren die wichtigsten Herrscher der von Hülägü begründeten iranischen Dynastie der Îlchâne (türk. »Stammesfürsten«), Mahmud Ghâzân (1295–1304) und Mohammad

»Alle Städte sollen dem Erdboden gleichgemacht werden, auf daß die Welt wieder eine große Steppe werde, in der mongolische Mütter freie und glückliche Kinder stillen.«
Dschingis Chân (um 1162–1227)

Die Büste Timûrs – eine Rekonstruktion durch sowjetische Wissenschaftler, die 1941 sein Grab in Samarkand geöffnet hatten.

Die Dynastie der Timuriden setzte, was Eroberungsgier und Despotismus anlangt, die Tradition ihrer mongolischen Vorgänger würdig fort. Ihr Gründer Timûr Leng (osttürk. »der Eiserne«), auch genannt Tamerlan (1336–1405), ein Prinz aus türkisiertem Mongolengeschlecht, ging gleichsam als Synonym für Terror in die Geschichte ein. Auf seinen Feldzügen nach Iran, Kaukasien und Indien ließ er die Schädel feindlicher Christen wie auch Muslime zu riesigen Pyramiden stapeln. Gleichwohl machte er seine Hauptstadt Samarkand zu einem Zentrum erlesener (Bau-)Kunst. Kurz nachdem er die osmanische Armee in der Schlacht von Ankara vernichtend geschlagen hatte (1402), starb er mitten in den Vorbereitungen für einen Kriegszug nach Indien. Seine Nachfahren, namentlich sein Sohn Schâh Ruch und der astronomisch überaus bewanderte Enkel Ulugh Beg erwiesen sich als weit weniger blutrünstig. Ihre Residenz, die Stadt Herât im Westen Afghanistans, blieb bis zum Zerfall des Reiches um 1500 ein kultureller Mittelpunkt.

Chodabandeh Oldschaytü (1304–1317), sunnitische Muslime. Von ihren Residenzen in Täbris beziehungsweise Sultânîya (Aserbaidschan) aus vermittelten sie einerseits den Islam bis nach Innerasien, so daß sich selbst die Goldene Horde, die Mongolen aus Südrußland, zu ihm bekehrten. Andererseits trugen sie durch ihre Konversion indirekt zur Vergrößerung der iranischen Einflußsphäre auf Kosten der arabischen bei. Denn sämtliche ihnen nachfolgenden, islamischen Herrscher in Iran, Indien, Klein- und Innerasien übernahmen fortan, was Staatsstruktur, Sprache und Kultur betraf, selbstverständlich das iranische Erbe.

Großräumig und langfristig betrachtet, setzten die Mongolen mit ihrer Invasion indessen noch zwei andere einschneidende Entwicklungen in Gang: Zum einen veränderten sie, indem sie mit der ihnen eigenen, unvorstellbaren Brutalität ganze Regionen entvölkerten und Städte samt ihren Kulturen zerstörten, weitflächig die ethnische Zusammensetzung der Bevölkerung, zumal nun – teils als Angehörige ihrer Armee, teils als Flüchtlinge – verstärkt türkische Stämme aus Zentralasien in den iranischen und anatolischen Raum ein-

Zeichnung eines Reiters der berühmt-berüchtigten mongolischen Kavallerie strömten. Zum zweiten führte die gemeinsame Gegnerschaft zu den muslimischen Mächten des Vorderen Orients dazu, daß Europäer und Mongolen diplomatische Kontakte knüpften, was Kaufleuten, Gesandten und Missionaren aus dem Abendland Zugang nach ganz Asien verschaffte und in der Folge Möglichkeiten zu weitreichenden Wirtschafts- und Kulturkontakten eröffnete, die sie nach dem Zerfall des Mongolischen Reiches Mitte des 14. Jh. auf eigene Faust und über andere Wege erfolgreich weiter nutzen konnten.

Mihrâb der Moschee des Nâsir Muhammad ibn Qalâwûn (gest. 1341) auf der Zitadelle in Kairo. Unter diesem Mamluken-Sultan, der (mit zwei Unterbrechungen) insgesamt 42 Jahre lang regierte, erlebten Ägypten und Syrien eine kulturelle Blütezeit.

Die Mamluken in Ägypten

Durch ihren bereits erwähnten Sieg über die Mongolen (1260) rückten die Mamluken ins Rampenlicht des Weltgeschehens. Aus den russischen Steppengebieten stammend, hatten diese in ihrer Jugend zum Islam bekehrten Tscherkessen und Kiptschak-Türken als Soldaten-Sklaven im Dienst der in Kairo und Damaskus herrschenden Ayyubiden gestanden (*mamlûk*, arab. für »in Besitz genommen«). Doch der französische Kreuzzug von 1249 gegen Ägypten hatte ihre führenden Offiziere bewogen, den regierenden Ayyubidensultan zu ermorden und im ägyptisch-syrischen Raum selbst die Macht zu übernehmen. Nachdem sie wenig später die Kreuzfahrerstaaten entlang der levantinischen Küste endgültig zerschlagen hatten, riefen sie in Kairo, um ihre Macht zu legitimieren, ein neuerliches abbasidisches Schattenkalifat ins Leben. Zugleich bekamen sie von den Scherifen in Mekka und Medina – zumindest nominell – die Oberhoheit über die Heiligen Stätten im Hedschas bestätigt, was ihr Prestige zusätzlich erhöhte. Das Zentrum der arabisch-islamischen Welt war somit aus dem verwüsteten Irak erneut an das Mittelmeer gerückt, und die islamische Orthodoxie weiter gestärkt.

Eines der zahlreichen Mamluken-Gräber in der Totenstadt (*qarâfa*) von Kairo.

Das Reich der ehemaligen Sklaven, die im 13. und 14. Jh. nach der Nilinsel, auf der ihr Garnisonsquartier stand, als *bahrî*-Mamluken (Mamluken »vom Fluß«; arab.), später als *burdschî*-Mamluken (für Mamluken »vom Turm«, d. h. von der Zitadelle; arab.) bezeichnet wurden, existierte über zweieinhalb Jahrhunderte lang und war erstaunlich stabil. Seine Eliten erwiesen sich nicht nur als begnadete Militärstrategen, die sich zur Erreichung ihrer politischen Ziele geschickt der Ideologie des *dschihâd* (s. S. 39) bedienten, sondern auch als überaus effiziente Verwalter. Zudem bauten sie die Infrastruktur auf dem Gebiet der Landwirtschaft, des Handels und Gewerbes aus. Der Staatshaushalt, der auf dem sogenannten *iqtâ'*-System basierte, bei dem Staatsdomänen in Steuerpacht an zivile und militärische Konzessionäre verliehen wurden, profitierte aber auch von der günstigen geographischen Lage des Reiches, diente es doch den Fernhändlern als Durchgangsland auf ihren Wegen zwischen Asien und Europa. Unter Sultanen wie Baybars, Qalâ'ûn, Muhammad Nâsir ibn Qalâ'ûn, Aschraf Chalîl und Barqûq erlebten die Städte Ägyptens und Syriens einen Bauboom, dessen architektonische Zeugnisse bis heute jeden Reisenden beeindrucken. Kairo wurde zudem zum Hort einer hochentwickelten höfischen Kultur sowie zum unbestrittenen Zentrum sunnitischer Gelehrsamkeit. Der Niedergang setzte kurzfristig Ende des 15. Jh. ein und erfolgte parallel zum endgültigen Aufstieg der Osmanen zur Weltmacht. Immerhin durften die Mamluken und deren Beys, nachdem die neuen Herren des Mittelmeers Ägypten und Syrien erobert hatten (1516–1517), in der Verwaltung ihres ehemaligen Reiches noch weitere 300 Jahre eine gewichtige Rolle spielen.

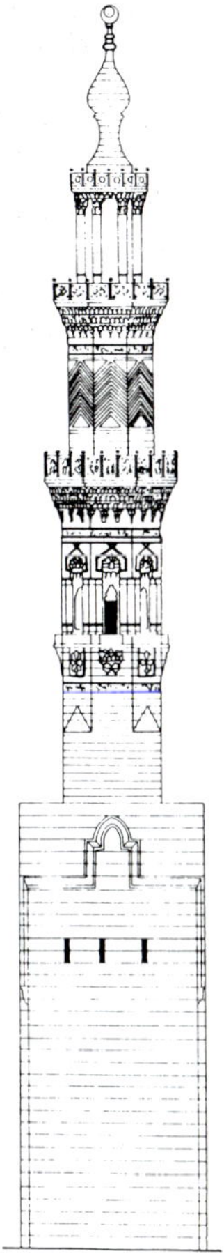

Das Minarett der Mu'ayyad-Moschee in Kairo, Anfang 15. Jh.

Aufstieg der Osmanen

Aus den Trümmern der Seldschukenherrschaft entstand gegen Ende des 13. Jh. im westlichen Anatolien, dem bisherigen Grenzgebiet zum Byzantinischen Reich, ein kleines Fürstentum, das sich binnen kurzem zu einem islamischen Großreich auswachsen und als

Die wichtigsten Sultane zur Blütezeit des Osmanischen Reiches
Murad II. (1421–1451),
Mehmed II. der Eroberer (1451–1481),
Bayezîd II. (1481–1512),
Selîm (1512–1520),
Süleymân II. (1520–1566)

Reiterportrait Selim III. (Regierungszeit 1789–1807), gemalt von Hippolyte Berteaux. Es zeigt, wie groß der Einfluß europäischer Stilvorstellungen Anfang des 19. Jh. am osmanischen Hof war.

solches bis in das 20. Jh. ein maßgeblicher Machtfaktor in der internationalen Politik bleiben sollte. Die Herkunft seiner Bevölkerung, einer vorwiegend aus türkischen Hirten bestehenden Stammesgruppe, liegt bis heute im dunkeln. Fest steht, daß es während der Wirren der postmongolischen Zeit einem gewissen 'Osmân I. (1300–1324) gelang, innerhalb eines noch losen Nomadenverbands seinem Clan die Macht zu sichern. Seine Nachkommen, die Osmanen, dehnten von Bursa, ihrer ersten Hauptstadt, die Herrschaft rasch aus. Noch beseelt vom Geist ihrer turkmenischen Vorfahren, der Ghâzî (von arab. *ghazwa*, »Beutezug«, daher übrigens unser Wort »Razzia«) aus der Zeit der Grenzkriege in Zentralasien, überschritten sie 1354 die Dardanellen, eroberten 1362 Adrianopel (Edirne), 1389 – nach der berühmten Schlacht auf dem Amselfeld – Serbien und 1393 Bulgarien. Bâyezîd I., der vom abbasidischen Kalifen in Kairo als erster seines Geschlechts den Titel ›Sultan‹ erhalten hatte, erlitt zwar in der Schlacht von Ankara (1402) gegen die Armee Timûrs eine katastrophale Niederlage. Doch keine fünfzig Jahre später – am 29. Mai 1453 – eroberten die Osmanen das bis dahin byzantinische Konstantinopel und versetzten damit dem Oströmischen Reich seinen Todesstoß. Die neue Hauptstadt, das heutige Istanbul, am Scharnier zwischen Europa und Asien gelegen, symbolisierte perfekt die nunmehr universellen Machtansprüche der Sultane.

Portrait Süleymân I., des Prächtigen; Stich von Melchior Lorich aus dem Jahr 1559, British Museum, London. Zu seiner Zeit umfaßte das Osmanische Reich Syrien, Mesopotamien, Arabien, die Kaukasusländer und Kleinasien, weiterhin die gesamte Balkanhalbinsel und den größten Teil Ungarns, Ägypten sowie, in halber Abhängigkeit, die Staaten der afrikanischen Nordküste mit Ausnahme Marokkos.

Die Blüte des Reiches

Seinen Zenith an Macht und Prachtentfaltung erreichte das Osmanische Reich unter Süleymân I., dem Prächtigen (1520–1566). In erster Linie dank der hoch entwickelten Feuerwaffen seiner Armee erstreckte es sich von der mittleren Donau bis nach

Aden bzw. Eritrea, vom Quellgebiet des Euphrat und der Südküste der Halbinsel Krim bis tief in die Nubische Wüste und in den Westen Algeriens. Das riesige Imperium lebte in erster Linie von den reichen Einkünften aus all diesen eroberten Gebieten. Doch wesentlichen Anteil am Gedeihen des Staatswesens hatte auch die vor allem schon unter Mehmed II. (1451–1481) vorgenommene Modifizierung des traditionellen, religiösen Gesetzesrahmens sowie die – zumindest in den beiden ersten Jahrhunderten – straffe Strukturierung und Verwaltung sämtlicher öffentlichen Institutionen.

Pferd und Reiter in voller Rüstung, osmanisch, um 1500

In Anlehnung an mamlukische und persisch-mongolische Vorbilder hatte man eine streng gegliederte Leitungshierarchie installiert. Die Spitze des Staatsapparats bildete der Hof mit dem phasenweise äußerst einflußreichen Harem. Ihm zur Seite stand die Verwaltungsbürokratie, bestehend aus dem Kaiserlichen Schatzamt und einem Rat, dem ein Großwesir, der zugleich Siegelbewahrer und Stellvertreter des Sultans war, vorstand. Die wichtigsten Zivilbeamten waren die Kadis, die sowohl nach der *scharî'a* als auch nach dem im sogenannten *qânûn* kodifizierten Staatsrecht urteilten. Eine entscheidende Rolle beim Schutz des gleichsam zur Staatsreligion erhobenen sunnitischen Glaubens gegen schiitische und andere »häretische« Widersacher spielte der große Kader von Religionsgelehrten, die sogenannte *'ilmîye*. Die tragende Säule des Staates bildeten freilich die Streitkräfte. Sie rekrutierten sich – insbesondere in der Frühzeit – hauptsächlich aus turkmenischen Familien, die seit dem Niedergang der Seldschuken einen Großteil Anatoliens beherrschten und von Lehen (*tîmâr*) lebten, die sie von der Regierung als Entgelt für ihre

Istanbul, das ehemalige Byzanz bzw. Konstantinopel. Die Herkunft seines neuzeitlichen Namens wird mit zweierlei Theorien erklärt: volksetymologisch mit den griechischen Worten *eis ten polin* (»in die Stadt«) oder mit dem von Muslimen geprägten Begriff *islâmbol* (»Islam im Überfluß«). Im Bild: Blick auf den Basar, die Nuruosmaniye- und die Sultan Ahmet-Moschee, um 1900

Blick in den Topkapı Sarayı (Harem). Die Residenz des Sultans am Bosporus wurde im Abendland seit dem 18. Jh., wie die osmanische Regierung insgesamt auch, gerne als »Hohe Pforte« bezeichnet. Der Name rührt vom *bâb al-'alîy* (arab. für »hohes Tor«), dem am Rande des Palastbezirks gelegenen Verwaltungssitz des Großwesirs. Dieser bildete als politische Schaltzentrale des Reiches für Unterhändler westlicher Mächte stets die erste Anlaufstelle.

Staatsdienste erhielten. Für steten militärischen Nachwuchs sorgte das berühmt-berüchtigte *devschirme*-System, hinter dem sich die vor allem im Balkan praktizierte Aushebung und Zwangsbekehrung christlicher Jünglinge verbarg. Die Kerntruppe des Heeres bildeten vom 14. bis zum ausgehenden 17. Jh. die Janitscharen (türk. »neue Truppe«), ein durchschnittlich etwa 15 000 Mann starkes, aus ursprünglich christlichen, zum Islam übergetretenen Kriegsgefangenen bestehendes Elitekorps, dessen Bestand in späterer Zeit immer wieder mit Hilfe der Knabenlese aufgestockt wurde. Der gesamte Aufbau des Staates war auf die Person des Sultans zugeschnitten, der anstelle des früheren Schattenkalifen nunmehr selbst den Titel des Kalifen und Herrschers der Gläubigen trug. Sämtliche Untertanen, selbst die einflußreichsten Angehörigen der Aristokratie, besaßen bloß den Status von Sklaven, deren Eigentum und Leben vollkommen in der Hand des Herrschers lagen.

Die Silhouette der Süleymâniye Çamii. Die Moschee zählt zweifellos zu den eindrucksvollsten Schöpfungen Sinâns. Doch insgesamt schuf dieser geniale Architekt, der die Stellung des ›Baumeisters für das gesamte Osmanische Reich‹ unter drei Sultanen innehatte, in seinem fast 100 Jahre langen Leben (1489–1588) mehr als 300 Bauten – Moscheen, Medresen, Mausoleen, Bäder, Armenküchen, aber auch Brücken und Aquädukte.

Als Staatsvolk waren die Türken eindeutig privilegiert. Sämtliche eroberten Provinzen (türk. *vilâyet*) wurden durch Statthalter (türk. *vâlî*) aus ihren Reihen regiert, deren oberstes, ja in der Spätzeit oft einziges Ziel die möglichst vollständige Ausbeutung der ihnen anvertrauten – und wirtschaftlich wie kulturell dementsprechend unterentwickelten – Gebiete war. Andererseits bewies der Staat eine bemerkenswerte Toleranz in religiösen Fragen. So fand etwa zur Zeit der Reconquista eine große Zahl jüdischer Flüchtlinge aus Spanien am Bosporus Aufnahme. Durch das sogenannte *millet*-System bekamen zudem nicht-muslimische Gemeinschaften eine, wenn auch begrenzte, Rechtsautonomie garantiert.

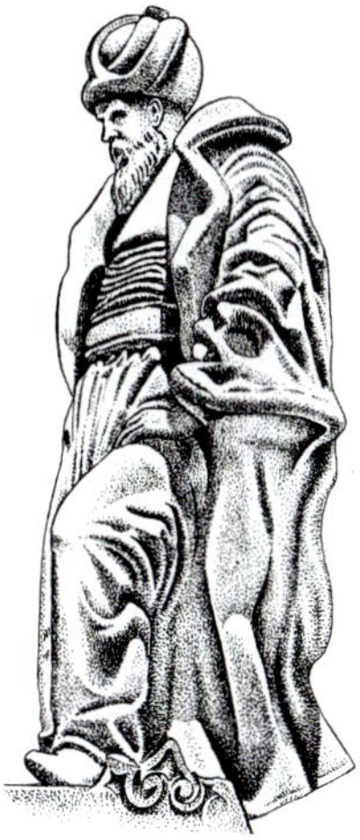

Das Denkmal für den Architekten Sinân vor der Universität in Ankara

Der Niedergang

Die Ära Süleymâns bedeutete zugleich den Höhe- und Wendepunkt. Denn nach seinem Tod (1566) wurde es zur Tradition, daß männliche Thronerben gänzlich abgeschirmt vom politischen Geschehen im Elfenbeinturm des Palastharems aufwuchsen. Die Folge: Junge Sultane gerieten aufgrund ihrer Unerfahrenheit in die Abhängigkeit der Großwesire und Generäle. Korruption und Intrigen blühten, die Disziplin verkam. Lange und kostspielige Kriege wie jene gegen die Safawiden und die Habsburger schwächten die militärische Kraft. Die Niederlage gegen Spanien und Venedig zur See bei Lepanto (1571) war noch ein Menetekel. Einen echten Umschwung der Machtverhältnisse hingegen bedeutete die mißlungene Belagerung Wiens (1683), denn kurz darauf gingen große Teile Osteuropas an eine von Österreich angeführte Koalition verloren (Friede von Karlowitz und Passarowitz, 1699 bzw. 1718). Durch die Entdeckung Amerikas sowie neuer Handelsrouten nach Indien und China hatten das östliche Mittelmeer und das Rote Meer ihre ökonomische Bedeutung

Karte links: Das Osmanische Reich, 15.–17. Jh.
Karte rechts: Das Osmanische Reich 17.–20. Jh.

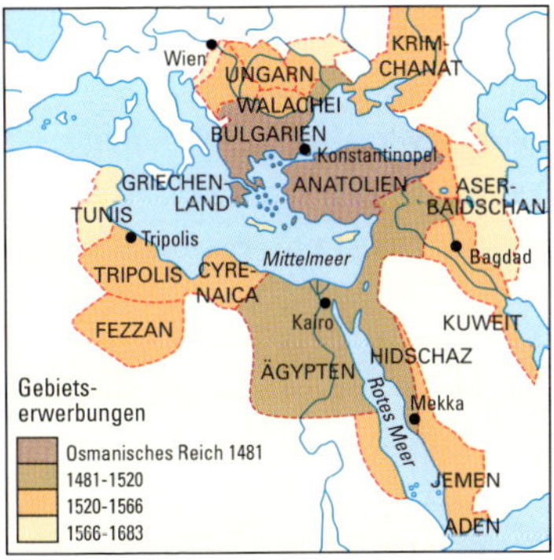

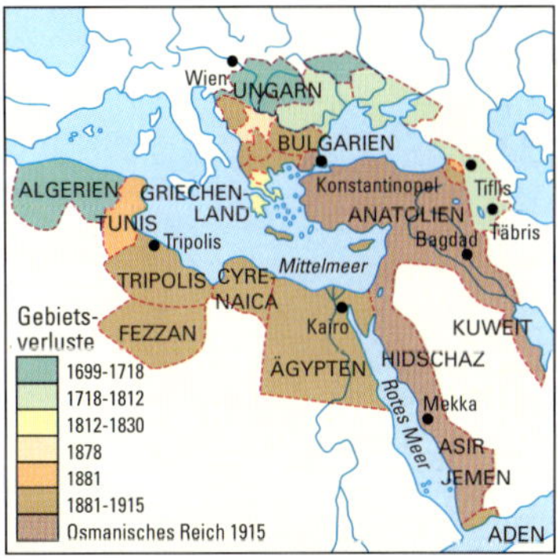

Das Mausoleum von Scheich Safî-ud-Dîn (um 1252–1334), dem geistigen Vater der Safawiden, in Ardebil im aserbaidschanischen Norden des Iran. Es wurde unter der Herrschaft Schah Tahmâsp I. (Regierungszeit: 1524–1576) erbaut und beherbergt auch das Grab des Dynastiegründers Schâh Ismâ'îl.

ohnehin eingebüßt. Das Reich war einer wesentlichen Einkommensquelle beraubt. Als sich schließlich im späten 17. und frühen 18. Jh. die europäischen Monarchien – Österreich-Ungarn, Rußland, Spanien und Frankreich – nach und nach konsolidierten, wurde ihre Konkurrenz auf militärischem und wirtschaftlichem, aber auch technischem und kulturellem Gebiet immer drückender. Zugleich machten sich Ägypten und Teile Arabiens mehr oder weniger selbständig. Zudem begann in Europa der von den Großmächten unterstützte Befreiungskampf der Serben (1804) und der Griechen (1821). Die institutionellen sowie ökonomischen Reformen und die Öffnung gegenüber dem Westen, mit denen man in Istanbul auf diese Entwicklungen reagierte, konnten die Abhängigkeit von Europa zwar zwischenzeitlich lindern und den Zerfall des Großreiches bremsen, beides aber, wie sich zeigen sollte, auf Dauer nicht verhindern.

Iran: die Safawiden

Die Safawiden errichteten im Iran Anfang des 16. Jh. einen theokratischen Staat und machten im Namen des Zwölften, »verborgenen« Imams aus dem Land einen noch heute bestehenden Hort der *schî'a* (s. S. 66ff.). Ihr Stammvater, Scheich Safî ad-Dîn, war das Oberhaupt eines sunnitischen Sufî-Ordens und lebte Anfang des 14. Jh. in der aserbaidschanischen Stadt Ardebil. Zwei Generationen später wechselte sein Nachfolger mit sämtlichen Ordensangehörigen zum Schiismus über. Jahrhundertelang hatten türkisch-mongolische Herrscher die schiitische Bevölkerung des Iran verfolgt. Nun wurde der Safawî-Orden zum Sammelbecken aller Unterdrückten. 1501 gelang es der Ordens-

Die Miniaturmalerei erlebte im Persien der Timuriden und Safawiden eine Blütezeit. Im Bild: eine Liebesszene zwischen Chusrau und Maryam, aus einer Handschrift des Schâhnâme von Firdausi (um 1600); India Office, London

Das Mittelmedaillon des Jagdteppichs von Ardebil. Dieser wohl berühmteste aller Orient-Teppiche wurde in frühsafawidischer Zeit eigens für den Hauptsaal des Mauseoleums von Scheich Safî-ud-Dîn angefertigt, befindet sich aber seit über 100 Jahren im Londoner Victoria and Albert Museum. In nächster Zeit soll am Entstehungsort dieses Wunderwerks der Knüpfkunst in mühsamer Arbeit ein originalgetreues Duplikat angefertigt werden.

armee, deren Kämpfer ihrer roten Mützen wegen *qızılbasch* (»die Rotköpfigen«) hießen, von Ardebil aus Täbris zu erobern. Ihr Anführer übernahm als Ismâ'îl I., der erste Safawide, den persischen Thron, legte sich nach alt-sassanidischer Tradition den Titel *schâhanschâh* (»König der Könige«) zu und erklärte die Zwölfer-Schî'a zur Staatsreligion. Binnen kurzem brachte er nicht nur den gesamten Iran unter seine Herrschaft, sondern marschierte auch im Irak ein und schlug später im Osten den Mongolen-Chan der Usbeken. Nach seinem Tod (1524) erlahmte die safawidische Macht. Osmanen und Usbeken bedrängten von zwei Seiten das Land. Erst 'Abbâs I. (1587–1629) hielt das Zepter wieder fest in der Hand. Er sicherte die Grenzen nach Zentralasien, vertrieb die Portugiesen aus dem Persischen Golf und gewann sowohl den Kaukasus als auch Kerbelâ und Nadschaf, die beiden Heiligtümer der Schiiten im Irak, von den Osmanen zurück. Indem er die inneriranischen Heiligtümer in Maschhad, Qom und Rayy als Pilgerziele ausbaute, erhöhte er zusätzlich die religiöse Unabhängigkeit der persischen Schiiten von ihren arabischen und türkischen Nachbarn. Auch baute er im gesamten Land die Infrastruktur für Verkehr und Handel aus, förderte Wissenschaft und Kultur, schickte Kaufleute als Gesandte an die Höfe der russischen und europäischen Herrscher ... kurz: Er bescherte dem Land die lange ersehnte nationale Einheit, Unabhängigkeit und Identität. Der Nachwelt blieb er vor allem als jener Kunstfreund in Erinnerung, der die Oase Isfahan zu seiner Residenz machte, mit zahllosen Moscheen, Medre-

Ali Qapu, die »Hohe Pforte« am Eingang in das Palastareal von Schah Abbâs I. in Isfahan. Der fünfgeschossige Torbau ist nur ein Teil jenes prachtvollen Gebäudeensembles, das der safawidische Herrscher in seiner Residenzstadt rund um den Parade-, Fest- und Turnierplatz Meydan-e Schâh (seit 1979: Meydan-e Imâm) errichten ließ.

Eingangsportal in die Masdschid-e Lotfollâh in Isfahan – einer der allerschönsten Moscheen aus der Ära Schah 'Abbâs'

sen, Karawansereien, Palästen, Plätzen und Parkanlagen prunkvoll ausbaute und damit ein architektonisches Gesamtkunstwerk schuf, das bis heute als Inbegriff einer orientalischen Märchenstadt gilt.

Nach 'Abbâs' Tod befiel den Hof Dekadenz. Das Reich wurde von eindringenden Afghanen verwüstet, gespalten, und das gesamte 18. Jh. hindurch von zeitweise parallel regierenden Regionaldynastien regiert. 1736 gelang es Nâdir Schâh, einem berühmt-berüchtigten Feldherrn, die Macht an sich zu reißen, und 1752 verlieh sich Karîm Chân vom iranischen Stamm der Zand den Titel des Statthalters von Isfahan. Den Iran zu einigen gelang erst wieder den Qadscharen (1794–1925). Doch schon lange vorher waren mehrere schiitische Machthaber in Indien dem Beispiel der Safawiden gefolgt und hatten mit deren militärischer und propagandistischer Hilfe den Zwölfer-Schiismus zur geistigen Basis ihrer Herrschaft gemacht; so etwa in Bidschapur, in Golconda/ Hyderabad und in Srinagar.

Zâhir-ud-Dîn Muhammad Babûr (1483–1530), Gründer der Mogul-Dynastie. Die Bezeichnung »Moguln« rührt von einer phonetischen Anpassung des Wortes »Mongolen« an die persische Sprache.

Indien: die Moguln

Etwa zeitgleich mit den Safawiden entstand in Indien mit der Dynastie der Moguln ein weiteres islamisches Großreich. Ihr Gründer Babûr, ein direkter Nachfahre Timûrs und Dschingis Châns, war von Afghanistan aus in Nordindien einmarschiert und hatte dem über 300jährigen, teils von afghanischen, teils von türkischen Dynastien dominierten Sultanat von Delhi ein Ende bereitet (Schlacht bei Pânîpat, 1526). Doch erst sein Enkel Akbar, »der Größte« (Regierungszeit: 1556–1605), formte aus dem zunächst nur vorübergehend eroberten Gebiet ein festgefügtes Reich, das sich zur Zeit seiner größten Ausdehnung vom Kaschmir bis in den zentralindischen Deccan erstreckte und auch Belutschistan sowie Teile Afghanistans umfaßte. Akbar war um eine Aussöhnung zwischen Moslems und Hindus bemüht. Er gründete sogar eine eigene, elitäre und humanitäre Sekte, die er *dîn-i-ilâhî*, »Religion Gottes«, nannte. Deren Religion wurde allerdings nur an seinem Hof praktiziert. Akbars ebenfalls von religiöser Toleranz durchdrungener Nachfolger Dschahângîr (1605–1627) tat sich – vor allem im Kaschmir und in Lahore – als Bauherr hervor. Sein Enkel Schâh Dschahân (1628–1658) brachte das Reich durch verschwenderische Bautätigkeit und unglückliche Kriegszüge an den Rand des Zusammenbruchs. In den Nachfolgekämpfen zwischen den Söhnen siegte Aurangzîb, der sich als religiöser Eiferer entpuppte. Unter seiner Regierung (1658–1707) wurden Hindus von öffentlichen Ämtern ausgeschlossen, Schulen und Tempel zerstört und die von Akbar abgeschaffte Steuer für Andersgläubige wieder eingeführt. Er bekämpfte die um Ausgleich zwischen den Religionsgruppen bemühte Reformbewegung der Sikhs und ließ ihren Führer hinrichten. Aurangzîb war der letzte der sogenannten Großmoguln, und nach seinem Tod zerfiel das Reich rasch. Im 19. Jh. waren die Moguln nur noch Titularkaiser. Ihr letzter wurde 1858 von den britischen »Schutzherren« wegen angeblicher Mitschuld am Sepoy-Aufstand abgesetzt und in Burma interniert.

Weltberühmtes Symbol für die grandiose Architektur und das künstlerische Raffinement zur Zeit der Großmoguln: das von Schah Dschahân für seine Lieblingsfrau Mumtâz erbaute Tâdsch Mahall in Agra

Schâh Dschahân. Miniatur von Nadir az-Zamân, 1616 17

Andacht am Grab von Scheich Muhyî d-Dîn ibn al-'Arabî, dem großen Sufi-Meister, Philosophen und Dichter, der im Jahre 1240 starb und in Damaskus seine letzte Ruhe fand

Schon sehr früh, nämlich im 8. Jh., machte sich innerhalb des Islam ein starker Hang zur Mystik bemerkbar. Deren Anhänger, die anfangs vornehmlich im südlichen Zweistromland lebten, verschrieben sich einer asketischen Weltflucht. Statt des strikten Gehorsams gegenüber Gott predigten sie, die ihrer wollenen Kutten wegen als Sufis (von arab. *sûf*, »Wolle«) bezeichnet wurden, die Liebe zwischen Gott und den Menschen. Nicht die treue Erfüllung der äußerlichen Gesetze der *scharî'a* stand für sie im Vordergrund, sondern die verinnerlichte Gottesschau, die persönliche Nähe zum höchsten Wesen, ja im extremen Fall sogar die trancehafte Einswerdung mit ihm – ein Ziel, das sie durch absolutes Gottvertrauen (arab. *tawwakul*), durch strenge Askese und stille Meditation, aber auch durch die von rhythmischen Bewegungen begleitete Rezitation bestimmter Namen und Formeln sowie andere ekstatische Rituale zu erreichen trachteten. Ihre Nachfahren führen diese Tradition bis heute fort.

Die Geisteshaltung des Sufismus, die vom christlichen Mönchstum, aber auch von hinduistischem und buddhistischem Gedankengut, vom griechischen Neuplatonismus und der Gnosis beeinflußt ist, steht in innerem Widerspruch zum orthodoxen Islam und stieß dementsprechend von Beginn an sowohl bei den sunnitischen Theologen als auch bei den schiitischen Imamen auf energischen Widerstand, vor allem weil im Laufe der Jahrhunderte

»Ihr Gläubigen! Wenn sich jemand von euch von seiner Religion abbringen läßt (und ungläubig wird, hat das nichts zu sagen). Gott wird (zum Ersatz dafür) Leute (auf eure Seite) bringen, die er liebt, und die ihn lieben, (Leute) die den Gläubigen gegenüber bescheiden sind, jedoch die Ungläubigen ihre Macht fühlen lassen, und die um Gottes willen kämpfen (wörtl. sich abmühen) und sich (dabei) vor keinem Tadel fürchten.

Koran, Sure »Der Tisch« (5, 54)

Türbe von Rûmî in Konya von innnen …

viele Mystiker als Mahner und Reformprediger auftraten und vom Volk als Heilige verehrt wurden.

Verstärkt wurde dieser Gegensatz durch die unverhüllte Sinnlichkeit, die der ›Islam des Herzens‹ propagierte: So schenkten die mystischen Gottessucher immer schon der Musik und Poesie besondere Beachtung. Bis heute unsterblich gebliebene Poeten wie die Perser Sa'dî (1215–1292), Hâfiz (1325–um 1390) und Omar Chayyâm (1048–1131), der Andalusier Ibn al-'Arabî (1165–1240), der Türke Yûnus Emre (um 1240–1320) oder der Begründer der »Tanzenden Derwische«, Dschalâl-addîn Rûmî (1207–1273), priesen in ihren Versen neben Allahs Größe zuweilen auch die rauschhafte Wirkung des Weins und Gesangs, die körperliche Liebe und die geistige Hochzeit mit der Welt. Sie entwickelten eine ausgeprägt metaphysische Bilder- und Symbolsprache, die voll von subtilen Anspielungen war und bestimmten Verhaltensweisen und Erscheinungen des Daseins – von der Enthaltsamkeit, der Armut und dem selbstlosen Dienen bis zum Klang der Flöte, der Rose und ihrem Duft – eine feinsinnige, spirituelle Bedeutung verlieh. Eine geistige Versöhnung des volkstümlichen, von emotionalen Elementen geprägten Sufismus mit dem weit formelleren, dogmatischen Islam und der politischen Orthodoxie betrieb mit seinen umfangreichen Schriften der in der ostpersischen Stadt Tus geborene Philosoph, Theologe und Mystiker al-Ghazâli (um 1058–1111).

Vom 10. Jh. an entwickelte der Sufismus, der sich inzwischen von Bagdad in den Iran, nach Zentralasien, aber auch nach Ägypten ausgebreitet hatte und zu einer Massenbewegung geworden war, feste Organisationsformen. Insbesondere zwischen dem 12. und 14. Jh. kam

… und von außen

Bettelnde Derwische, Istanbul, um 1880

es zur Gründung zahlreicher Ordensgemeinschaften (arab. *tarîqa*, wörtl. »Weg«, »Methode«), die teils in richtigen Klöstern, teils als in den gesellschaftlichen Alltag einbezogene Bünde und Bruderschaften existierten. Unter ihren Mitgliedern, den Derwischen (pers. sing. *darvîsch*, »Bettler«), herrschte eine strenge Hierarchie: An deren Spitze stand – und steht heute noch – der Scheich (arab. auch *murschid*, pers. *pîr*), dessen Legitimität auf einer Kette mystischer Nachfolger des Propheten Mohammed beruht. Seine Schüler, denen er sein geheimes Wissen weitervermittelt, schulden ihrem Meister bedingungslosen Gehorsam.

Solchen Orden, unter denen sich seltener, aber doch auch von eingeweihten Scheichas geführte Frauengruppen fanden und finden, verdankt der Islam maßgeblich seine Weiterverbreitung, vor allem in peripheren Gebieten wie Südostasien oder Westafrika. Etliche von ihnen – zu nennen sind u. a. die Qâdirîya, Burhânîya, Schâdhilîya, Tidschânîya oder die aus dem tiefen geistigen Erbe Zentralasiens hervorgegangene Naqschbandîya – sind mittlerweile rund um den Globus verbreitet. Manche genossen im Laufe der Ge-

Von Rabî'a von Basra (gest. 801), einer frühen Vertreterin der Liebesmystik, erzählt man folgende Legende:
»Man sah sie in den Straßen von Basra, eine Fackel in einer, einen Eimer in der anderen Hand tragend; und auf die Frage nach dem Sinn ihres Tuns antwortete sie: ›Ich will Feuer ins Paradies werfen und Wasser in die Hölle gießen, damit diese beiden Schleier verschwinden und niemand mehr Gott anbetet aus Sehnsucht nach dem Paradies oder aus Höllenfurcht, sondern einzig und allein aus Liebe zu Ihm.«

aus: Annemarie Schimmel, ›Der Islam‹, Stuttgart 1990

Derwische vom Orden der Bektashiye, frühes 19. Jh.

»Tanzende« Derwische aus Konya

Derwische während des ekstatischen Rituals der »Gotteserinnerung« (*dhikr*). Ölgemälde von F. Zanaro

schichte – meist aufgrund des Absolutheitsanspruches ihrer Führer – phasenweise große politische Bedeutung: beispielsweise im Kampf gegen Kolonisatoren wie etwa die Sanûsîya in Libyen (s. S. 154ff.) oder die Naqschbandîya entlang der Südgrenze Rußlands. Manche sind aber auch heute als Wegbereiter für eine Re-Islamisierung ihrer Länder aktiv – alles Gründe, weshalb Mitglieder mystischer Orden vielerorts immer wieder unterdrückt und verfolgt wurden und werden.

Unbestritten ist, daß der Sufismus mit all seinen inzwischen unzähligen Verzweigungen auf die moderne Volksfrömmigkeit, die mit ihrer Heiligenverehrung und dem Amulettglauben, mit ihren Séancen, Festen, Prozessionen und teilweise recht bizarren, synkretistischen Kulten, in so gut wie allen islamischen Gesellschaften blüht, heute wie einst großen Einfluß ausübt. Im Westen hat der Sufismus in den letzten zwei Jahrzehnten – Hand in Hand mit der Esoterik-Bewegung – einen wachsenden Zuspruch erfahren.

Eine eindringliche Schilderung eines Suchers auf dem Pfad zu Gott gibt der persische Mystiker al-Hârith al-Muhâsibî (gest. 857):
Gott hat dem Sucher Selbstabtötung vorgeschrieben, um seine Seele zu trainieren. Die Menschen wissen nichts von dem hohen Rang eines Suchers, der mit seinem Herrn beschäftigt ist, der nur wenig von dieser Welt zu halten scheint, der demütig und furchtsam, voll Sorgen und weinend ist, ein sanftes Gemüt zeigt und sich weit entfernt von den Kindern dieser Welt hält, der Unterdrückung leidet und keine Rache sucht, der beraubt wird und keine Vergeltung verlangt. Er ist aufgelöst, staubig, schäbig, denkt kaum daran, was er trägt, verwundet, einsam, ein Fremdling – doch wenn der Unwissende das Herz des Suchenden sehen könnte und erblickte, wie Gott in ihm all das erfüllt hat, was Er an Gnade versprochen hat und was Er ihm im Austausch für das gibt, was er an Ruhm und Vergnügen der Welt aufgibt, dann würde er begehren, an dessen Stelle zu sein, und würde verstehen, daß eben dieser Gottsucher wahrhaft reich ist und schön anzusehen, daß er Liebliches kostet, froh und heiter ist; denn sein Wunsch ist erfüllt, und er hat das bekommen, was er von seinem Herrn gesucht hat.

Zitiert nach: A. Schimmel, ›Mystische Dimensionen des Islam‹, S. 88f.

Napoleons Chefzeichner Dominique Vivant Denon

1806
Franz II. legt in Wien als Reaktion auf Napoleons Erfolge die Kaiserkrone nieder. Ende des ›Heiligen Römischen Reiches Deutscher Nation‹
1818
Ganz Indien ist unter britischer Herrschaft
1821–1829
Griechischer Unabhängigkeitskrieg; Eingreifen Muhammad 'Alîs als Feldherr des Sultans
1834
Endgültige Aufhebung der Inquisition in Spanien
1839
Die Briten besetzen Aden sowie Kabul und Kandahar.
1853–1856
Krimkrieg
1854
Im Vatikan wird das Dogma der unbefleckten Empfängnis Mariä verkündigt.
1870
›Ex cathedra‹-Verkündigung des Dogmas von der Unfehlbarkeit des Papstes
1871
Wilhelm I. von Preußen wird erster Kaiser des zweiten Deutschen Reiches.
1877/78
Russisch-Türkischer Krieg

Ägypten – Napoleon und die britische Okkupation

Durch ihre Handelsaktivitäten waren die europäischen Mächte im Laufe des 17. und 18. Jh. immer intensiver mit der islamischen Welt Nordafrikas und der Levante in Kontakt gekommen und hatten dabei gelegentlich – im Libanon z. B., in der Ägäis oder entlang der maghrebinischen Küste – beträchtlichen Einfluß auf die örtlichen Machtverhältnisse genommen. Doch seine wirklich umfassende politische und wirtschaftliche »Offensive« gegen die muslimischen Völker startete das christliche Europa erst kurz vor 1800. Das diesbezügliche Initialereignis war die Ägyptische Expedition der Franzosen unter Führung Napoleons.

1778 hatten die Briten den Mamluken 'Alî Bey im Kampf gegen den osmanischen Sultan unterstützt, um sich die Route durch das Rote Meer nach Indien zu sichern. Zwanzig Jahre später schielte der korsische General in Paris begehrlich Richtung Subkontinent. Im Frühsommer 1798 tauchte er mit seiner Flotte vor der Küste des Nillandes auf, stürmte Alexandria, schlug am Fuß der Pyramiden das Heer der Mamluken und besetzte Kairo. Aber bereits wenige Tage später versenkten die Briten unter dem Kommando Admiral Nelsons in der Bucht von Abûqîr den kompletten feindlichen Schiffsverband und schnitten damit die französische Armee von ihrem Mutterland ab. Das militärische Abenteuer war zum Scheitern verurteilt. Napoleon unternahm zwar noch einen Feldzug nach Syrien, den jedoch die inzwischen mit Rußland und Großbritannien verbündeten Osmanen rasch beendeten. Schon 1799 kehrte er nach

Napoleon auf der Spitze der Cheops-Pyramide. Stich eines unbekannten Künstlers

Frankreich zurück. Zwei Jahre später unterlagen seine Landsleute, nachdem sie unter ihrem neuen Befehlshaber General Kléber noch einige Siege errungen hatten, einem britischen Expeditionskorps und mußten, nur 28 Monate nach ihrer Ankunft, das Land endgültig wieder verlassen.

Die exotischen Reize des Morgenlandes

Selbstverständlich hatte für Napoleon das Kräftemessen mit dem Erzfeind England im Vordergrund gestanden. Doch hatte er auf seinen mehr als 200 Transportschiffen nicht nur 2000 Kanonen und 32 300 Soldaten, sondern auch 175 Ingenieure und Gelehrte diverser Fachrichtungen, eine umfangreiche Bibliothek sowie technische und wissenschaftliche Geräte aller Art mitgebracht. Ganz im Geiste der Aufklärung gründete er bald nach seiner Ankunft ein ›Ägyptisches Institut‹, um »Natur, Industrie und Geschichte des Nillandes« und vor allem natürlich sein Erbe aus der Pharaonenzeit systematisch studieren zu lassen. Das Ergebnis des gigantischen Forschungsunternehmens: eine 24bändige ›Description de L'Egypte‹, gefüllt mit abertausenden minuziösen Zeichnungen, veröffentlicht zwischen 1809 und 1813. Bereits im 18. Jh. hatten die immer häufigeren Reisebeschreibungen aus dem Orient sowie die ersten Übersetzungen der arabischen Sammlung von ›Geschichten aus Tausendundeiner Nacht‹ die Neugier des Abendlandes am Morgenland geweckt. Doch es blieb dem Monumentalwerk der französischen Dokumentaristen vorbehalten, in Europa eine regelrechte Manie für alles Ägyptische, ja Orientalische überhaupt, auszulösen. Alabasterne Odalisken, die sich verführerisch zwischen plüschigen Polstern räkelten; adlergesichtige Beduinensöhne an Lagerfeuern im Wüstensand; unnahbare Sultane in Palästen von berauschendem Prunk, Derwische im Dialog mit Allah, Kamel-, Parfum- und Teppichhändler in den mittelalterlichen Basa-

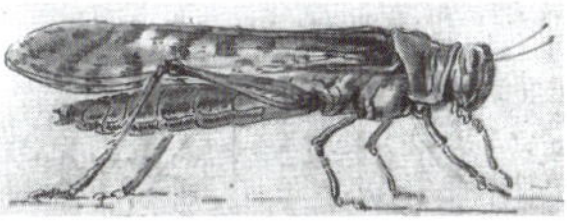

1889/1898
Der Deutsche Kaiser Wilhelm II. stattet der Türkei zwei Besuche ab.

1894
Die Justizaffäre um den jüdischen Offizier Alfred Dreyfus spaltet die französische Gesellschaft.

1896
Theodor Herzl formuliert den ›Judenstaat‹, das geistige Fundament des Zionismus.

1908
Österreich annektiert Bosnien und die Herzegowina.

1917
Oktoberrevolution und Ende der Zarenherrschaft in Rußland

Aug. 1920
Friede von Sèvres; das Gebiet der Türkei wird auf Anatolien beschränkt.

Der Ägyptologe und Entzifferer der Hieroglyphen Jean Francois Champollion (1790–1832), portraitiert von Léon Cogniet, 1831. Öl auf Leinwand. Louvre, Paris

Arabische Wüstenheuschrecke, gezeichnet von Dominique Vivant Denon 1798/99 während der napoleonischen Expedition. British Museum, London

Alabasterfarbene Odalisken zählten im 19. Jh. zu den beliebtesten erotischen Projektionen europäischer Maler. Im Bild: ›Animierdame mit Wasserpfeife‹ von Jean-Léon Gérôme (1824–1904), Öl auf Leinwand, Privatsammlung

ren … Klischeegestalten wie diese bevölkerten in Paris und London, Berlin und Wien für Jahrzehnte die Vorstellungswelt vieler Dichter, Maler und Komponisten sowie ihres Publikums. Die Neigung zu Projektionen und romantischen Phantasien ging dabei oft Hand in Hand mit dem ehrlichen Verlangen nach Erkenntnis.

Ägyptens Modernisierung unter Muhammad ‘Alî

Bei den Ägyptern hatte die nähere Begegnung mit den Europäern zwiespältige Gefühle ausgelöst. Zum einen versuchten sie, sich den nichtmuslimischen Fremden entgegenzustemmen. Zum anderen bewunderten sie ihre wissenschaftlichen, militärischen und technischen Errungenschaften. Von der Fortschrittlichkeit der Eindringlinge war auch ein junger Offizier höchst angetan, der 1778 mit albanischen Truppen an den Nil gekommen war: Muhammad ‘Alî (1769–1849), Sohn eines makedonischen Tabakhändlers und späterer Begründer der Erbdynastie der Khediven. Er sollte zum Vater des modernen Ägypten werden. Von der »Hohen Pforte« als neuer Statthalter anerkannt, zwang er die englische Flotte zum Abzug, entledigte sich durch ein grausames Massaker auf einen Schlag aller 480 Mamluken-Beys, vertrieb die ›ketzerischen‹ Wahhabiten aus Mekka (s. u.), zog erfolgreich gegen die griechischen Nationalisten und eroberte den Sudan. Zunächst als treuer Statthalter des Sultans, später jedoch weitgehend eigenständig, verwandelte er Ägypten in einen straff organisierten Zentralstaat. Er reformierte Militär und Handel, Verkehr

Ein gängiges Motiv der orientalistischen Malerei war der »grausame« Araber. Im Bild: »Hinrichtung ohne Urteilsspruch unter den maurischen Königen von Granada«, von Henri Regnault (1843–1871), Öl auf Leinwand, 1870, Musée d’Orsay, Paris

und Verwaltung, schuf eine nationale Industrie und baute, von den Ideen der Saint-Simonisten aus Frankreich beeinflußt, das Bildungssystem aus. Zudem führte er den Baumwollanbau ein und ließ das Bewässerungssystem verbessern.

Muhammad ʻAlî, der Begründer des modernen Ägypten

Sein Sohn Sa'îd und sein Enkel Ismâʻîl setzten das Reformwerk fort, doch geriet Ägypten mehr und mehr in wirtschaftliche Abhängigkeit vom Ausland. Hauptgrund dafür war der Bau des Suez-Kanals. Wenige Jahre nach Eröffnung der epochalen Wasserstraße 1869 war der Staat Bankrott. Die Staatsfinanzen wurden britisch-französischer Kontrolle unterstellt. 1881 rebellierten die Ägypter gegen die daraus folgenden diskriminierenden Maßnahmen und erzwangen, angeführt von einem Oberst namens ʻUrâbî Pascha, die Einsetzung eines Parlaments und einer nationalistischen Regierung. Im Gegenzug bombardierten die Briten Alexandria, besetzten das Land und machten es, als 1914 die nominelle Oberhoheit des Osmanischen Reiches endete, zu ihrem Protektorat. Dieses wurde zwar aufgrund andauernder Unruhen und Streiks bereits acht Jahre später aufgelöst, doch Besatzung und Überwachung blieben bestehen. Seine tatsächliche Unabhängigkeit erlangte Ägypten erst nach der Absetzung König Farûqs durch die ›Freien Offiziere‹ (1952) und durch Gamal Abdel Nasser (s. S. 158ff.), der im Zuge der Suez-Krise (1956) alle früheren Verträge mit Großbritannien aufkündigte und den Suez-Kanal kurzerhand verstaatlichte.

Therapien für den ›Kranken Mann am Bosporus‹

Um dem ständig wachsenden politischen, militärischen und wirtschaftlichen Druck der Europäer auf ihr Reich zu begegnen, ergriffen die osmanischen Sultane schon in der ersten Hälfte des 19. Jh. tiefgreifende Maßnahmen zur Modernisierung. So entmachteten sie 1826 die traditionsreiche Elitetruppe der Janitscharen, die zu einer mächtigen, fortschrittsfeindlichen Körperschaft mit Erbrecht geworden war, und begannen mit Hilfe preußischer Offiziersausbildner eine moderne

Der Franzose Ferdinand de Lesseps, der in den Jahren 1859–1869 – nach Plänen des Österreichers Alois von Negrelli – den Bau des Suez-Kanals leitete

Armee aufzubauen (aus jener Zeit der Zusammenarbeit stammt übrigens das bis heute bestehende nahe Verhältnis zwischen Deutschen und Türken). Parallel wurde – unter anderem durch eine effektivere und regelmäßigere Steuererhebung, durch die Förderung des Eisenbahnbaus und weitflächige Einführung des Telegraphen – die Kontrolle des Zentralstaates über die Provinzen verstärkt. Schulen, die europäische Bildung und Sprachen vermittelten, wurden eingerichtet, und in der Hauptstadt entstand mit der Universität Istanbul die erste wirklich moderne Hochschule der islamischen Welt. Entscheidende Reformen in Richtung Säkularisierung betrafen auch die Verfassung und Rechtsprechung: Eines der ersten Edikte von Sultan Abdülmedschîd I., dessen Amtsantritt 1839 den Beginn der sogenannten *tanzîmât*-Periode (arab. *tanzîm,* »Neuordnung«) markiert, sicherte allen Untertanen, ungeachtet ihrer Religion oder Nationalität, Gleichberechtigung und volle Bürgerrechte. Damit verbunden war die Abschaffung der ›Kopfsteuer‹, aber auch die Verpflichtung zum Heeresdienst. Nach und nach wurde ein Großteil des Rechtssystems nach (kontinental-)europäischem Vorbild reformiert. Als besonders wichtig erwies sich hierbei die in den Jahren um 1870 verkündete *Medschelle*, eine Art Zivilgesetzbuch, das vor allem das Schuld- und Verfahrensrecht regelte und eine geschickte Verbindung mit den Hauptvorschriften und -prinzipien der *scharî'a* darstellte.

Das Grabmal Muhammad Ahmads in Khartum (Sudan), der sich 1881 zum göttlich erwählten Mahdî ausrief und die erst 1898 von den Briten besiegte Bewegung der Mahdisten begründete

Einen Schwenk zurück zu einer absolutistischen Herrschaft vollzog Sultan Abdülhamid II. (1876–1909). Er hob die kurz zuvor verabschiedete Verfassung samt dem darin vorgesehenen Zwei-Kammer-Parlament auf und regierte das Land mit Hilfe seiner allgegenwärtigen Geheimpolizei. In dieser Phase gewann die zuvor durch die Verwestlichung bereits entmachtete *'ulamâ'* (s. S. 78) erneut an Einfluß, zumal der Despot am Thron panislamischen Ideen huldigte. Der Widerstand gegen die Reaktion formierte sich unter den fast ausnahmslos europäisch orientierten Offizieren. Gemeinsam mit Studenten gründeten sie 1907 das ›Komitee für Einheit und Fortschritt‹, aus dem später die sogenannten Jungtürken hervorgingen – jene prowestliche Reformpartei, deren energischer Nationalismus die Geschicke der Türkei bis heute wesentlich mitbestimmt. Ihr gelang 1908 ein Putsch. Doch der Versuch, das Reich tiefgreifend zu modernisieren und seine Einheit zu retten, kam zu spät.

Sa'd Zaghlûl, der Führer der ägyptischen Nationalisten und Chef der Wafd-Partei, der 1918 seine Kampagne für den Abzug der Briten lancierte. Denkmal von Mahmud Muchtar auf dem Zaghlûl-Platz in Alexandria

Der 1856 fertiggestellte Dolmabahçe Palast am Ufer des Bosporus: Symbol für die osmanischen Reformen des 19. Jh, löste er doch den alten Topkapı Sarayı als deutlich »europäischerer« Sultanspalast ab.

Der Erste Weltkrieg im Nahen Osten

Während sich die innenpolitischen ideologischen Konflikte weiter zuspitzten, wurde die europäische Türkei in den Balkankriegen (1912/13) endgültig auf Konstantinopel und das östliche Thrakien reduziert. Bis dahin hatte der Vielvölkerstaat seit dem frühen 19. Jh. bereits nach und nach fast den gesamten Balkan in die Unabhängigkeit entlassen und ganz Nordafrika an europäische Kolonialmächte abtreten müssen. Bei Ausbruch des Ersten Weltkriegs, in den die mittlerweile antidemokratischen Jungtürken unter Führung Enver und Talat Beys als Verbündete Deutschlands eintraten, bestand das Kalifenreich bloß noch aus dem arabischen Asien, Anatolien, dem thrakischen Zipfel und einigen Inseln in der Ägäis.

Großbritannien hatte anfangs durchaus vorgehabt, die Einheit des Osmanischen Reiches zu wahren. Doch als sich dieses auf die Seite der Mittelmächte schlug, erklärte es ihm gemein-

Nationalistische Demonstration in Kairo (um 1920)

›Lawrence von Arabien‹, Archäologe, politischer Agent und Autor von »Die Sieben Säulen der Weisheit«, der berühmten literarischen Darstellung des arabischen Freiheitskampfes. Gemälde von Sir William Rothenstein

sam mit Rußland und Frankreich noch im Herbst 1914 den Krieg. Zu dieser Zeit träumte Scherif Husain, der Herrscher über Mekka, davon, aus den arabischen Besitzungen des »Kranken Mannes am Bosporus«, wie Europa das Regime des Sultans damals zu nennen pflegte, eine riesige Konföderation zu machen. Sein Plan: die Wiedergeburt einer Art abbasidischen Großreiches, über das als haschimitische Nachfolger des Propheten Mohammeds er und seine Söhne herrschen würden. Vom britischen Hochkommissar Henry McMahon erhielt er das Versprechen, als Lohn für eine Kriegsbeteiligung der Araber auf seiten der Entente-Mächte einen unabhängigen arabischen Staat zuerkannt zu bekommen, der vom Taurus-Gebirge bis zum Indischen Ozean, von der iranischen Grenze bis zum Mittelmeer reichen würde. Darauf vertrauend hißten im Juni 1916 'Alî und Faisal, zwei Söhne des Scherifen, vor Medina das rote Banner des Arabischen Aufstands. Unter der Führung eines jungen Archäologen namens Thomas Edward Lawrence, den der britische Secret Service seiner örtlichen Sprach- und Landeskenntnisse wegen auf die arabische Halbinsel gesandt hatte, um die dortigen Stämme zu einen, führten die Beduinen einen über zweijährigen Guerilla-Krieg gegen die Tür-

Scherif Husain von Mekka, 1916 (Fotograf unbekannt)

Kemal Atatürk, der ›Vater der Türken‹ (1881–1938), ist der Schöpfer der modernen Türkei. Mustafâ Kemâl Pascha, wie er mit bürgerlichem Namen hieß, nahm 1908/09 am Aufstand der Jungtürken teil und war im 1. Weltkrieg Armeeführer. 1922 zwang er, nachdem er zwei Jahre zuvor die 1. Große Nationalversammlung einberufen hatte, die Griechen zur Räumung Kleinasiens und beseitigte das Sultanat. 1923 wurde er Staatspräsident der neu geschaffenen türkischen Republik, die er durch radikale Reformen Richtung Westen orientierte. Er ersetzte die arabische durch die lateinische Schrift, versuchte, eine »echttürkische« Sprache ohne arabische und persische Einflüsse zu schaffen, verbot die Derwisch-Orden und schaffte 1924 das Kalifat ab. Weitere Neuerungen betrafen u.a. die Trennung von Staat und Kirche, die konstitutionelle Beschränkung seiner Machtmittel, die Einführung des Frauenwahlrechts sowie die Europäisierung der Kleidung und Bildung. Sein unter dem Begriff Kemalismus zusammengefaßtes Gedankengut bildet – allerdings zunehmend mit Einschränkungen – bis heute die ideelle Basis des türkischen Staates.

ken. In dessen Verlauf wurde nicht nur die Hedschasbahn (s. u.) unterbrochen und der strategisch eminent wichtige Hafen ʻAqaba eingenommen, sondern – im Herbst 1918 – auch Damaskus erobert, wo Prinz Faisal im Siegestaumel umgehend eine autonome arabische Regierung einsetzte. Was er nicht wußte: Schon im Mai 1916 hatten Briten und Franzosen im berühmt-berüchtigten Sykes-Picot-Abkommen festgelegt, wie sie, im Widerspruch zu früheren Zusagen an die Araber, die ehemals osmanischen Gebiete nach Kriegsende unter sich aufteilen würden. Und im November 1917 hatte der britische Außenminister Arthur Balfour den Zionisten in einer später nach ihm benannten Deklaration Hilfe bei der Errichtung einer nationalen Heimstatt für die Juden in Palästina zugesagt.

Als Frankreich 1920 in Folge der Vereinbarungen von Sèvres bzw. San Remo durch den soeben ins Leben gerufenen Völkerbund Syrien und den Libanon als Mandatsgebiete zugeteilt erhielt und daraufhin den kurz zuvor durch den Nationalkongreß in Damaskus zum König proklamierten Emir Faisal verjagte, fühlten sich die Araber übel betrogen. Ihre bisherigen Herren am Bosporus waren besiegt, deren Reich war auf einen rein türkischen Kernstaat geschrumpft. Doch sie sollten nunmehr unter dem Joch des europäischen Kolonialismus weiter darben müssen. Um die aufgebrachten Araber – und wohl auch ihr eigenes schlechtes Gewissen – zu beruhigen, überließen die Briten, denen der Völkerbund Mesopotamien, Palästina und Jordanien vermacht hatte, Husains Söhnen zwei Terri-

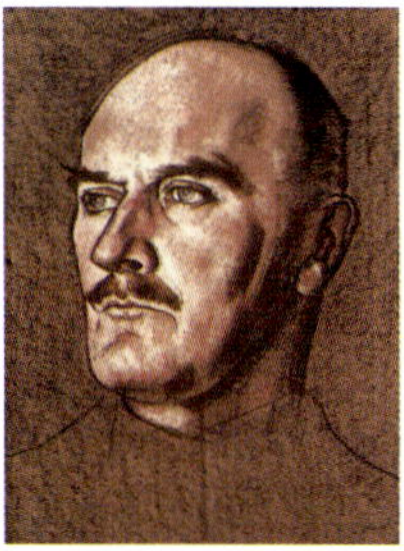

Feldmarschall Lord Edmund Allenby (1861–1936), dessen Namen nach 1967 ein berühmter Brückenübergang an der Grenze zwischen Israel und Jordanien trug, übernahm im Juni 1917 das Kommando der britischen ›Egyptian Expeditionary Force‹. Sie durchbrach unter seiner Führung im Herbst dieses Jahres bei Gaza die Abwehrlinien der Türken und eroberte Jerusalem. Eine weitere Offensive im Oktober 1918 führte zur Einnahme von Damaskus.

Die Hedschasbahn, eine Schmalspurbahn, die von Damaskus über Deraa, Amman und Maan bis in das 1300 km entfernte Medina führte, wurde 1901–1908 auf Geheiß Abdülhamid II. unter maßgeblicher Beteiligung deutscher Ingenieure erbaut. Der Sultan verband damit zwei Absichten: a) gegenüber dem türkischen Volk seine religiöse Gesinnung zu unterstreichen, indem er die Wallfahrt nach Mekka erleichterte, und b) die Westprovinz der Arabischen Halbinsel militärisch besser kontrollieren zu können. Als Nachschublinie für die osmanischen Truppen war der Schienenstrang im Ersten Weltkrieg heiß umkämpft. Im Bild: Historische Dampfloks aus der Bauzeit auf dem Areal des Bahnhofs von Qaddam in Damaskus

Der 'Alawiten-Sultan Mûlây Ismâ'îl (1672–1727)

torien zur Herrschaft. 'Abdullâh erhielt Transjordanien, Faisal den Irak. Somit waren zwar die Interessen der Europäer fürs Erste gewahrt, doch längerfristig befriedet war der Nahe Osten keineswegs.

Die Maghreb-Staaten

Im Maghreb (arab. *maghrib*, »Ort des Sonnenuntergangs«, d. h. Westen), den Ländern an der afrikanischen Küste des westlichen Mittelmeers, hatte sich schon früh eine sehr eigenständige islamische Kultur herausgebildet. Sie war stark von den Traditionen der berberischen Urbevölkerung und der hier praktizierten malikitischen Rechtsschule geprägt. Wesentlichen Einfluß, der die Geltung des Kalifats in dieser Region drastisch schmälerte, übten die sogenannten Marabuts – charismatische Männer, die insbesondere in ländlichen Gebieten von der Bevölkerung als Heilige verehrt wurden und werden. Aus ihrer Anhängerschaft gingen hierarchisch gegliederte Sufi-Bruderschaften hervor, deren Anführer kraft ihrer spirituellen Autorität vor allem im 18. Jh. große Teile des Maghreb politisch kontrollierten und mit der jeweiligen Zentralgewalt häufig in Konflikt standen.

Bereits im Laufe des 16. Jh. hatten die Osmanen nach und nach Algerien, Tunesien und Tripolitanien, das östliche Libyen, ihrem Reich einverleibt. Doch ihre Macht war alles andere als gefestigt. Über 300 Jahre lang rangen ihre Statthalter beziehungsweise die Janitscharen in der Region abwechselnd mit Korsaren, Berberstämmen aus dem Landesinneren und Konsuln europäischer Nationen um die faktische Vorherrschaft.

Der Wallfahrtsort Mûlây Idrîs nördlich von Meknes symbolisiert die traditionelle politische Unabhängigkeit Marokkos. Hier liegt Idrîs I. (gest. 791) begraben, der bis heute hochverehrte Begründer der ersten arabisch-eigenständigen Dynastie Nordwestafrikas – der Idrisiden (789–974).

Einen politischen Sonderweg beschritt Marokko, das sich über all diese Jahrhunderte seine Unabhängigkeit bewahren konnte. Dort hatte sich im Zuge der erwähnten Marabut-Bewegung, ausgelöst durch die Wiederentdeckung des Grabes von Mûlây Idrîs, dem Gründer des ersten marokkani-

Zeugnis einer vergleichsweise kurzen Fremdherrschaft: die Zisterne von al-Dschadîda, erbaut von den Portugiesen, die sich Anfang des 15. Jh. vorübergehend an der marokkanischen Atlantikküste festsetzten.

schen Reiches (gest. 791), die Verehrung der direkten Prophetenabkömmlinge (arab. sing. *scharîf*) stark ausgebreitet. Vor diesem geistigen Hintergrund hatte zu Beginn des 16. Jh. die Scherifen-Familie der Sa'diden von einem Tal südlich des Atlas aus zunächst die Kontrolle über die lukrativen Gold- und Sklavenhandelswege nach Westafrika und wenig später über das gesamte Land erlangt. Sie vertrieben die Portugiesen von ihren Stützpunkten an der Küste (Dreikönigsschlacht, 1578) und eroberten in Westafrika das islamische Reich der Songhai mit den Zentren Timbuktu und Gao am Niger. Vor allem aber vereitelten sie den Versuch Konstantinopels, seine Macht auf Marokko auszudehnen. Auch die Scherifen-Dynastie der Alawiten, die Mitte des 17. Jh. die Sa'diden ablöste (und bis heute den König stellt), setzte den erbitterten und erfolgreichen Widerstand gegen die Osmanen fort. Einen legendären Abschnitt dieses Kampfes stellt die Regentschaft von Mûlây Ismâ'îl (1672–1727), dem Begründer der Stadt Meknes, dar.

Zu gewaltigen gesellschaftlichen Umwälzungen führte die in der ersten Hälfte des 19. Jh. im Maghreb einsetzende Kolonialherrschaft der Europäer: Durch die von den Besatzern importierten Gesetze wurde vielerorts die Gültigkeit der *scharî'a* und damit auch der Einfluß der Rechtsgelehrten stark eingeschränkt. Zugleich schwächten die ausländischen Behörden, indem sie alle Aspekte des islamisch–kultischen Leben streng überwachten, das Ansehen der einheimischen religiösen Würdenträger. Auch verlor die traditionelle Bildung an Bedeutung, da die Absolventen der islamischen Lehrstätten bei der Besetzung öffentlicher Ämter kaum noch Beachtung fanden. Im Gegenzug landeten die Europäer in den bestbezahlten Berufen und eigneten sich als Siedler das fruchtbarste Land an.

Besonders gravierend wirkte sich die Fremdherrschaft in **Algerien** aus: Dieses riesige Land hatten die Franzosen bereits 1830 mit der Absicht besetzt, es zu einem neuen Departement zu machen und als Korn-

Die glorreiche Schutzherrschaft: »Frankreich wird Marokko in reichem Maße Zivilisation, Reichtum und Frieden bringen«. Zeichnung aus ›Le Petit Journal‹ vom 19. November 1911

kammer für das europäische »Mutterland« zu nutzen. Zur militärischen Absicherung ihrer Eroberung gründeten sie 1831 die aus politischen Flüchtlingen, Deserteuren und Abenteurern rekrutierte Fremdenlegion. Wenig später schafften die Franzosen die Institution der frommen Stiftungen (arab. sing. *waqf*, im Maghreb *habûs* genannt) ab, um die entsprechenden Ländereien den eigenen Siedlern, den *colons*, übergeben zu können. Dadurch waren die Moscheen ihrer Einkunftsquellen beraubt und ihre Betreiber politisch gefügig gemacht, da die Kolonialverwaltung fortan die Kosten für den Betrieb übernahm.

Verständlicherweise stärkte eine solche Politik der massiven Einmischung bei der betroffenen Bevölkerung den Willen zum Widerstand und auch die islamische Identität. Zwischen 1832–1847 fochten die berberischen Kabylen, angeführt von Emir Abd el-Kader, einen erbitterten, jedoch erfolglosen Kampf gegen die Eindringlinge. Weitere nationale Aufstände folgten in den 60er und 70er Jahren – doch sie alle führten nur zu noch schärferer Repression. Kurz vor dem Zweiten Weltkrieg, in dem Algerien zum Sitz der französischen Widerstandsbewegung werden sollte, befanden sich über eine Million Franzosen im Land.

Anfang der 50er Jahre kam es unter Leitung der Nationalen Befreiungsfront (FLN) zum Aufstand, der 1962 nach einem achtjährigen, überaus blutigen Bürgerkrieg in die Unabhängigkeit mündete. Erster Präsident wurde Ahmed Ben Bella. Er und sein Nachfolger Oberst Houari Boumedienne (ab 1965 nach einem Staatsstreich) verwandelten Algerien in einen strikt antiimperialistischen, planwirtschaftlich geführten und mit Hilfe der hohen Einnahmen aus dem üppig sprudelnden Erdöl stark industrialisierten Staat.

Ein vergleichsweise sanfterer Weg war **Tunesien** vergönnt: Von 1574 an unter der Herrschaft von türkischen Beys, die – freilich eher theoretisch – dem osmanischen Sultan unterstanden, wurde es 1881 französisches Protektorat. 1908 bildeten sich, inspiriert durch das Vorgehen der Jungtürken, erste nationalistische

Ein Mützenverkäufer im Basar von Tunis. Zu Zeiten des tunesischen Unabhängigkeitskampfes war die *schâschîya*, die traditionelle Kopfbedeckung aus rotem Filz, Symbol für den Widerstand gegen die französischen Besatzer.

Widerstandsgruppen, die sich 1920 zur Destur-Partei zusammenschlossen. Kurz vor Ausbruch des Zweiten Weltkriegs gründete Habib Bourguiba die ebenfalls einem säkularistischen Programm verpflichtete, jedoch deutlich radikalere Neo-Destur, als deren Chef er bis 1957 die Unabhängigkeit Tunesiens als Republik erkämpfte. Nach einem Jahrzehnt weiterer Auseinandersetzungen mit der einstigen Kolonialmacht – Tunis beherbergte eine Zeitlang die algerische Exilregierung – orientierte sich Tunesien zunehmend am Westen. 1979–1990 war die Hauptstadt des bis heute als politisch gemäßigt geltenden Landes Sitz der Arabischen Liga (s. S. 160).

Mohammed Abd el-Krim, der legendäre Anführer der Rif-Kabylen in ihrem Aufstand gegen die spanische und französische Protektoratsmacht (1921–1926) und Begründer der 1923 als unabhängiger Staat proklamierten, allerdings nur sehr kurzlebigen ›Rif-Republik‹. Im Bild: bei seiner Gefangennahme im Jahr 1926

Marokko hatte seit dem 16. Jh., nachdem sich die Spanier an der Nordküste die beiden Hafenstädte Melilla und Ceuta angeeignet hatten, enge politische Beziehungen zu Frankreich gepflegt und war in der zweiten Hälfte des 19. Jh. im Zuge der Kolonisierung Algeriens zusehends unter dessen Einfluß geraten. In den Jahren nach 1900 forcierten die Franzosen die »friedliche Durchdringung« des Landes und machten es, trotz starker Einwände vor allem von seiten Deutschlands, 1912 zum Protektorat. Im selben Jahr wurde der Norden vertraglich Spanien zugesprochen, die Hafenstadt Tanger wurde internationales Gebiet. Nachdem beide Kolonialmächte den von dem legendären Freiheitskämpfer Muhammad Abd el-Krim angeführten Aufstand der Rif-Kabylen (1921–1926) nur mit größter Mühe und dem Einsatz von Kriegsschiffen, Panzern, Flugzeugen und Giftgas zu brechen vermochten, verstummte der Protest gegen ihre Politik nicht mehr. 1943 wurde, nachdem US-Präsident Roosevelt kurz zuvor, auf der Konferenz von Casablanca, den Marokkanern ihr Recht auf staatliche Selbstbestimmung zugesichert hatte, die *Istiqlâl-* (= »Unabhängig-

Marschall Hubert Lyautey war 1912–1925 der erste und wohl auch bedeutendste General der französischen Protektoratsverwaltung in Marokko. Er ordnete mit erstaunlicher Weitsicht an, daß die Altstädte des Landes mit all ihren Kunstdenkmälern baulich unangetastet bleiben und nur durch angrenzende Neustädte im europäischen Rasterstil ergänzt werden sollten.

Verklärende Erinnerung an eine Zeit, als Marokko französisch war

Die Helden der Freiheit: Ahmed Ben Bella samt seinem späteren Rivalen Houari Boumedienne (Algerien, Unabhängigkeit am 18. 3. 1962); Muhammad V. ben Jusuf (Marokko, 2. 3. bzw. 7. 4. 1956) und Habib Bourguiba (Tunesien, 20. 3. 1956)

keits«-)Partei gegründet. Anfang der 50er Jahre eskalierte der nationale Widerstand. Es kam zu Generalstreiks, zur Verhaftung Tausender Oppositioneller, zum offenen, sehr opferreichen Krieg. 1953 setzten die Franzosen auf Betreiben ihres engsten Kollaborateurs, dem im südlichen Atlas residierenden Berberfürsten El Glaoui, Muhammad V. als Sultan ab und schickten ihn nach Madagaskar ins Exil. Doch zwei Jahre später mußten sie ihm unter dem Druck der Bevölkerung die Rückkehr gestatten – sie wurde zum Triumphzug. Im Frühjahr 1956 erkannten Frankreich und Spanien die Unabhängigkeit des Landes an.

Zentralasien und Kaukasus

Wie die Franzosen und Briten im Westen und die Niederländer in ›Ostindien‹, dem heute indonesischen Archipel, so gewann im Laufe des 19. Jh. auch das zaristische Rußland die Herrschaft über sehr viele Muslime. Schon viel früher, nämlich zur Zeit Iwan des Schrecklichen (um 1550), hatte sich Moskau die an der unteren Wolga gelegenen Nachfolgestaaten des Reiches der Goldenen Horde – die tatarischen Chanate von Kasan und Astrachan – einverleibt und brutal russifiziert. Nun, in den Jahrzehnten nach 1800, drangen seine Truppen in den Kaukasus und in der Folge auch nach Zentralasien vor, bis sie schließlich an die Grenzen Irans, Afghanistans und Chinas stießen. Dabei wurden die Kasachen ebenso unterworfen wie die Turkmenen und Tadschiken und die Fergana-Senke in Usbekistan. Über die usbekischen Chanate von Chiwa und Buchara errichteten sie vorerst Protektorate, die erst nach 1917 dem Sowjetreich vollständig eingegliedert wurden.

Die islamischen Länder zwischen dem Kaspischen Meer und dem heute in der chinesischen Provinz Sinkiang gelegenen Tarim-Becken waren seit alters strikt der sunnitisch orthodoxen Lehre verpflichtet. Sie galten als Horte hoher Gelehrsamkeit. Buchara etwa, das mehr als 350 Jahre den mongolischen Schaibaniden (ca. 1240–1599) und danach bis 1785 den turkstämmigen Dschaniden (1599–1785) als Residenz diente, zählte der Überlieferung zufolge gegen Ende des 18. Jh. rund 30 000 Studenten. Noch heute zeugen dort und in den anderen großen Universitätsstädten wie Samarkand oder Chiwa erlesene Medresenbauten von jener intellektuellen Blüte. Eine zentrale Rolle im Geistesleben spielten auch die Sufi-Bruderschaften, allen voran die Orden der Naqschbandîya und der Qâdirîya. Sie waren ursprünglich entscheidend an der Bekehrung der Nomadenvölker in der Region beteiligt gewesen und leisteten nun jahrzehntelang erbitterten Widerstand gegen die Kolonisatoren aus dem Norden. Doch weit schlimmer noch sollte es den Muslimen nach der Oktoberrevolution als Untertanen des Sowjetregimes ergehen.

Der von drei prachtvollen Medresen umstandene Registanplatz in Samarkand, das im 14. Jh. von Timur und seinen Nachfolgern prachtvoll ausgebaut wurde. Solche und ähnliche Bauten zeugen nicht nur von der regen Bautätigkeit dieser und späterer Herrscher, sondern dienten gleichermaßen zahlreichen Studentengenerationen als Lernstätten.

Ende des Jahres 1917 hatten Lenin und Stalin noch eine »Botschaft an alle werktätigen Muslime in Rußland und im Orient« veröffentlichen lassen, in der sie ihnen die freie und ungehinderte Entfaltung ihrer nationalen und kulturellen Institutionen, ihrer Bräuche und ihres Glaubens zusicherten. Das Ḳalkül: Im 19. Jh. hatten tatarische Denker wie Schihâb Mardschânî und Ismail Gasprinski unter dem Begriff des Dschadidismus (arab.: *dschadîd* für ›neu‹) erfolgreich den Anstoß zu einer islamischen Erneuerung gegeben. Sie hatten den Koran mit der modernen Wissenschaft für vereinbar erklärt und weitgehende soziale und wirtschaftliche Reformen eingefordert. Solche leidenschaftlichen Gegner des Zaren konnten für die bolschewistische Bewegung von Nutzen sein. Doch bereits um 1925 schwor die kommunistische Staatsmacht dem Prinzip der Koexistenz mit dem Islam ab und ging

Der Emir von Buchara, um 1885.
Fotograf: Hordet

Gefangene in Ketten, Buchara, um 1890

zum Frontalangriff über: In wenigen Jahren wurde praktisch die ganze muslimische Intelligenz verbannt oder umgebracht. Religionsunterricht an den Schulen, einschlägiges Schrifttum und die *scharî'a*-Gerichte wurden verboten, die frommen Stiftungen enteignet, die meisten höheren Lehrstätten geschlossen, Abertausende Moscheen geschleift und sämtliche religiösen Bräuche und Rituale strikt untersagt. Um der Entstehung panislamischer Bewegungen vorzubeugen, ließ Stalin Zentralasien in etliche Republiken zerteilen. In den 70er Jahren wurden – unter strikter Aufsicht des Staates – religiöse Aktivitäten und Organisationen wieder zugelassen. Doch erst kurz vor dem Zerfall der Sowjetunion (1991) entspannte sich die Lage einigermaßen. Seither erlebt die Religion in den muslimischen Gebieten der GUS eine bemerkenswerte Renaissance: Moscheen wurden im großen Stil wiedereröffnet, religiöse Zeitungen in großer Zahl neu gegründet. Die Sufi-Orden tauchten wieder aus der Versenkung auf. Der jahrzehntelangen Politik der Ausrottung zum Trotz erwies sich der Islam in den einzelnen Nachfolgestaaten als wirksamste Kraft zur Wiederbelebung einer nationalen Identität.

Pakistan und Bangladesch

Auch in Britisch-Indien hatten sich bereits im Laufe des 19. Jh. in der Bevölkerung Bestrebungen zur Unabhängigkeit bemerkbar gemacht. Unter der muslimischen Minderheit des Subkontinents war um 1900

Muhammad Ali Jinnah (genannt »Der große Führer«) – im Bild links von Lord Mountbatten, dem britischen Generalgourverneur und Vizekönig von Indien (am 15. August 1947, dem Tag der Gründung Pakistans) in Karatschi. Der Rechtsanwalt und langjährige Präsident der indisch-muslimischen Nationalbewegung (›All India Muslim League) war intellektuell weitgehend von Sir Muhammad Iqbal geprägt, jenem einflußreichen muslimisch-indischen Dichter, Philosophen und Politiker (1873– 1938), der den ehrgeizigen Versuch unternahm, die Grundsätze des Islam mit der Vorstellungswelt moderner westlicher Denker wie Nietzsche oder Bergson zu verknüpfen.

Ein Zug voller indischer Muslime auf dem Weg nach Pakistan (um 1950)

erstmals die Idee zur Gründung eines eigenen Staates entstanden. Ihre politische Interessenvertretung, die 1906 gegründete Muslim-Liga, formulierte 1940 in der ›Pakistan Resolution‹ die Forderung nach Schaffung eines souveränen, islamisch geprägten Staates dieses Namens. Dabei stützte sie sich auf die Theorie ihres Präsidenten Muhammad Ali Jinnah, daß Hindus und Muslime zwei Nationen formten. Bei den Endverhandlungen kurz nach dem Zweiten Weltkrieg setzte Jinnah gegen den Widerstand sowohl Großbritanniens als auch des von Nehru und Gandhi dominierten Indischen Nationalkongresses seinen Plan zur Spaltung durch. Am 15. August 1947 wurden Indien und Pakistan, das aus zwei 2000 km voneinander entfernten Territorien bestand, im Rahmen des Commonwealth als selbständige Dominien in die Unabhängigkeit entlassen. Grenzstreitigkeiten führten zwischen den neuen Nachbarn schnell zu Unruhen, bei denen über eine Million Menschen umkamen und etwa 8,4 Millionen zwischen beiden Seiten umgesiedelt wurden.

Durch die Geburt Pakistans hatte der Islam noch einmal seine Kraft zur Bildung einer politischen Gemeinschaft bewiesen. Doch der Plan seiner Gründerväter, die überwiegend von Muslimen besiedelten Gebiete zu einem homogenen Staatswesen zu verschmelzen, erwies sich als Wunschdenken. Obwohl sie stets betont hatten, daß es sich um einen säkularen Staat handeln sollte, in dem Religion Privatangelegenheit sein müsse, wurde die Innenpolitik von Anfang an durch die Gegensätze zwischen Orthodoxen und Liberalen, zwischen westlichem und östlichem Landesteil bestimmt. 1971 erkämpften sich die Bengalen im damaligen Ost-Pakistan in einem blutigen Sezessions-

Schon im 10. Jh. brachten arabische Händler den Islam ins Reich der Mitte. Heute leben rund 20 Millionen Muslime in China – das sind nicht einmal zwei Prozent der Gesamtbevölkerung.

krieg ihre Unabhängigkeit und riefen die Volksrepublik Bangladesch aus. Doch auch der verbliebene Rumpfstaat im Westen blieb von ethnischen Konflikten nicht verschont. Immer wieder drängen die Stämme der Belutschen im Südwesten und, weiter nördlich, die Pathanen gewaltsam auf Eigenständigkeit. Und in Sindh, der fruchtbaren Zentralprovinz, schwelt ein Dauerkonflikt zwischen der alteingesessenen Bevölkerung und den muslimischen Zuwanderern aus Indien. Bis heute ungelöst ist auch der Konflikt zwischen Pakistan und Indien um die mehrheitlich von Muslimen bevölkerte, von beiden Seiten beanspruchte und seit 1949 zweigeteilte Provinz Kaschmir. Er entlud sich bereits dreimal in Kriegen zwischen den zwei jungen Staaten und birgt, nicht zuletzt wegen des von beiden entwickelten Atomwaffenarsenals, den Zündstoff für künftige, in ihren dramatischen Folgen nicht absehbare Auseinandersetzungen.

Die Randgebiete in Asien und Afrika

Sowohl das westliche Afrika südlich der Sahara als auch die Ostküste des Kontinents waren erst im 10. Jh. mit dem Islam in Kontakt gekommen. Anders als im Maghreb, wohin der Glaube Mohammeds durch Heerscharen getragen worden war, fungierten hier friedliche Händler (deren Ware freilich auch Sklaven waren) und, in ihrem Gefolge, »Heilige Männer« als Überbringer. Das erste islamische Reich war Anfang des 14. Jh. unter Führung des für seinen Goldreichtum legendären Kankan Musa in Mali entstanden. In der Folge errichteten auch andere Völker wie die Songhai, die Kanem-Bornu und die Hausa islamische Reiche. Doch während deren Herrschergeschlechter und die Elite der Verwaltungsbeamten und Händler zu der neuen Religion übertraten, blieb die ländliche Mehrheit der

Bevölkerung weitgehend ihrem bisherigen »heidnischen« Glauben treu. Im 18. und 19. Jh. machten die sogenannten *dschihâd*-Bewegungen diesen als »Sudan-Staaten« bezeichneten Reichen ein Ende. Bahnbrechend war diesbezüglich der »Heilige Krieg« der Fulani unter Leitung des Reformators Osman Dan Fodio (1744–1817), der zur Gründung des mächtigen Kalifats von Sokoto führte. Etwa zeitgleich verstärkten auch große Sufi-Bruderschaften wie die Tidschânîya, Schâdhilîya und Qâdirîya ihren Einfluß auf Schwarzafrika. Indem sie Elemente älterer, afrikanisch-animistischer Glaubensvorstellungen nicht etwa bekämpften, sondern in ihre Lehre aufnahmen, ermöglichten sie die Herausbildung eines volkstümlichen Islam, in dem magische Praktiken, Heiligenverehrung sowie Geister- und Besessenheitskulte ihren Platz fanden.

In jüngerer Zeit gerieten die in religiösen Fragen traditionell toleranten Völker Schwarzafrikas verstärkt ins Visier von Kräften, die den dortigen Islam politisch zu instrumentalisieren trachten. Bereits in den 70er Jahren versuchte Libyens Präsident al-Gaddhafi durch seine mit Petrodollars finanzierte »Islamische Missionsgesellschaft« zusätzliche Schwarzafrikaner für Allah zu gewinnen. Weit größeren Erfolg brachten in den 80er Jahren die einschlägigen Aktivitäten Ajatollah Khomeinis und der Wahhabiten aus Saudi-Arabien: Parallel zu den christlichen Fundamentalisten aus den USA, die in Schwarzafrika regelrechte Bekehrungsfeldzüge organisierten, starteten die iranischen und saudischen Eiferer die Bewegung »Islam für Afrika – Afrika dem Islam«. Als ihr engster ideologischer Verbündeter

Erstaunliche Parallelen weisen die Figuren des javanischen *wajang*-Puppentheaters, das aus präislamischer Zeit stammt (links), und die Figuren des im Osmanischen Reich bis Anfang des 20. Jh. weitverbreiteten Schattentheaters Qaragöz auf (im Bild rechts: ein Protagonist aus der beliebten Geschichte von Hadschiwad und Qaragöz).

Ein besonders eindrucksvolles Beispiel für die Lehmarchitektur des Sahel: die Moschee von Djenné (Mali)

beim Export der religiösen Revolution erwies sich das radikal-islamische Regime im Sudan. Das Ergebnis: Innerhalb des letzten Jahrzehnts ist allein in Westafrika die Zahl der Muslime um die Hälfte gewachsen.

Auch am anderen Ende der islamischen Welt, in Indonesien, wo heute mit 170 Millionen mehr Muslime leben, als in jeder anderen Nation, scheint die Ära der friedlichen Koexistenz von unterschiedlichen Kulturen bedroht. In das Reich der über 13 000 Inseln war der Islam, wie auch ins benachbarte Malaysia, im 13. und 14. Jh. gelangt, und zwar auf maritimen Wegen im Reisegepäck omanischer, persischer und indischer Kaufleute. Zwei Jahrhunderte später hatte, nicht zuletzt infolge des Niedergangs örtlicher buddhistischer Reiche, fast der gesamte Archipel den neuen Glauben aus dem Westen angenommen. Doch blieb die Region ein Schmelztiegel der Kulturen und Völker, in dem in Glaubensbelangen das Prinzip des Lebens und Lebenlassens galt. Selbst als Sukarno nach dem Zweiten Weltkrieg seinem soeben unabhängig gewordenen Indonesien einen proarabisch-islamischen Politkurs verschrieb, hielt er für den Vielvölkerstaat intern am Konzept der Toleranz und des multikulturellen Humanismus

Muslime in den Randgebieten*
Afrika: Niger: 80%, Tschad: 50%, Mali: 80%, Mauretanien: 99,6%, Senegal: 94,5%, Guinea: 95%, Nigeria: 45%, Kamerun: 22%, Äthiopien: 45%, Somalia: 99,8%, Tansania: 35%, Komoren: 99%, Mosambik: 25%, Südafrika: 1,2%
Asien: Indien: 11%, Bangladesch: 87%, Kasachstan: 50%, Rußland: 12%, China: 1,8%, Malaysia: 53%, Brunei: 67%, Philippinen: 4,6%, Indonesien: 86,9%

** Richtzahlen für Ende des 20. Jh. in Prozent der Gesamtbevölkerung*

fest – ein Konzept, das im Grunde noch heute verbindlich ist. Doch haben die stetig wachsenden sozialen Gegensätze und die ausufernde Korruption dazu geführt, daß von ausländischen Islamisten importierte Ideen zunehmend auf fruchtbaren Boden fallen und Feindseligkeiten zwischen den Ethnien zunehmen.

Die Wahhabiten und der saudische Staat

Neben den hauptsächlich anti-kolonialen Bewegungen entstanden im arabischen Raum als Reaktion auf die technische und militärische Überlegenheit Europas und die Dekadenz und Korruption im eigenen Lager auch etliche Lehren, die das Heil in der innerislamischen, sittlich-religiösen Erneuerung suchten. Eine der frühesten, radikalsten und politisch folgenreichsten Reformbewegungen dieser Art waren die Wahhabiten, deren Anhänger einen kompromißlosen Monotheismus und eine rigorose Sittenstrenge forderten und deren geistiges Erbe bis heute auf die gesamte islamische Welt großen Einfluß ausübt. Ihr Gründer Muhammad ibn ʻAbd al-Wahhâb (1703–1791), Sproß einer hanbalitischen Gelehrtenfamilie aus der zentralarabischen Landschaft Nadschd, propagierte unter den Beduinen der Halbinsel die Wiederherstellung einer Gesellschaft, wie sie im »Goldenen Zeitalter« des Ur-Islam existiert hatte. So wandte er sich strikt gegen jede Art von theologischer Neuerung (*bidʻa*), aber auch gegen alle Formen von Mystik und Aberglaube, etwa Grab- und Reliquienkulte oder die Verehrung von Heiligen. Das Verbot von Alkohol, Kaffee und Tabak zählte ebenso zu den unumstößlichen Dogmen wie die Ablehnung jeglicher metaphysischen Rechtfertigung von Macht oder äußeren, nicht in der Gesellschaft sozial verankerten Herrschaft. Andersgesinnte, auch Muslime, wurden von den *muwahhidun*, den »Einheitsbekennern«, wie die Wahhabiten sich selbst nennen, als Abtrünnige und Ketzer gebrandmarkt und im Rahmen ihres *dschihâd* (s. S. 39) verfolgt.

Politisch bedeutsam wurde die Sekte durch ein Bündnis, das al-Wahhâb Mitte des 18. Jh. mit Muham-

Wahhabiten, wie sie im 19. Jh. von einem Europäer gesehen wurden

Die Flagge Saudi-Arabiens (seit 1946) mit der Schahada – »Ich bezeuge, daß es keinen Gott außer Allâh gibt und Mohammed sein Gesandter ist«.

mad ibn Sa'ûd, dem Herrscher über ein kleines Gebiet im Herzen Arabiens, einging. In dem dadurch entstandenen ersten saudischen Staat (1744/45–1818), der zeitweilig bis in den Jemen, den Irak, den Oman und nach Syrien reichte, sorgte das Fürstenhaus für den politischen und militärischen Schutz der Gemeinde. Die puritanisch gesinnten Theologen waren für soziale und kulturelle Belange zuständig. Als jedoch die *ichwân*, die beduinischen Glaubenskrieger der Wahhabiten, kurz nach 1800 das schiitische Heiligtum von Kerbelâ brandschatzten und Mekka und Medina einnahmen, wurden die Aufständischen von Truppen des ägyptischen Vizekönigs Muhammad 'Alî auf Befehl Konstantinopels, das nominell über die heiligen Stätten wachte, zerrieben. Bald darauf entstand, erneut mit wahhabitischer Hilfe, ein zweiter saudischer Staat. Doch 1891 mußte die Herrscherfamilie vor Muhammad ibn Raschîd vom Stamm der Schammar ins Exil nach Kuwait flüchten. Zehn Jahre später gelang 'Abd al-Azîz alias »Ibn Sa'ûd« die von Legenden umwobene Rückeroberung der alten Hauptstadt Riyâd. Damit war der Grundstein für das spätere Königreich Saudi-Arabien gelegt, in dem die Dogmen der Wahhâbîya – allerdings teilweise in deutlich gemilderter, den Erfordernissen der Moderne angepaßter Form – bis heute als semioffizielle Staatsdoktrin Geltung haben.

Der saudische König Fahd

Sanûsîya und Ahmadîya

Ein weiteres Zentrum islamischer Reformbemühungen war die ostlibysche Cyrenaika, wo seit den 40er Jahren des 19. Jh. der anfangs stark europäer- und christenfeindliche Sanûsî-Orden eine weitreichende Lehr- und Missionstätigkeit entfaltete. Sein Gründer, der aus Algerien stammende Theologe Sîdî Muhammad ibn 'Alî as -Sanûsî (um 1791–1859), hatte den entlegenen und unterentwickelten Küstenstrich zur Wirkstätte gewählt, um seine vom Wahhabismus geprägten Vorstellungen einer sittlich geläuterten Gesellschaft möglichst ungestört, das heißt fernab jeder Zentralgewalt, in die Tat umsetzen zu können. In seiner Blütezeit kurz vor 1900 unterhielt der Orden, vorwiegend in Libyen, weit über 100 religiöse Niederlassungen (arab. sing. *zâwiya*). Seine Mitglieder leisteten wertvolle zivilisatorische Arbeit, indem sie zahlreiche Schulen eröffneten und der ansässigen Bevölkerung auf dem Gebiet von Handwerk, Handel und Landwirtschaft bis dahin unbekannte Techniken nahebrachten. Doch bereits vor der Jahrhundertwende war der Orden im Zuge seiner Expansion in eine militärische Konfrontation mit Frankreich geraten. Als Italien 1911 Tripoli und in der Folge auch die Cyrenaika eroberte, sah sich die Sanûsîya mit einem zweiten Gegner konfrontiert. Vom osmanischen Sultan de facto in die Unabhängigkeit entlassen, führte sie unter Idrîs as-Sanûsî, dem Enkel des Ordensgründers, den Kampf gegen die Kolonialisten an. Dieser ging nach der endgültigen Niederlage gegen Mussolinis Armee ins Exil, kehrte aber 1951 in das nunmehr unabhängige Libyen zurück, um als König Idrîs I. jenen Thron zu besteigen, von dem ihn

Die beiden wichtigsten von Ägypten aus tätigen Reformer des 19. Jh. waren Dschamâl ad-Dîn Afghânî (1839–1896) und dessen Schüler Muhammad Abduh (1849–1905). Beide bemühten sich um eine Versöhnung von Religion und Wissenschaft. Al-Afghânî, ein weitgereister, politisch extrem wendiger Geist, forderte, den Westen als Vorbild zu betrachten, »dem man nacheifern muß, um neue Stärke zu erlangen«. Er beeinflußte das Denken der Gläubigen in Zentralasien, der Türkei und Indien und gab direkte Anstöße sowohl zum 'Urâbî-Aufstand in Ägypten (1881) als auch zur iranischen Verfassungsrevolution (1905–1906). 'Abduh, der als Rektor die altehrwürdige Azhar-Universität zu einem Zentrum der sogenannten Modernisten machte, stellte die zwar normgerechte, aber individuelle Deutung der *scharî'a* (s. S. 41ff.) auf Basis der Vernunft und der freien Entscheidung in den Vordergrund. Dadurch sollten Muslime moderne Erkenntnisse und Technologie als Teil der Offenbarung anerkennen können. Im Bild: Scheich 'Abduh im Kreis von Freunden (Beirut, 1885)

'Umar al-Muchtâr, der »Löwe der Wüste«. Der zu Hollywood-Ehren gelangte Held ist eine historische Figur – ein Anhänger des Sanûsî-Ordens, der einen Guerillakrieg gegen die Italiener organisierte und führte. Er wurde 1931 verhaftet und hingerichtet.

18 Jahre später ein gewisser Oberst Muammar al-Gaddhafi (s. S. 160) in einem Staatsstreich stürzen sollte.

Im Indien des späten 19. Jh. entstand eine in sunnitischen Traditionen wurzelnde Glaubensgemeinschaft, die sich die friedliche Verbreitung des Islam zur obersten Aufgabe machte. Ihre über eine Million Mitglieder leben heute mehrheitlich auf dem indischen Subkontinent und in Indonesien. Ihre größten Erfolge hat sie in Westafrika, wo sie neben Missionsstationen verstärkt auch Krankenhäuser und Schulen errichtet. Ihr Gründer Mirzâ Ghulâm Ahmad (um 1839–1908) erklärte sich zur Inkarnation des Mahdî und zugleich des wiedergekehrten Jesu. Seiner Überzeugung nach wurde Christus vor dem Kreuzestod gerettet, wanderte nach Indien aus

Babismus: eine gegen Mitte des 19. Jh. von 'Alî Muhammad, genannt *bâb* (»die Pforte«), in Persien ins Leben gerufene religiöse Bewegung. 'Alî Muhammad erklärte sich in Schiras zum 12. verborgenen Imâm (s. S. 69ff.), dessen Wiederkunft den Schiiten prophezeit war. Ausgehend von einer mystischen Interpretation der *schî'a* erstrebte ihr Gründer soziale Reformen und eine Verbesserung der Stellung der Frau. Er wurde 1850 im Zuge von Revolten in Täbris erschossen, seine Anhängerschaft ermordet bzw. ins Exil getrieben.
Bahâ'î: eine aus dem Babismus hervorgegangene, von dem Perser Mîrzâ Husain 'Alî (1817–1892), genannt Bahâ' ullâh (»Glanz Gottes«), begründete Glaubensgemeinschaft, die sich als wissenschaftlich begründete Synthese und Überhöhung aller bestehenden Religionen versteht. Zu ihren humanitär-aufklärerischen Zielen zählen: allgemeiner Friede, Förderung der Erziehung für jedermann, Ausbreitung einer Weltsprache und Gründung eines zwischenstaatlichen Gerichtshofes. Mehrehe und Alkohol sind verboten. Scheidungen und Tabakgenuß werden ebenso abgelehnt wie Dogmen und gottesdienstliche Rituale. Zentrale Bedeutung hat das Laienapostolat. An jedem Monatsersten – das Jahr hat 19 Monate zu je 19 Tagen – versammeln sich die Gläubigen zur Lektüre u. a. des Korans und der Bibel. Im Iran werden die Bahâ'î, deren Dachorganisation im israelischen Haifa sitzt, als von der Schî'a Abgefallene verfolgt.

und starb dort im hohen Alter eines natürlichen Todes. Sein Grab soll sich in Srinagar (Kaschmir) befinden. Ahmads Anhängerschaft spaltet sich in zwei Fraktionen – die Kadschanis und Lahoris: Die einen halten ihn lediglich für einen Erneuerer des Islam, die anderen für einen Propheten.

Erlangung der Unabhängigkeit in der muslimischen Staatenwelt

Syriens übermächtiger Präsident Hafiz al-Assad (geb. 1928) an einer Hauswand im Zentrum von Damaskus

31. 5. 1932
Erster Erdölfund in der Arabischen Welt durch die Bahrain Petroleum Company
1933
Machtergreifung Hitlers in Deutschland
Mai 1933
Der saudische König vergibt die erste Bohrkonzession an die amerikanische ›Standard Oil‹
15. 5. 1948
Das britische Mandat über Palästina erlischt. Am selben Tag Ausrufung des unabhängigen Staates Israel
1949
Mao proklamiert die Volksrepublik China.
1950
Beginn des Korea-Kriegs (bis 1953)
1956
Blutige Niederschlagung des Volksaufstands in Ungarn durch Truppen des Warschauer Pakts
1957
Gründung der Europäischen Wirtschaftsgemeinschaft (EWG)
Nov. 1963
Ermordung des US-Präsidenten John F. Kennedy
1968
Prager Frühling
1969
Pop-Festival in Woodstock; am 21. Juni betreten die ersten Menschen den Mond (Apollo11).

Panarabismus: Baath und Nasser

Die doppelbödige Politik der Westmächte und die verstärkte jüdische Besiedelung Palästinas gaben in den Kernländern des Vorderen Orients nach dem Ersten Weltkrieg dem arabischen Nationalismus neue Nahrung. Reformer wie Afghânî und ʿAbduh (s. S. 155) hatten aufgezeigt, daß sich der Islam durchaus mit modernen europäischen Vorstellungen vereinbaren ließ. Auf dieser Grundlage entwickelten weitgehend weltlich geprägte Ideologen und Politiker in den 40er und 50er Jahren verschiedenerlei Konzepte für die Bildung arabischer Staatswesen.

Michel ʿAflaq aus Syrien z. B. gründete gemeinsam mit seinem Freund Salâh ad-Dîn Baytar 1943 eine ›Partei der Wiedergeburt‹ (Baath, eigentl. arab. *baʿth*), die nationalistisches mit panarabischem und sozialistischem Gedankengut verschmolz. Das Fundament ihrer Ideologie bildete die bereits um die Jahrhundertwende von Autoren wie Raschid Rida und Abd al-Rahman al-Kawakibi formulierte Überzeugung von der »ewigen Sendung des Arabertums«. Statt der urislamischen Idee von der *umma* (s. S. 18) als Gemeinschaft aller Muslime standen die gemeinsame Sprache, Geschichte und Kultur der Araber im Vordergrund. Die vorhandenen – nicht zuletzt religiösen – Unterschiede wurden geflissentlich ignoriert. Das ›Internationale Kommando‹ der Baath wurde Mitte der 60er Jahre mitsamt ihrem Generalsekretär ʿAflaq gestürzt. Kurz darauf waren in Syrien und im Irak zwei einander feindlich gesinnte nationale Flügel entstanden. In beiden Ländern sitzt die nunmehr als Neo-Baath bezeichnete Partei, repräsentiert durch die Präsidenten Hafiz al-Assad (seit 1971) und Saddam Hussein (seit 1979), bis heute an den Hebeln der Macht.

Einem ›islamischen Sozialismus‹ verpflichtet war der Ägypter Gamal Abd an-Nasser. Er, der 1952 als

Die Eröffnung des Suez-Kanals (1869). Gemälde im Strand Hotel in Port Said

Offizier am Sturz König Farûqs beteiligt war, hatte schon zwei Jahre später General Nagib, eine bloße Galionsfigur, im Amt des Staatspräsidenten beerbt. 1956 nationalisierte er als Reaktion auf die Weigerung der Westmächte, den für das Nilland lebenswichtigen Assuan-Staudamm zu finanzieren, den Suezkanal. Als er in der darauffolgenden politisch-militärischen Kraftprobe sowohl Großbritannien und Frankreich als auch Israel die Stirn bot, stieg er – vor allem auch dank seiner charismatischen Persönlichkeit – nicht nur zum *ra'îs* (arab. für »Führer«) und unumstrittenen Star unter den arabischen Staatenlenkern, sondern auch zu einer Leitfigur innerhalb der weltweiten Bewegung der blockfreien Staaten auf. Daß er bei den Sowjets Waffen- und Wirtschaftshilfe suchte und fand, machte ihn zum Schreckgespenst aller westlichen Staatskanzleien und konservativen Königshäuser im Nahen Osten. Erst 1967, nach der Niederlage der Araber im Sechstagekrieg, begann sein Stern zu sinken.

Einen Sonderweg beschritt in Libyen Oberst Muammar al-Ghaddafi (s. S. 160) , indem er die Prinzipien eines ›arabischen Sozialismus‹, wie er gegenwärtig auch im benachbarten Algerien noch als Staatsdoktrin gilt, mit einer radikalen Rückbesinnung auf die fundamentalen Werte einer islamischen Gesellschaft verknüpfte. Doch Ghaddafis diverse Versuche, seine Volksrepublik mit anderen Staaten Nordafrikas in einer Union zu vereinen, waren ebenso zum Scheitern verurteilt wie jene

1972
Massaker arabischer Terroristen bei der XX. Olympiade in München; 2500-Jahr-Feier des persischen Kaiserreiches in Persepolis
1973
Ende des Vietnamkriegs (mit US-Beteiligung seit 1964)
1979
Unterzeichnung des SALT 2-Abrüstungsvertrages zwischen der UDSSR und den USA
1986
Supergau im sowjetischen Atomkraftwerk von Tschernobyl
1991
Zerfall der Sowjetunion
1991/92
Zerfall Jugoslawiens und Beginn des Bosnien-Krieges
1992
Bill Clinton löst George Bush als US-Präsident ab; Vertrag von Maastricht
1999
Einführung der gesamteuropäischen Währung, des Euro; im März Nato-Bombardements auf Serbien, dessen Armee Albaner aus dem Kosovo in großem Stil zur Flucht zwingt.

Ägyptens Präsident Gamal Abd an-Nasser (Regierungszeit: 1954–1970) während der Suez-Krise bei seiner Fahrt durch Port Said

›Vereinigte Arabische Republik‹, zu der sich auf Betreiben Nassers Ägypten und Syrien drei Jahre lang (1958–1961) zusammenschlossen.

Geblieben ist von den verschiedenen Anstrengungen um die Einheit der arabischen Welt im wesentlichen nur die 1945 gegründete ›Arabische Liga‹. Sie umfaßt heute 22 Mitgliedsstaaten und bemüht sich unter anderem um einen gemeinsamen Markt und den panarabischen Kulturaustausch. Als zweite bedeutende islamische Organisation, die international, wenngleich nicht auf staatlicher Grundlage agiert, ist die ›Islamische Weltliga‹ zu nennen. Im Jahre 1962 gegründet und als Beobachter bei den Vereinten Nationen zugelassen, widmet sie sich vorrangig der Unterstützung der Palästinenser und diverser islamischer Minderheiten und Widerstandsgruppen sowie der Mission in Europa und den USA.

Erdöl als politischer Faktor

Viel bedrohlicher als durch ideologische Konzepte von einer geeinten arabischen Nation erschienen die Muslime des Nahen und Mittleren Ostens den westlichen Industriestaaten in den jüngsten Jahrzehnten durch ihre Kontrolle der Erdölvorkommen. Bereits 1912 war in Persien mit der kommerziellen Förderung begonnen

Muammar al-Gaddhafi als Briefmarkenmotiv. Der 1942 geborene Libyer hatte nach dem Vorbild Nassers eine Bewegung der ›freien Offiziere‹ gegründet, die 1969 König Idrîs stürzte und die Republik ausrief. Seither sitzt er dem ›Revolutionären Kommandorat‹ vor und hat auch den Oberbefehl über die Armee inne. Durch eine soziale und kulturelle Revolution, deren Ideologie er in seinem ›Grünen Buch‹ beschrieb, gestaltete er sein Land auf der Basis islamischer Grundsätze um. Außenpolitisch verfolgte er als radikaler Gegner Israels stets einen nationalistisch-panarabischen Kurs. Mit den Einkünften aus dem Erdöl unterstützt er in aller Welt Widerstandsgruppen und Befreiungsbewegungen.

worden. Im Irak sprudelte das Schwarze Gold seit den frühen 30er Jahren aus dem Boden, in Saudi-Arabien seit 1939, in Kuwait seit 1945 und in Algerien und Libyen seit Mitte der 50er Jahre. Prospektion und Förderung, Transport und Verarbeitung lagen von Anbeginn, je nach Region, in den Händen amerikanischer, britischer, holländischer und französischer, jedenfalls aber westlicher Konzerne. Doch nach und nach regte sich gegen diese Ausbeutung in den Förderländern Widerstand. Einen diesbezüglich wegweisenden Akt stellte die 1951 im Iran von Ministerpräsident Mossadegh initiierte Verstaatlichung der britischen Anglo-Iranian Oil Company dar. 1960, als bereits rund ein Viertel des weltweiten Verbrauchs mit Öl aus der Golfregion und Nordafrika gedeckt wurde, kam es, um die Förder- und Preispolitik besser zu koordinieren, zur Gründung der OPEC, der ›Organisation Erdöl exportierender Länder‹. Den spektakulärsten Beweis für die Abhängigkeit des Westens, der zu jener Zeit 40% des kostbaren Rohstoffs aus dem Nahen und Mittleren Osten bezog, erbrachten die Araber im Jahr 1973, als sie in Folge des Jom-Kippur-Krieges gegen Israel (s. u.) einen Großteil der Lieferungen kurzerhand einstellten und sich der Ölpreis binnen Wochen nahezu vervierfachte. Einen zweiten dramatischen Höhenflug erlebte der Barrelpreis 1978, als der Ölfluß aus dem Iran aufgrund der dortigen politischen Turbulenzen (s. u.) für etliche Monate fast völlig versiegte. Auch dem kurzen, aber immens teuren und politisch folgenreichen Krieg, den eine internationale Allianz unter Führung der USA 1991 gegen Saddam Husseins Armee führte, lag im Kern die Frage der Erdölressourcen zugrunde. Denn wäre Kuwait dauerhaft ein Teil des Irak geworden, hätte Bagdad über rund ein Fünftel der Weltreserven verfügt.

Im Laufe der 90er Jahre hat die politische Bedeutung des Erdöls aus dem islamischen Raum merklich abgenommen – zum einen, weil aufgrund von Überproduk-

Scheich Zayid bin Sultan, der spätere Emir von Abu Dhabi und Präsident der Vereinigten Arabischen Emirate, in seiner Jugend bei einer der traditionellen Lieblingsbeschäftigungen der Golfaraber.

Die Skyline von Abu Dhabi. Die hypermoderne Hauptstadt von Abu Dhabi zählte Mitte der 60er Jahre gerade 10 000 Einwohner.

Eine Karikatur aus den frühen 70er Jahren, als die arabische Welt dem Westen einen ›Öl-Schock‹ versetzte

tion einzelner OPEC-Staaten der Preis in nie gekannte Tiefen absackte; zum anderen, weil Staaten wie etwa Norwegen und Großbritannien, die der Organisation nicht angehören, ihre Fördermenge stark steigern konnten. Der Anteil der Arabischen Länder und des Iran an den derzeit bekannten globalen Ölvorräten beträgt dennoch nach wie vor über 65%. Ihr Einfluß auf die Weltwirtschaft und Weltpolitik scheint demnach für zumindest ein bis zwei Generationen ungefährdet.

Re-Islamisierung und Fundamentalismus

Panarabismus und Nationalismus wurden bereits Anfang der 70er Jahre zusehends durch Bewegungen in den Hintergrund gedrängt, die in der Rückbesinnung auf den Islam die Lösung der sich vielerorts unaufhaltsam verschärfenden sozialen, wirtschaftlichen und kulturellen Probleme sahen und eine solche forderten beziehungsweise betrieben. Verstärkt wurde diese Hinwendung zu den religiösen Wurzeln durch den Sieg der islamischen Revolution im Iran (1979) und zehn Jahre später durch den Zusammenbruch des Sozialismus sowjetischer Prägung, der linkes, säkulares Gedankengut auch in der islamischen Welt nachhaltig in Mißkredit brachte. Ideologisch bezogen und beziehen sich viele dieser im Westen gerne ein wenig undifferenziert mit dem aus der christlich-protestantischen Theologie stammenden Attribut »fundamentalistisch« versehenen Bewegungen auf die ›Muslim-Bruderschaft‹ (arab. *al-ichwân al-muslimûn*). Diese 1928 in Ägypten von dem Lehrer Hasan al-Bannâ' begründete Organisation bezog ihre Legitimation anfangs aus der Unzufriedenheit vieler Ägypter mit den Resultaten der nationalistischen Revolution von 1919. Sie richtete sich gegen die Hegemonie der Briten und ganz generell gegen eine Modernisierung des Landes nach westlichem Muster. Um die Vormacht europäischer Staaten über die Araber zu beenden, rief sie ihre Anhänger zum *dschihâd* (s. S. 39) auf. Ihre Hauptforderung galt der Wiederherstellung einer streng an Koran und Hadith orientierten islamischen Staats- und Sozialord-

Ein Selbstbedienungs-Bankschalter in Kuwait

nung. Vor allem das nach europäischen Vorbildern gestaltete neuzeitliche Rechtssystem müsse, so verlangten sie, durch die *scharî'a* ersetzt werden. Denn nur durch eine Rückkehr zu dem im Mittelalter ausgearbeiteten Normen- und Regelwerk oder – radikaler noch – zu den gesellschaftlichen Vorstellungen, die zur Zeit des Propheten in Medina herrschten, lasse sich das Ideal einer gerechten Gesellschaft verwirklichen. Folgerichtig entwickelten sie ein politisches, ökonomisches und soziales System, das vom richtigen Gruß und der Kleidung bis zur Erziehung und Jurisdiktion alle nur erdenklichen Bereiche umfaßte. Selbst die Frage nach der Stellung der Frau stellte man neu: Es wurde eine Parallelorganisation namens ›Muslimschwestern‹ ins Leben gerufen.

In den USA entstanden in den 30er Jahren die ›Black Muslim‹. Deren Ziel: die wirtschaftliche, soziale und politische Lage der Afroamerikaner nachhaltig zu verbessern. In den 50er Jahren nahm die Organisation unter Führung Elijah Muhammads (1897–1975) ein aggressiv-militantes Image an. Dieses verstärkte sich noch unter dem Einfluß von Malcolm Little (1925– 1965), der offen für eine separate Schwarze Nation innerhalb der USA focht. Malcolm X, wie Little sich nannte, konvertierte 1964 zum orthodoxen Islam. Ein Jahr später wurde er Opfer eines Attentats. Eine kaum minder aggressive Rhetorik und Politik der Abspaltung betreibt Louis Farrakhan, der sich in den 70ern von den Black Muslims abspaltete und eine eigene Bewegung gründete, die er ›American Muslim Mission‹ taufte.

In den Dreißiger und Vierziger Jahren waren die Muslimbrüder zu einer Massenbewegung aufgestiegen, die Zeitungen, Schulen, ja sogar Industrieunternehmen besaß und auch jenseits der Grenzen Ägyptens Fuß gefaßt hatte. Als sie allzu mächtig wurden, ließ Nasser sie 1954 verbieten, was sie allerdings nicht daran hinderte, in mehreren arabischen Staaten, allen voran in Ägypten und Syrien, bis heute eine wenn auch stark verfolgte und illegale, so doch einflußreiche Oppositionskraft zu bilden.

Die Prinzipien und Lehrmeinungen des Hasan al-Bannâ', zu denen nicht nur das Bemühen um Authentizität des Islam und Wiederherstellung der Umma, sondern auch die Betonung der Gleichheit aller Gläubigen und die Forderung nach karitativem Engagement jedes einzelnen zählten, wurden von jenen geistesverwandten Gruppierungen übernommen, die in den vergangenen zwei, drei Jahrzehnten in großer Zahl entstanden. Diese haben trotz ihrer in der politischen

Wo die meisten Muslime leben (in Mio.)

Indonesien	170
Pakistan	130
Indien	120
Bangladesch	104
Iran	64
Türkei	61
Ägypten	56
Nigeria	45
Marokko	28
Algerien	28
China	20
Sudan	20
Irak	19

Das Grab eines Märtyrers, wie es seit dem achtjährigen Krieg gegen den Irak auf iranischen Friedhöfen zu Hunderttausenden zu finden ist.

Praxis durchaus unterschiedlichen Zielsetzungen etliches gemein, z. B. die Tendenz, die eigenen Ansichten als die einzig gültigen hinzustellen. Oder die Mißbilligung der westlichen, als »amoralisch« empfundenen Lebensart und das Desinteresse an jeglichem Dialog, aber auch die strikte Ablehnung einer Trennung von Religion und Staat. Die derzeitigen arabischen Nationalstaaten, so ihre Überzeugung, seien größtenteils künstliche Gebilde, deren Grenzen von den Kolonialmächten willkürlich gezogen wurden. Den meisten ihrer Regierungen werfen sie Unrechtmäßigkeit vor, weil sie die herrschenden sozialen Mißstände nicht beheben. Das Spektrum der Methoden, derer sich diese Gruppen und Grüppchen bedienen, reicht von der demokratisch-friedlichen Verbreitung ihrer urislamischen Ideen bis zur skrupellosen, vorrangig machtpolitisch motivierten Militanz. Vielen von ihnen ist es auf lokaler Ebene durch den Aufbau und Erhalt sozialer Netze gelungen, die bedurftigen Bevölkerungsteile von der Ernsthaftigkeit ihrer Ansprüche zu überzeugen. Im westlichen Ausland hingegen erzielt regelmäßig jene zu hemmungsloser Gewalt bereite Minderheit die größte Aufmerksamkeit, die im Wissen um die zynischen Mechanismen der Medienwelt mit spektakulären, terroristischen Aktionen die leiseren Stimmen der gemäßigten, nach realistischen Lösungen der Probleme suchenden, großen Mehrheit der Muslime zu übertönen vermag.

Kemal Atatürk führt zwei westlich gekleidete Jugendliche an der Hand in die Zukunft. Denkmal an der Uferpromenade von Marmaris in der südwestlichen Türkei.

»Viele Theologen zwacken zu viel hitzig und hefftig allein das allerschendtlichst und ungeheurest aus dem Alkoran heraus. Was gut darin ist, das verschweigen sie.«
Martin Luther im Vorwort zum »Türkenbüchlein des Ungenannten Mühlbachers«, Anfang 16. Jh.

Aktuelle Entwicklungen und Krisenherde

Ein solcher Konflikt zwischen sogenannten Islamisten und einem säkularen Regime tobte in den letzten Jahren besonders blutig in **Algerien**. Auslöser dafür war das offizielle Verbot der von Abbassi Madani angeführten Islamischen Heilsfront (FIS), nachdem sie 1990 aus den Kommunal- und Regionalwahlen als Sieger hervorgegangen war. Der Kampf zwischen Armee und Terroristen hat, so wird geschätzt, bereits an die 100 000 Opfer gefordert.

Châlid al-Islambûlî, der Anführer der Mörder des ägyptischen Präsidenten Anwar as-Sadat, hält am Beginn seines Gerichtsverfahrens (1981) einen Koran empor.

Als gewaltbereit erwiesen sich auch jene Islamisten, die – verstärkt seit den frühen 90er Jahren – in **Ägypten** für die Errichtung eines Gottesstaates kämpfen. Auf ihr Konto gehen die Ermordung sowohl Präsident Sadats (1981) als auch etlicher westlicher Urlauber (durch deren Tod sie den verhaßten Staat indirekt der lebenswichtigen Devisen aus dem Tourismus berauben wollen). Ihr hartnäckiger, wenn gleich bis auf weiteres vermutlich erfolgloser Kampf gegen die Polizei, die Armee und auch die Minderheit der koptischen Christen hat in den letzten Jahren vor allem Mittelägypten phasenweise in eine Region am Rande des Bürgerkriegs verwandelt. Nicht minder ausdauernd ringen die Islamisten – unter wechselndem Parteinamen – in der **Türkei** mit den säkularen Kräften um die Macht, wobei die dortige Armee bisher höchst energisch das Vermächtnis Kemal Atatürks, das die strikte Trennung von Staat und Religion verlangt, bewahrt.

Einen eher nur vordergründig religiösen, in Wahrheit jedoch hauptsächlich von machtpolitischen und wirtschaftlichen Interessen bestimmten Bürgerkrieg hatte von 1975 bis 1991 der **Libanon** zu erleiden. In dem mörderischen Konflikt zwischen Muslimen, die bei Ausbruch ca. 60% der Bevölkerung stellten, und Christen (rund 40%) hatten immer wieder auch etliche andere Staaten der Region, allen voran Syrien und Israel, tatkräftig mitgemischt. Inzwischen kommen die Libanesen wieder einigermaßen miteinander zurecht und sind dabei, ihre verwüstete Heimat Schritt

Das völlig verwüstete Zentrum von Beirut während des 1975 ausgebrochenen Bürgerkriegs

Ein Symbol für die bestehende religiöse Ordnung und die Macht des Königs: die Große Moschee Hassan II. in Casablanca. Sie wurde 1993 eingeweiht und ist, nach jener in Mekka, das zweitgrößte Gotteshaus der muslimischen Welt.

um Schritt wiederaufzubauen. Noch kein Ende abzusehen ist hingegen in jenem Krieg, den seit vielen Jahren die streng islamische, arabisch dominierte Regierung des **Sudan** gegen den stark christlich geprägten, schwarzafrikanischen Süden des Landes führt. Und auch im ostafrikanischen **Somalia** ist die Gesellschaft durch interne Konflikte völlig zerrissen. Dort liegen die Ursachen allerdings vorrangig in den Rivalitäten zwischen diversen Clans, die allesamt muslimischen Glaubens sind.

Tief in die an blutigen Kontroversen besonders reiche Geschichte des Balkan reichen die Gründe für jene Kriege zwischen Serben, Kroaten und den Muslimen **Bosniens** beziehungsweise des **Kosovo** zurück, die das Gebiet des ehemaligen Jugoslawien seit dem Zerfall des Vielvölkerstaates (1991) erschüttern. Ungelöst ist auch der Konflikt um die ehemals spanische Provinz **Westsahara**, bei dem Marokko, das zwei Drittel des umstrittenen, an Phosphaten reichen Wüstengebiets besetzt hält, und die von Algerien unterstützte Befreiungsbewegung Frente Polisario einander seit gut einem Vierteljahrhundert unversöhnlich gegenüberstehen.

Der ›Grüne Marsch‹, bei dem König Hassan II. 1975 rund 350 000 unbewaffnete Landsleute nach Spanisch-Sahara einmarschieren ließ

Auf zwei Jahrzehnte unsäglicher Opfer blickt auch die Bevölkerung **Afghanistans** zurück: Als 1979 sowjetische Truppen in den entlegenen, strategisch jedoch bedeutsamen Gebirgsstaat einrückten, gingen die Afghanen (nahezu 100% Muslime) geschlossen in den bewaffneten Widerstand. Als die Sowjets zwölf Jahre später das mittlerweile verwüstete Land räumten, richteten die bisher im antikommunistischen Widerstand geeinten Glaubensbrüder ihre Waffen gegeneinander. Hauptrivalen in dem von vielfältigen Stammesfehden geprägten Konflikt sind die Paschtunen (rund 40%) und die Tadschiken (25%). Seit Mitte der 90er Jahre wird der überwiegende Teil des Landes von den Taliban regiert, einer in den Koranschulen der Flüchtlingslager in Pakistan entstandenen Bewegung islamistischer Eiferer, die das Land zwar einigermaßen »befrieden« konnte, es jedoch in einen ultra-konservativen Gottesstaat verwandelt hat.

Ayatollah Ruhollah Khomenei (1902–1989), lehrte an der schiitischen Hochschule von Qom Philosophie. 1964 als Wortführer regierungsfeindlicher Demonstrationen des Landes verwiesen, lebte er zuerst in der Türkei, dann im Irak und seit 1978 in der Nähe von Paris, von wo er die iranische Revolution vorantrieb. Anfang 1979 kehrte er nach dem Sturz des Schahs im Triumph nach Teheran zurück. In der daraufhin entstandenen ›Islamischen Republik‹ besaß er als der ›herrschende Gottesgelehrte‹ in allen politischen und religiösen Fragen die unumschränkte Entscheidungsgewalt. – Im Bild: ein die islamische Revolution im Iran verherrlichendes Gemälde

Einen vergleichbar radikalen, jedoch für die islamische Welt weit folgenreicheren politischen Umbruch erlebte 1978/79 der **Iran**. Damals wurde die strikt pro-westlich orientierte Monarchie von Schah Mohammed Reza Pahlevi durch die von dem charismatischen Prediger Ayatollah Khomenei angeführte Revolution hinweggefegt und – nach einer Phase blutiger politischer Wirren – durch ein streng religiöses Regierungssystem ersetzt. In der ersten Dekade seiner Herrschaft war das Regime der »Mullahs« in Teheran, obwohl es ab 1980 acht Jahre lang einen entbehrungsreichen Krieg gegen Saddam Husseins Irak zu führen hatte, eifrig bestrebt, die islamischen Grundsätze seiner Politik zu exportieren. Vorrangige Partner dieser ideologischen Offensive waren die schiitischen Glaubensbrüder im Libanon, im Südirak, in Afghanistan, Pakistan und Tadschikistan. Im Laufe der 90er Jahre ist, nicht zuletzt als Folge der internationalen Isolation und der durch den sinkenden Ölpreis und das rasante Bevölkerungswachstum verschärften Wirtschaftskrise, der revolutionäre Eifer nach und nach einem pragmatischeren politischen Kurs gewichen. Seit der selbst für Experten überraschenden Wahl Mohammed Chatamis zum Staatspräsidenten im Mai 1997 ist eine – allerdings von zahlreichen brutalen

Eine kurze Übersicht über die islamistischen Bewegungen *
Afghanistan: Hizb-e Islâmî (»Islam. Partei«), Dschamî'at-e Islâmî (»Islam. Gesellschaft«);
Ägypten: al-Dschama'a al-islâmîya (»Islam. Vereinigung«), al-Dschihâd al-islâmî (»Islam. Heiliger Krieg«; für die Ermordung Sadats 1981 verantwortlich);
Algerien: FIS (»Islam. Heilsfront«);
Libanon: Hizb-ullâh (Hisbollah; »Partei Gottes«), Mouvement Unifié Islamique (»Vereinigte Islam. Bewegung«);
Pakistan: Dschamî'at Ulemya-e-Islâmî (»Islam. Gottesgelehrte«), Dschama'at-e-Islâmî (»Islam. Vereinigung«);
Palästina (Besetzte Gebiete): Hamas (Abk. von *harakat al-muqâwama al-islâmîya*; arab. für »Bewegung des islam. Widerstandes);
Sudan: NIF (»Nationale Islam. Front«);
Tunesien: an-Nahda (»Renaissance«);
Türkei: Fazilet Partisi (»Tugendpartei«; bis Ende 1997 unter dem Namen Refah)

* *Nicht erwähnt sind bei dieser Auswahl die in zahlreichen Ländern existenten Zweige der Muslim-Bruderschaft.*

»Bremsversuchen« konservativ-klerikaler Kreise begleitete – Liberalisierung aller Lebensbereiche und auch eine zaghafte Neuorientierung der Außenpolitik, auch Richtung Westen, zu verzeichnen.

Der arabisch-israelische Konflikt

Das Ereignis, das die Region in der zweiten Hälfte des 20. Jh. wohl mit am nachhaltigsten erschütterte, war die Gründung Israels im Jahre 1948. Im Nahen Osten, der 400 Jahre lang eine relativ unbedeutende Provinz des Osmanischen Reiches gewesen war, hatte der Erste Weltkrieg völlig neue politische Verhältnisse geschaffen (s. S. 139ff.). Während Frankreich als vom Völkerbund vermittelte Mandatsmacht die Herrschaft über Syrien und den Libanon ausübte, kontrollierte England Transjordanien und Palästina. Dort hatte die von Theodor Herzl begründete zionistische Bewegung seit dem Ende des 19. Jh. die Ansiedlung europäischer und russischer Juden – und damit indirekt auch das Anwachsen eines arabischen Nationalismus – gefördert. Der Holocaust in Nazi-Deutschland verstärkte die jüdische Zuwanderung, die wiederum den Widerstand der ansässigen, zu rund neun Zehntel muslimischen, zu einem Zehntel christlichen arabischen Bevölkerung anfachte. Nach jahrelangen erbitterten Zusammenstößen, denen die Briten hilflos gegenüberstanden, beschloß die UN-Vollversammlung 1947, das Land zwischen den 1,2 Millionen Arabern und den mittlerweile 650.000 Juden aufzuteilen – ein Plan, der von arabischer Seite strikt abgelehnt wurde.

Ein protestierender Palästinenser in der West-Bank während der Intifada

Als am 14. Mai 1948 die letzten britischen Truppen Palästina verließen, rief David Ben Gurion in Tel Aviv einen jüdischen Staat aus. Die fünf arabischen Nachbarstaaten erklärten ihm umgehend den Krieg. Im Zuge der Kämpfe eroberte Israel zusätzliche Gebiete; an die 700 000 Palästinenser flohen. Die 1949 ausgehandelten Waffenstillstandslinien bildeten fortan die Landesgrenzen. Der Gaza-Streifen wurde von Ägypten besetzt, die West-Bank samt Ost-Jerusalem von Jordanien annektiert. In den Folgejahren immigrierten, nunmehr vorwiegend aus arabischen Ländern, weitere 1,8 Millionen Juden nach Israel, das rasch zu einem modernen Staat ausgebaut wurde.

1956 marschierte Israel, nachdem Ägypten den Suez-Kanal und die Zufahrt in den Golf von 'Aqaba gesperrt hatte, auf der Sinai-Halbinsel ein, räumte

Die Kurden: ein in Vorderasien beheimatetes, mehrheitlich sunnitisches, in kleineren Gruppen auch schiitisches, christliches und yazidisches Volk. Gut 50 Prozent seiner rund 25 Millionen Angehörigen leben in der Ost- und Zentraltürkei, weitere cirka fünf Millionen im Westiran, ca. 3,2 Millionen im Nordirak, ca. 900 000 im Nordosten Syriens und etwa 300 000 in Armenien. Geschätzte 1,5 Millionen leben im westeuropäischen Exil, davon rund ein Drittel in Deutschland. In der Vergangenheit nominell dem Osmanischen bzw. Persischen Reich zugehörig, war das Siedlungsgebiet der Kurden auf zahlreiche feudale Lokalfürstentümer aufgeteilt. Im 20. Jh. entstand eine kurdische Nationalbewegung. 1945/46 existierte unter dem Schutz sowjetischer Truppen im nördlichen Iran eine ›Volksrepublik von Mahabad‹. Seither kämpften vor allem im Dreiländereck Irak-Iran-Türkei verschiedene Fraktionen (u. a. unter Führung von Massud Barsani, Dschalal Talabani und – bis Anfang 1999 – Abdullah Öcalan) in wechselnden Koalitionen für ein eigenes, selbständiges Gemeinwesen. Im Norden des Irak besitzt die Region Kurdistan mit der Hauptstadt Irbil seit 1974 Teilautonomie; seit dem Golfkrieg 1991 ist sie teilweise UN-Schutzzone. Der blutige Konflikt zwischen der türkischen Armee und der Kurdischen Arbeiterpartei PKK im irakisch-türkischen Grenzgebiet harrt noch immer einer politischen Lösung.

Begegnung in Deutschland. In der Bundesrepublik leben knapp 3 Mio. Muslime (90% Sunniten) aus rund 40 Nationen. Die Zahl deutscher Muslime, von denen ein großer Teil der Sufi-Szene angehört, beträgt etwa 70 000. Während letztere ihren Glauben bevorzugt im privaten Rahmen praktizieren, treffen sich ihre Glaubensgenossen ausländischer Herkunft (davon rund 2 Mio. Türken) in den ca. 2200 Moscheen zum Gebet. Die Muslime bilden – nach der evangelischen und der römisch-katholischen Kirche – die drittgrößte Religionsgemeinschaft Deutschlands. Sie verteilen sich auf rund 2600 Gemeinden mit etwa 1200 Imamen.

diese allerdings nach einer britisch-französischen Intervention auf Beschluß der UN ein halbes Jahr später wieder. Im ›Sechstage-Krieg‹ vom Juni 1967 erweiterte Israel sein Herrschaftsgebiet erneut um den Sinai, aber auch um den Gaza-Streifen, die Golan-Höhen und West-Jordanien einschließlich der Altstadt von Jerusalem. In der Folge engagierten sich neben Israels Anrainern auch alle übrigen arabischen Staaten verstärkt in der Auseinandersetzung. Während westlich orientierte Staaten wie Jordanien, Marokko oder Tunesien politische Lösungen forderten, entwickelten sich von der UDSSR unterstützte Länder wie Algerien, Libyen und der Irak zu tatkräftigen Gegnern des jüdischen Staates. Parallel intensivierten diverse palästinensische Guerilla-Organisationen, allen voran die von Yasser Arafat angeführte PLO, mit Flugzeugentführungen, Attentaten und Überfällen auf israelische Einrichtungen in Westeuropa ihren Kampf, der sich insbesondere gegen die Siedlungspolitik in den eroberten Gebieten richtete. Der durch einen ägyptisch-syrischen Angriff ausgelöste Jom-Kippur-Krieg (Oktober 1973) bewirkte eine gewisse Patt-Situation. Vier Jahre später brachte der ägyptische Präsident Sadat mit seiner heroischen Reise nach Jerusalem israelisch-ägyptische Friedensgespräche in Gang. Der im März 1979 nach der Konferenz von Camp David unter US-Vermittlung unterzeichnete Friedensvertrag führte zur Bildung einer ›Ablehnungsfront‹, die Syrien, Algerien, Libyen, den Südjemen und die PLO umfaßte. Israel zog sich vom Sinai zurück, annektierte jedoch die Golanhöhen (1981) und installierte im südlichen Libanon eine ›Sicherheitszone‹. Ende 1987 brach in den besetzten Gebieten die Intifada aus – schwere Unruhen, die fünf Jahre währen sollten. An ihrem Ende stand 1991/92 die

Muslime im Westen

Land	Anzahl *	in % *
Albanien	2 300 000	70
Bosnien-Herzegowina	1 980 000	44
Bulgarien	1 090 000	13
Deutschland	3 000 000	3,5
Frankreich	3 000 000	5
Großbritannien	1 500 000	2,7
Jugoslawien	1 260 000	12
USA	4 000 000	1,6

* gerundet

Das wohl bekannteste Symbol für den Islam, der Halbmond, war ursprünglich ein astralreligiöses, heidnisches Sinnbild und ist keineswegs islamischer Herkunft. Als Wappenzeichen tauchte er, meist in Kombination mit einem Stern, vereinzelt erstmals gegen Ende des Mittelalters auf. Damals brachte man die Mondsichel mit dem Ende der Fastenzeit in Zusammenhang. Zum offiziellen Symbol wurde der Halbmond aber erst im späten 18. Jh. im Osmanischen Reich. Heute dient er zahlreichen islamischen Staaten als heraldisches Element auf ihren Flaggen.

Algerien

Aserbaidschan

Komoren

Malaysia

Malediven

Mauretanien

Pakistan

Singapur

Tunesien

Türkei

Turkmenistan

Usbekistan

Wiederaufnahme bilateraler Verhandlungen zwischen Arabern und Israelis. Nach und nach nahm die Mehrheit der arabischen Staaten mit dem bisherigen Erzfeind diplomatische und wirtschaftliche Beziehungen auf. 1994 schloß Israel mit Jordanien Frieden und 1993 (in Oslo) und 1995 (in Taba) mit den Palästinensern zwei Vereinbarungen, die zur Rückgabe Gazas und Jerichos sowie wenig später auch anderer Städte auf der West-Bank führten. Seither haben die von Angehörigen der Hamas und anderer Islamisten-Gruppen verübten Terroranschläge, die Ermordung Premierministers Itzhak Rabins durch einen jüdischen Fanatiker (1995) sowie der durch die Wahl der deutlich unnachgiebigeren Likud-Regierung von Benjamin Netanjahu (1996) erfolgte innenpolitische Rechtsruck in Israel zu einer neuerlichen Verhärtung der Fronten geführt. Damit schienen die Chancen auf eine friedliche Koexistenz zwischen den rund 4,5 Millionen israelischen Juden und ihren über 900 000 arabischen Landsleuten, den rund 2,7 Millionen Palästinensern und 115 000 jüdischen Siedlern im Gaza-Streifen und im Westjordanland zumindest kurzfristig wieder gesunken.

Im Westen übte der Islam in den letzten Jahrzehnten auf nicht wenige Prominente – Schriftsteller und Musiker, Wissenschaftler, Sportler, Diplomaten – eine gewisse Anziehungskraft aus. Namhafte »Neo-Muslime« sind u. a. der ehemalige Boxweltmeister Muhammad Ali (Cassius Clay), der Sänger Cat Stevens alias Yusuf Islam (Bild), der deutsche Ex-Botschafter Murad Wilfried Hofmann und der französische Philosoph Roger Garaudy.

Glossar

Atabeg
Türkischer Militärbefehlshaber, der in den Provinzen den noch unerfahrenen Seldschukenprinzen als Erzieher zugeordnet war

Ayatollah
(arab. *âyatu llâh,* »Zeichen Gottes«): Ehrentitel im schiitischen Islam; er wird im allgemeinen einem Gelehrten zuerkannt, der zur selbständigen Rechtsfindung (*idschtihâd*) befugt und infolge seines Ansehens eine Instanz ist, an die sich andere Theologen und Gläubige wenden.

'Aschûrâ'
(arab. »Zehner«): Fastentag am 10. Tag des islamischen Monats Muharram; Hauptfest der Schiiten, bei dem sie Husains Martyrium in der Schlacht von Kerbelâ gedenken

Bairam
Türkische Bezeichnung der beiden wichtigsten kanonischen Feste im Islam. *Seker bairam* (arab. *'îd al-fitr*), das »Fest des Fastenbrechens«, wird am Ende des Monats Ramadan drei Tage lang gefeiert. 70 Tage später wird das viertägige *qurban bairam* (arab. *'îd al-adha*) begangen.

Baraka
Segen, Gnade Gottes oder eines/einer Heiligen

Basar
Persische Bezeichnung für Markt (arab. *sûq*); traditionelles Wirtschafts-, Handels- und Produktionszentrum jeder islamischen Stadt

Basmala
Jeder Koransure und auch vielen Handlungen vorangestellte Kurzform der Formel *bi-smi Llâhi r-rahmâni r-rahîm* – »Im Namen Gottes, des Erbarmers, des Barmherzigen«.

Bey
Ursprünglich ein Ehrentitel ohne Rechte auf bestimmte Ämter; später Bezeichnung für kleine Stammesfürsten, für Adelige insgesamt, für Offiziere oder auch in der höheren Verwaltung tätige Personen

Bid'a
(arab. »Neuerung«, aber auch »Ketzerei«): Grundsätzlich jede Anordnung, Handlung oder Aufhebung einer Vorschrift, die im islamischen Sinne als religiös zulässig gelten kann, ohne daß sie – wenigstens in dieser Form – zu Lebzeiten des Propheten existiert hätte. Je nach Auffassung wird zwischen der »lobenswerten«, der »guten«, der »tadelnswerten« und der »schlechten« *bid'a* unterschieden. Gemäß anderen Standpunkten gelten überhaupt nur verwerfliche, also der Lehre Mohammeds widersprechende Neuerungen als *bid'a*.

Çami
(türk., von arab. *dschâmi'*): Freitagsmoschee

Carsi
(türk.): Markt (auch Marktgasse oder -gebäude)

Chamsa
Wörtlich »fünf«, auch Bezeichnung für die »Hand der Fâtima«, ein beliebtes Amulett gegen den Bösen Blick

Chan
(türk. *han*): Meist innerstädtische Herberge für Kaufleute und Reisende; im türkisch-mongolischen Bereich zudem Herrschertitel (auch *chân*), der schon bei den Awaren dem Namen angefügt wurde; nach der Mongolenzeit nur noch Titel für Vasallenfürsten (*Ilchane*); im 16. Jh. in Persien soviel wie »Statthalter«

Chutba
Freitagspredigt

Derwisch
(arab. *darwîsch*): Islamischer Mystiker, der, größtenteils in Bruderschaften zusammengeschlossen, meist durch Bewegung, Tanz und Rezitation der Namen Gottes den Zustand der Ekstase – und somit die Nähe Allâhs – anstrebt

Dhimmî
Wörtlich »Schutzbefohlener«; als »Buchleute« bezeichneter Andersgläubiger einer monotheistischen Religion (Christen-, Judentum, Zoroastrismus) im islamischen Herrschaftsbereich. Nur beschränkt rechtsfähig und meist durch eine Kleidervorschrift von der muslimischen Mehrheit auf den ersten Blick unterscheidbar gemacht, genoß er in der Regel, als Gegenleistung für eine von ihm zu entrichtende Kopfsteuer, den Schutz durch die Obrigkeit.

Dîwân
Oberstes Verwaltungsgremium in einem islamischen Staat bzw. der Raum, wo dieser tagte; auch die Bezeichnung für eine Polsterliege bzw. eine Gedichtsammlung islamischer Poeten

Dschâhilîya
Bezeichnung für das sogenannte »Zeitalter der Unwissenheit« – den kulturellen und religiösen Status der Gesellschaft in vorislamischer Zeit

Dschihâd
Der »Heilige Krieg«, durch den der Islam gesichert und verbreitet wird. Der Begriff ist freilich nicht nur militärisch zu verstehen, sondern auch als Bündel von Maßnahmen der Gesellschaft zur Lösung sozialer, politischer, wirtschaftlicher oder ökologischer Probleme sowie zur Herstellung der gottgewollten Ordnung.

Dschinnen
(arab. sing. *dschinn*): Im Koran genannte und schon aus vorislamischer Zeit bekannte Dämonen und unheilvolle Geisterwesen feurigen Ursprungs

Fatwâ
(arab.): Von Religionsgelehrten erstelltes Gutachten bezüglich Fragen religiös-rechtlicher Natur

Futuwwa
Wörtlich »Jugend«; Tugenden wie Frömmigkeit, Selbstlosigkeit und Tapferkeit umfassendes Ideal, dem sich im klassischen Islam zahlreiche esoterische Männerbünde – u. a. Derwischorden – verpflichtet fühlten

Ghâzî
Ehrentitel für Muslime, die sich im Kampf gegen Ungläubige hervortaten. Sie wurden als Glaubenskämpfer ab dem 9. Jh. zur Grenzsicherung eingesetzt.

Haddsch
Die jedem Muslim einmal im Leben vorgeschriebene Pilgerfahrt nach Mekka mit Umzug um die Ka'ba und anderen meist von den vorislamischen Arabern übernommenen Zeremonien und Ritualen. Als *hâddsch* wird ein Mekka-Pilger, aber auch der schiitische Kerbelâ- und christliche Jerusalem-Pilger bezeichnet.

Hadith
(arab. *hadîth*, »Mitteilung«, »Erzählung«): Die Mohammed zugeschriebenen Aussprüche und Taten. Sie bilden neben dem Koran die Quelle religiöser Vorschriften im Islam und sind zum Teil authentisch, zum Teil spiegeln sie die theologischen Erörterungen während der drei ersten islamischen Jahrhunderte wider.

Hâfiz
(arab. »der Bewahrende«): Beiname für jemanden, der den Koran auswendig gelernt hat

Hammâm
Öffentliches Bad in islamischen Städten

Harem
(arab. *harîm*, türk. *haramlik*): Wörtlich »geweihter«, »geschützter«, »verbotener« Ort; gebraucht für die Frauen- bzw. Privatgemächer im islamischen Haus oder Palast

Hidschra
Die »Auswanderung« (nicht Flucht!) Mohammeds von Mekka nach Medina / Yathrib im Jahr 622; vom Kalifen 'Umar I. als Beginn der islamischen Zeitrechnung festgesetzt

Hohe Pforte
Im Türkischen die Residenz des Sultans bzw. der Geschäftsbereich des Großwesirs; im Abendland seit dem 18. Jh. auch als Synonym für die osmanische Regierung insgesamt verwendet

Ibn
arab. »Sohn«

Idschtihâd
(arab. »Sich-Abmühen«): Unter Theologen nicht unumstrittene Methode zur selbständigen Auslegung religiöser Quellentexte; ein Weg, die islamische Gesetzgebung neuen Entwicklungen anzupassen

Ihrâm
Weihezustand, in dem sich ein Pilger in Mekka befindet bzw. dessen aus zwei meterlangen Baumwolltüchern bestehendes Kleid

Imâm
Ursprünglich Synonym für *chalîfa*, »Kalif«, den Leiter der Gesamtgemeinde; bei den Sunniten Vorbeter, bei den Schiiten auch Haupt und oberster Lehrer der Gemeinschaft aller Gläubigen, wobei die Ansichten über dessen Qualifikationen unter den verschiedenen schiitischen Gruppierungen variieren.

Iwan
(arab. *îwân*): Große, gewölbte, an einer Seite offene Halle; eine der Hauptschöpfungen der islamischen Baukunst im Osten, die insbesondere in seldschukischen und »persischen« Moscheen, aber auch in Syrien und Ägypten zu finden ist

Janitscharen
(türk. für »Neue Truppe«): Vermutlich seit Anfang des 14. Jh. bestehende militärische Elitegarde, die zur Blütezeit des Osmanischen Reiches die Kerntruppe des Heeres bildete; wurde 1826 aufgelöst

Ka'ba (oder Kaaba)
Das zentrale Heiligtum des Islam – ein bereits in altarabischer Zeit existierendes, würfelförmiges, von einer schwarzen Brokatdecke verhängtes Gebäude in der Großen Moschee von Mekka, das den »Schwarzen Stein«, einen hochverehrten Meteoriten, birgt

Kalif
(arab. *chalîfa*, »Nachfolger«, »Vertreter des Gesandten Gottes«): In der Anfangszeit gewählt, vereinte er alle öffentlichen Ämter, weltliche wie geistliche, in seiner Hand; unter nachfolgenden Dynastien ein erblicher Würdentitel, der freilich – wie im Fall der späteren 'Abbâsiden – nicht vor politischer Bedeutungslosigkeit schützte. Mit Ende des Osmanischen Reiches 1924 wurde auch das Kalifenamt abgeschafft.

Karawanserei
Rasthaus für Überlandkarawanen.

Kemalismus
Von Kemal Atatürk begründete Bewegung in der Türkei, die eine politische und kulturelle Anlehnung des Landes an Europa anstreb-

te. Anstatt des Islam dienten ihr Nationalismus, Modernismus und Säkularismus als ideologische Basis.

Kismet
(arab. *qisma*): Von Gott vorherbestimmtes Schicksal

Koran
(arab. *qur'ân* »Lesung«, »Rezitation«): Das heilige, in 114 Suren gegliederte, in arabischer Sprache verfaßte Buch des Islam; nach muslimischer Auffassung die Mohammed zwischen 610 und 632 offenbarte, seit Ewigkeit bestehende letzte Botschaft Gottes an die Menschheit

Liwan
s. *Iwan*

Maghreb
(arab. *maghrib*, »Westen«, »Ort, wo die Sonne untergeht«) im Unterschied zu *maschriq* (arab. »Osten«, »Ort, wo die Sonne aufgeht«): Der westliche Teil der arabisch-muslimischen Welt; umfaßt heute die Staaten Marokko, Algerien und Tunesien

Mahdî
(arab. »der Rechtgeleitete«): Ein vor allem von Schiiten, aber gelegentlich auch von Sunniten für das Ende der Zeiten erwarteter Erlöser, der die Gerechtigkeit auf Erden wiederherstellen wird. Der Name wurde im Laufe der Geschichte des öfteren von islamischen Umstürzlern benutzt, um ihrem Vorhaben eine grundsätzlichere, messianische Bedeutung zu verleihen.

Maqsûra
Vom übrigen Gebetsraum abgetrennte, oft erhöhte Herrscherloge in der Moschee

Marabut
Islamischer Heiliger sowie dessen Grabmal

Maristân
Krankenhaus; in der islamischen Welt seit dem 8. Jh. bekannt

Medina
(arab. *madîna*, »Stadt«): Heute im allgemeinen Bezeichnung für die historischen Zentren nordafrikanischer Städte im Unterschied zu den angrenzenden Europäervierteln; darüber hinaus: Oase und Stadt in der Provinz Hedschas/Saudi-Arabien mit den Grabstätten Mohammeds, seiner Tochter Fâtima und den ersten Kalifen

Medrese (aramäisch-arab. *madrasa* »Ort des Studierens«): Höhere theologische Schule; gleichzeitig Bet-, Lehr- und Wohnort für Lehrer und Studenten; heute auch Bezeichnung der Koranschule für Kinder (in den Ländern des Maghreb: *medersa*)

Mihrâb
Leere Nische, die im Inneren der Moschee die Gebetsrichtung nach Mekka anzeigt

Millet
(türk. für »Religionsgemeinschaft«, »Volk«): Bezeichnung für nicht-islamische Minderheiten, die im Osmanischen Reich, also unter islamischer Oberhoheit lebten

Minarett (arab. *manâra*, »Ort des Lichtes und des Feuers«, auch *mi'dhana*): Der einer Moschee angegliederte Turm, von dem aus der Muezzin – oder heutzutage ein dort angebrachter Lautsprecher – die Gläubigen zum Gebet ruft

Minbar
Kanzel für die Freitagspredigt in der Moschee, ursprünglich Herrscher- und Richtersitz des Kalifen

Muezzin
(arab. *mu'adhdhin*) Gebetsrufer

Muftî
Von der Obrigkeit ernannter Rechtsgelehrter, der die Gläubigen in Fragen der Lebensführung berät und verbindliche Rechtsgutachten erstellt

Muqarnas
Gesamtheit von in der islamischen Baukunst weitverbreiteten Dekorationselementen, die konkav und zellenartig aneinandergefügt, die Nischen und Zwickel im Unterbau von Kuppeln ausfüllen.

Mûlid
(auch *maulid*; arab.): Fest zum Geburtstag eines islamischen Heiligen; *maulid an-nabî*: Geburtstag des Propheten (Mohammed)

Pîr
(pers. für »Meister«): Vor allem in den Ländern östlich des Iran gebräuchliche Bezeichnung für den Lehrer, der seinen Schüler in mystische Geheimnisse einweist

Qâdî
Vom Herrscher bestellter Richter, zu dessen Aufgaben unter anderem auch die Aufsicht über Stiftungen, Erbschaften etc. zählte

Qasr
Schloß, palastartiger Gebäudekomplex

Qibla
Gebetsrichtung gen Mekka

Ribât
Im 9. Jh. im Maghreb entstandenes Wehrkloster, dessen Anlage samt Mauern, Türmen und geräumigem Innenhof zum Vorbild für die später im gesamten islamischen Raum verbreiteten Karawansereien wurde

Salât
Rituelles Pflichtgebet; die zweite Grundpflicht (»Säule«) des Islam

Saray
türk. für »Palast«

Saum
Besonders das Fasten von Sonnenauf- bis Sonnenuntergang während des 29 Tage dauernden Rama-

dan, dem 9. Monat des islamischen Jahres

Schahâda
(arab. »Zeugnis«): Das islamische Glaubensbekenntnis: »Ich bezeuge, daß es keinen Gott außer Gott gibt und Mohammed sein Gesandter ist«

Schahîd
(arab. »Zeuge«): Märtyrer

Scharî'a
Das islamische Recht, das nach muslimischer Auffassung die von Gott gesetzte, für die ganze Welt gültige Ordnung enthält

Scheich
(arab. *schaich*, »ehrwürdiger, alter Mann«): Vieldeutiger Ehrentitel für eine Autoritätsperson; bei Beduinen in der Regel frei gewähltes Stammesoberhaupt; in Dörfern Ortsvorsteher; im geistlichen Bereich bedeutender Theologe oder Mystiker

Schiiten
Angehörige einer der beiden Hauptkonfessionen des Islam (s. auch: Sunniten), die einzig 'Alî und dessen Nachkommen aus der Ehe mit Fâtima als rechtmäßige Leiter der Gesamtgemeinde anerkennen

Sufismus
Islamische Mystik; benannt nach dem Gewand aus Wolle (arab. *sûf*), das ihre Anhänger, die Sufis, trugen

Sultan
(arab. *sultân*): Unter den Mamluken, Seldschuken und Osmanen gebräuchlicher Titel für einen Herrscher, der in der Hierarchie unmittelbar dem Kalifen nachfolgte und u. a. die Ausübung der Exekutivgewalt innehatte

Sunna
Mündliche Überlieferung von Leben, Wirken und Aussprüchen des Propheten Mohammed; für die nach ihr benannten Sunniten zweite Glaubensquelle nach dem Koran. Der Begriff wird auch (im Gegensatz zur Schia) als »Orthodoxie« verwendet – als Bezeichnung für die fast 90%ige Mehrheit der Muslime.

Sunniten
Anhänger der orthodoxen Sunna

Sûq
(arab. »Markt«): Teil des Basars

Sure
(arab. *sûra*): Eines von insgesamt 114 Kapiteln, in die der Koran gegliedert ist

Tarîqa
(arab. »Art und Weise«, »Pfad«): Religiöse Bruderschaft bzw. Orden in der islamischen Mystik, dem Sufismus

Tekke
Derwisch-Kloster

Tschador
(pers. für »Zelt«): Körper und Kopf, nicht jedoch das Gesicht bedeckender schwarzer Umhang

Tughra
Kunstvoll verzierter Namenszug des Sultans

Türbe
Türk. für »Grabmal«, »Mausoleum«

Ulema
(arab. *'ulamâ'*, plur. von *'âlim*, »Gelehrter«): Vertreter der theologischen Gelehrsamkeit, der kanonischen Gesetzeswissenschaft und Rechtsprechung; gegliedert in *imâm* (Kultusdiener), *muftî* (Gesetzesausleger) und *qâdî* (Richter)

Umma
(arab. »Volk«, »Gemeinde«): Die Gemeinschaft aller Muslime; im neuzeitlichen Verständnis der Araber eine »Volksgemeinschaft« in einem fast kulturellen Sinn

Waqf
Fromme Stiftung

Wesir
(arab. *wazîr*): Hoher Minister, der in zivilen Fragen die Autorität des Kalifen oder Sultans ausübte

Wudû'
Kleine, rituelle Waschung, bei der Gesicht, Hände, Unterarme und Füße zu waschen, und der Kopf mit der nassen Hand abzureiben sind (im Gegensatz dazu: *ghusl*, die große Waschung)

Zakât
Almosensteuer – eine von allen Muslimen auf verschiedene Güter und Waren zu entrichtende Pflichtabgabe, die bis heute ein wichtiger Bestandteil des Sozialsystems ist

Zâwiya
Mystische islamische Bruderschaft; im Maghreb auch Heiliger (*marabût*) oder dessen Grabmal

Zeittafel

Kurzer Überblick über die Geschiche des Islam

um 570 Geburt Mohammeds aus dem Stamm der Quraisch in Mekka
610/612 Erste Offenbarungen von Teilen des Korans und Anfänge von Mohammeds Missionstätigkeit in Mekka als Prophet des Islam
um 613 Beginn der öffentlichen Predigten
622 Emigration (*hidschra*) Mohammeds und seiner Anhänger in die Stadt Yathrib, das spätere Medina
624 Änderung der *qibla*: Die Muslime beten ab nun anstatt Richtung Jerusalem gen Mekka.
630 Nach mehrjährigen Kämpfen gegen die Quraisch gelingt den Muslimen die kampflose Eroberung Mekkas.
630–632 Unterwerfung der Stämme der Arabischen Halbinsel
632 Abschiedswallfahrt und Tod des Propheten
632–661 Zeit der »rechtgeleiteten« Kalifen – Abû Bakr (632–634), ʻUmar (634–644), Uthman (644–656), ʻAlî (656–661)
633/635 Eroberung von Südmesopotamien bzw. Damaskus
642 Abschluß der Eroberungen von Ägypten und Persien
656 Beginn des Bürgerkriegs zwischen der Partei (Schîʻa) ʻAlîs und seinen politischen Gegnern unter den Quraisch; im selben Jahr Sieg ʻAlîs in der »Kamelschlacht« bei Basra
657 Schlacht von Siffîn zwischen ʻAlî und Muʻâwiya; Beginn der Abspaltung der Charidschiten
661 Ermordung ʻAlîs durch Charidschiten in Kufa
661–750 Das Kalifat der Umayyaden; Damaskus wird neue Hauptstadt.
670 ʻUqba ibn Nâfiʻ erobert Nordwestafrika und gründet Kairuan.
680 Tod Husains im Zuge des Massakers von Kerbelâ
691 Bau des Felsendoms, der ʻUmar-Moschee, in Jerusalem
707 Die Araber erreichen den Indus.
711 Tarîq ibn Ziyâd fällt im südlichen Spanien ein. Beginn der Eroberung der Iberischen Halbinsel
712 Eroberung von Transoxanien und Sind, dem heutigen Südost–Pakistan
715–718 Erfolglose Belagerung Konstantinopels
732 Karl Martell verhindert mit seinem Sieg über die Araber bei Poitiers deren weiteres Vordringen nach Norden.
749/750 »Abbasidische Revolution«; die Dynastie der Abbasiden übernimmt für über 500 Jahre das Kalifat.
762/763 Kalif al-Mansûr gründet als seine neue Residenzstadt Bagdad.
756 ʻAbd ar-Rahmân I. begründet als Emir von Córdoba die spanische Umayyaden-Dynastie.
786–809 Kalifat Hârûn ar-Raschîds
789–926 Herrschaft der Idrisiden in Marokko
800–909 Herrschaft der Aghlabiden in Ifrîqiya, dem heutigen Tunesien
827 Die Lehre der Muʻtaziliten wird Staatsdogma, der Koran wird für »erschaffen« erklärt.
838 Gründung der abbasidischen Residenzstadt Samarra
842 Kalif al-Mutawakkil wird von seiner türkischen Garde ermordet.
868 Der türkische Statthalter des abbasidischen Kalifen in Ägypten, Ibn Tulûn, macht sich selbständig und begründet die Dynastie der Tuluniden (Herrschaft bis 905).
874 Beginn der bis 999 währenden Herrschaft der persischen Samaniden über Transoxanien (Residenz: Buchara)
890–931 Bewegung der ismailitischen Qarmaten, die 930 in der Einnahme Mekkas gipfelt
901 Beginn der Zaiditen-Herrschaft im Jemen (bis 1962)
909–1171 Gegen-Kalifat der schiitischen Dynastie der Fatimiden; ihre Hauptstadt ist anfangs Mahdîya, nach der Eroberung Ägyptens (969) das von ihnen bei Fustât gegründete Kairo (al-Qâhira).
935–969 Dynastisches Zwischenspiel der türkischstämmigen Ichschididen in Ägypten und Syrien
945 Die Buyiden übernehmen in Bagdad für mehr als zwei Jahrhunderte die Kontrolle über das Kalifat. Im selben Jahr Herrschaftsbeginn der Hamdaniden von Aleppo über Nordsyrien und Nordmesopotamien
998–1030 Mahmûd von Ghazna erobert im Namen der Abbasiden die Provinzen Chorasan, Chwarism sowie den Westen Persiens.
ab 1050 Die Invasion der Hilâl-Beduinen bringt dem westlichen Nordafrika Jahrzehnte der Verwüstung und Anarchie.
1055 Die Seldschuken, ein türkisches Herrschergeschlecht, ergreifen unter Toghril-Beg in Bagdad die Macht und kontrollieren fortan im Iran und im Irak das Kalifat. Im selben Jahr begründen Berber im

Atlas (Marokko) die Herrschaft der Almorawiden.

1062 Der Almorawide Yûsuf ibn Taschfîn gründet Marrakesch.

1063–1072 Arp Aslan ist seldschukischer Sultan; Feldzüge gegen Fatimiden und Byzantiner.

1071 Byzanz unterliegt den Seldschuken in der Schlacht von Manzikert.

1077 Begründung der Linie der anatolischen Rum-Seldschuken, die in der Folge die Türkisierung Kleinasiens einleiten

1086 Entscheidender Sieg der Almoraviden über die spanischen Christen in der Schlacht von Zallâqa; vier Jahre später beherrschen sie endgültig al-Andalus.

1090–1124 Hasan ibn as-Sabbâh führt von der Festung Alamut im Elbrus-Gebirge aus die ismailitische Geheimsekte der Assassinen.

1091 Bagdad wird Hauptstadt der Seldschuken.

1092 Die Assassinen ermorden Nizâm al-Mulk, den Wesir des Seldschukensultan Malik-Schâh.

1095/1096 Papst Urban II. ruft zum Ersten Kreuzzug auf.

1097 Konya wird Hauptstadt der anatolischen Seldschuken.

1098 Die Kreuzritter erobern Antiochia und im Jahr darauf Jerusalem.

1121 Muhammad ibn Tûmart ruft im Atlas die strengreligiöse Reformbewegung der Almohaden ins Leben und beginnt seinen Kampf gegen die Almorawiden von Marrakesch.

1127–1146 Herrschaft Imadaddîn Zangîs, des Atabegs der Seldschuken, über Mosul und Aleppo; er startet eine Offensive gegen die Kreuzfahrer.

1147 Die Almohaden stürzen die Almorawiden (Herrschaft bis 1269) und fassen auf der Iberischen Halbinsel Fuß.

1147/1148 Zweiter Kreuzzug, der mit der erfolglosen Belagerung von Damaskus endet

1171 Der Kurde Saladin stürzt in Ägypten die Fatimiden und etabliert das Sultanat der Ayyubiden.

1176 Schlacht bei Myriokephalon: Die Rum-Seldschuken vernichten das byzantinische Heer.

1180–1225 Letzte Blüte des Kalifats von Bagdad unter dem Kalifen an-Nâsir ibn al-Mustadî'

1187 Schlacht von Hittin (nahe dem See Genezareth): Sieg Saladins über die Kreuzritter und Rückeroberung Jerusalems

1189 Dritter Kreuzzug, angeführt von Kaiser Friedrich Barbarossa und König Richard Löwenherz

1195 Wichtiger Sieg des Almohaden Ya'qûb al-Mansûr bei Alarcos über die Kastilier

um 1200 Beginn der Islamisierung der südostasiatischen Inselwelt

1202–1204 Vierter Kreuzzug: Eroberung Konstantinopels durch die Christen unter Führung der Venezianer

1212 Schlacht von Las Navas de Tolosa: die Reconquista zwingt die Almohaden zum allmählichen Rückzug von der iberischen Halbinsel (abgeschlossen 1225).

1218/1219 Die Mongolen unter Führung Dschingis Chans dringen in Turkestan, Chorasan und Transoxanien ein. Beginn ihrer Invasion im Mittleren und Nahen Osten

1228 Fünfter Kreuzzug, in dessen Folge sich Friedrich II. zum König von Jerusalem krönt (1229–1244)

1228–1574 Dynastie der Hafsiden in Ifrîqiya

1230–1492 Herrschaft der Nasriden von Granada, der letzten islamischen Dynastie auf der Iberischen Halbinsel

1243 Invasion der Mongolen in Anatolien; Sieg über die Rum-Seldschuken in der Schlacht am Köse-Dag

1248–1254/1270 Sechster und Siebter Kreuzzug, angeführt von Ludwig IX.

1250 Beginn der Mamluken-Herrschaft über Ägypten und Syrien (bis 1517)

1256 Hülägü, ein Enkel Dschingis Chans, erobert Iran und Irak, vernichtet die Assassinen und etabliert die Dynastie der Ilchane (bis 1353), deren Hauptsitz Täbris wird.

1258 Eroberung Bagdads durch Hülägü; Ende des Abbasidenkalifats

1260 Die Mongolen erobern Aleppo und Damaskus. Im selben Jahr: Niederlage gegen die Mamluken bei 'Ain Dschâlût (Palästina)

1265–1271 Mamlukische Offensive gegen die Kreuzritter

1269 Die Berber-Dynastie der Mariniden verdrängt die Almohaden aus Marokko; ihre Residenzstadt wird Fes.

1291 Den Kreuzrittern geht mit Akkon ihre letzte Bastion in Palästina / Syrien verloren.

1288–1326 Osman I. errichtet im Nordwesten Kleinasiens ein erstes Fürstentum.

1324 Eroberung Bursas durch Orhan; Beginn der osmanischen Expansion in Europa

1361 Adrianopel (Edirne) wird für knapp 100 Jahre osmanische Hauptstadt.

1389 Sieg der Osmanen über die serbische Balkanarmee in der Schlacht auf dem Amselfeld

1396 Schlacht von Nikopolis: Osmanischer Sieg über die venezianisch-ungarisch-byzantinische Kreuzzugsarmee

1370–1405 Der Mongolenherrscher Timûr Leng (Tamerlan) unterwirft Mittelasien, Kaukasien, Iran, Mesopotamien und Nordindien. Seine Residenz ist Samarkand.

1398/1399 Verfall und Auflösung des Sultanats von Delhi

1402 Schlacht von Ankara: vernichtende Niederlage der Osmanen gegen Timûr; kurzfristige Zerschlagung ihres Reiches

1453 Eroberung Konstantinopels durch die Osmanen; Ende des Byzantinischen Reiches

1470 Marokko: dynastisches Zwischenspiel der Wattasiden, einem mit den Mariniden verwandten Berberstamm (regiert bis 1554)

1492 Eine christliche Armee unter Ferdinand von Aragon und Isabella von Kastilien erobert Granada; endgültiges Ende der islamischen Herrschaft auf der Iberischen Halbinsel.

15. Jh. Die turkmenische Stammeskonföderation der Aq-Qoyunlu (»Weiße Schafe«) gewinnt nach und nach die Herrschaft über Ostanatolien, Persien und Aserbaidschan (bis 1508).

2. Hälfte 15. Jh. Portugal erobert Atlantikhäfen in Marokko und Westafrika.

um 1500 Spanien erobert die wichtigsten Mittelmeerstädte Nordafrikas.

1501–1524 Schâh Ismâ'îl errichtet im Iran die Safawiden-Dynastie. Die Zwölfer-Schia wird Staatsreligion.

Anf. 16. – 19. Jh. Islamische Sultanate auf Java und Sumatra

1516/1517 Die Osmanen erobern Ägypten und Syrien.

1520–1566 Unter Sultan Süleyman dem Prächtigen Vordringen der Osmanen nach Europa und Nordafrika

1526 Babûr begründet die Dynastie der Mogul-Kaiser. Delhi und Agra werden seine Hauptstädte. Im selben Jahr: Sieg der Osmanen über Ungarn in der Schlacht von Mohacs

Anf. 16. Jh.–1659 Herrschaft der Saadier-Dynastie über Marokko und schrittweite auch über weite Teile Westafrikas

1556–1605 Regierungszeit von Akbar in Indien; höchste Blüte des Mogulreiches

Okt. 1571 Seeschlacht von Lepanto: Zerstörung der osmanischen Flotte durch die in der Heiligen Liga verbündeten spanisch-venezianischen Seestreitkräfte

1587–1629 Kulturelle und politische Blüte des Iran unter Schah 'Abbâs

1633 Erfolgloser Aufstand des von Spanien, dem Papst und der Toskana unterstützten Drusenfürsten Fachr ad-Dîn im Libanon gegen die Osmanen

1669 Beginn der bis heute währenden Herrschaft der Alawiten in Marokko. Im selben Jahr erkämpfen die Osmanen von den Venezianern Kreta.

1683 Zweite, erfolglose Türkenbelagerung Wiens

1686/1688 Österreich erobert Ungarn bzw. Belgrad.

1699 Friede von Karlowitz: weitreichende Gebietsabtretungen der Türkei an Österreich, Polen und Venedig

1716–1718 Schlacht bei Peterwardein und Friede von Passarowitz: zweite große Niederlage der Osmanen gegen Habsburg; weitere massive Gebietsverluste in Südosteuropa

ab 1707 Verfall des nordindischen Mogulreichs

17./18. Jh. Omanisches Handelsimperium, das Küstengebiete in Ostafrika, Persien und Indien umfaßt

Anf. 18. Jh. Die Stämme der Fulbe (Fulani) tragen den Islam nach Westafrika. Islamische Dynastien, u. a. im Fouta-Toro (Senegal) und Fouta-Djalon (Guinea)

1705–1957 Dynastie der Husainiden-Beys in Tunis

1711–1835 Dynastie der Qaramanlis in Tripolitanien

1722–1729 Kurzlebige afghanische Herrschaft im Iran

1736–1747 Herrschaft Nâdir Schahs über den Iran; Eroberung großer Teile Indiens und Zentralasiens

1794–1925 Qadscharen-Dynastie im Iran, der zusehends ins Visier der Großmächte England und Rußland gerät

1798–1801 Französische, von Napoleon geführte Expedition nach Ägypten; osmanisches Bündnis mit Großbritannien und Rußland

1803/1804 Die Wahhabiten erobern Mekka und Medina.

1804 Osman dan Fodio errichtet mit Unterstützung der Hausa und Fulbe das Sultanat von Sokoto (Nordwest-Nigeria; ab 1900 brit. Kolonie).

1805–1848 Muhammad 'Alî ist Vizekönig von Ägypten; grundlegende Modernisierung des Nillandes

1820 Britischer Vertrag mit den Scheichtümern am Persischen Golf als Maßnahme gegen die weitverbreitete Piraterie
1830 Besetzung Algeriens durch die Franzosen
1833 Gründung der Sanûsîya-Bruderschaft in der Cyrenaika
1848–1850 Erhebung der Anhänger des »Bab« 'Alî Muhammad in Persien, die mit seiner Hinrichtung endet
1856/1857 Iranisch-britischer Krieg; der Iran erkennt die Unabhängigkeit Afghanistans an.
1860/1861 Christenmassaker und Bürgerkrieg im Libanon; Etablierung der autonomen Provinz Mont Liban
1863 Gründung der Religionsgemeinschaft der Bahâ'î im Irak
1863–1879 Ismâ'îl ist Khedive von Ägypten
1869 Einweihung des Suez-Kanals
1874 Finanzieller Zusammenbruch des Osmanischen Reiches; die europäischen Gläubigerstaaten bilden ein Kontrollkonsortium.
1881/1882 Nationalistischer Aufstand unter Ahmad 'Urâbî in Ägypten und Besetzung durch Großbritannien; parallel: Mahdî-Aufstand im Sudan, der 1898 mit der Niederlage gegen die Briten endet
1881–1883 Tunesien wird französisches Protektorat.
1900–1908 Bau der Hedschas-Bahn nach Mekka
1906 Gründung der Muslim League, der politischen Vereinigung der indischen Muslime
1908 Aufstand der Jungtürken in Konstantinopel
1912 Protektoratsverträge Marokkos mit Frankreich und Spanien
1913 Machtergreifung der Jungtürken, die das Osmanische Reich auf Seiten der Mittelmächte in den Ersten Weltkrieg führen
1916 Sykes-Picot-Abkommen, das den Arabern einen unabhängigen Staat verspricht
1916–1918 Arabische Revolte mit britischer Unterstützung (T. E. Lawrence) gegen das Osmanische Reich
1917 Balfour-Deklaration bezüglich einer »nationalen Heimstatt« der Juden in Palästina
1920 Französisches Mandat über Syrien und Libanon
1921 Der Irak wird konstitutionelle Monarchie, König wird Faisal ibn Husain.
1922/1924 Abschaffung des osmanischen Sultanats bzw. Kalifats
1923 Friedensvertrag von Lausanne und Proklamation der Türkischen Republik; Transjordanien wird autonomer Staat unter brit. Mandatsherrschaft.
1923–1938 Reformbewegung Kemal Atatürks in der Türkei
1924 Ibn Sa'ûd erobert den Hedschas und gründet das wahhabitische Königreich Saudi-Arabien.
1925 Im Iran begründet Reza Schah die Pahlevi-Dynastie (Abdankung zugunsten seines Sohnes Mohammed Reza Schah 1941).
1932 Unabhängigkeit des Irak
1945 Gründung der Arabischen Liga
1946 Anerkennung der Unabhängigkeit Jordaniens, Syriens und des Libanon
1947 Unabhängigkeit Indiens und Gründung des islamischen Staates Pakistan
1948 Gründung des Staates Israel und erster arabisch-israelischer Krieg
1951 Unabhängigkeit Libyens unter König Idrîs
1952 Putsch der »Freien Offiziere« unter Oberst Nasser und General Nagib in Ägypten
1954 Beginn des algerischen Befreiungskampfes
1956 Unabhängigkeit Marokkos (Muhammad V.) und Tunesiens (Präsident Bourguiba); Suez-Krise
1958–1961 Ägypten und Syrien bilden die Vereinigte Arabische Republik
1958 Revolution im Irak; aus der Monarchie wird eine Republik.
1962 Unabhängigkeit Algeriens (Präsident Ben Bella); Bürgerkrieg im Jemen, Sturz der Zaiditen, Umwandlung der Monarchie in eine Republik
Juni 1967 Arabisch-israelischer Sechs-Tage-Krieg
1969 Sturz der Monarchie in Libyen durch Oberst al-Gaddafi
1970 Unblutiger Putsch im Oman; sukzessiver Aufbau eines Nationalstaates
1971 Ost-Pakistan wird nach blutigem Bürgerkrieg zum unabhängigen Staat Bangladesch.
1971/1972 Nach Abzug der britischen Truppen Zusammenschluß von sieben Scheichtümern zur unabhängigen »Föderation der Vereinigten Arabischen Emirate«
Okt. 1973 Jom-Kippur-Krieg zwischen Arabern und Israelis
1975 »Grüner Marsch«: De facto-Besetzung von ehemals Spanisch-Westsahara durch marokkanische Zivilisten; seither Bürgerkrieg gegen die Polisario
1979 Einmarsch sowjetischer Truppen in Afghanistan; seit ihrem Abzug (1992) Bürgerkrieg

6. Okt. 1981 Ermordung des ägyptischen Präsidenten Sadat
1975–1990 Libanesischer Bürgerkrieg
Anf. 1979 Revolution im Iran; Ausrufung der Islamischen Republik
26. März 1979 Friedensvertrag zwischen Israel und Ägypten
1980–1988 Iran-Irakischer Krieg (1. Golfkrieg)
Jan./Feb. 1991 2. Golfkrieg nach dem Einmarsch irakischer Truppen in Kuwait (Aug. 1990); seither andauernde diplomatische Konflikte zwischen dem Irak und den USA
1988 Bürgerkrieg zwischen Armenien und Aserbaidschan um die Region Berg-Karabach (Waffenstillstand 1994)
1991 Zentralasien nach dem Zerfall der Sowjetunion: Schaffung mehrerer unabhängiger, mehrheitlich von Muslimen bewohnter Staaten (Turkmenistan, Usbekistan, Kasachstan, Tadschikistan, Kirgistan)
Dez. 1991 Erste freie Wahlen in Algerien; nach Aberkennung des Wahlsiegs der Islamischen Heilsfront (FIS) Ausbruch eines Bürgerkriegs
1991/1992–1995 Im Zuge des Zerfalls von Jugoslawien Krieg in Bosnien-Herzegowina
1994 Friedensvertrag Jordaniens mit Israel; Gaza-Jericho-Abkommen zwischen Israel und den Palästinensern (seither fortgesetzte Bemühungen um dessen vollständige Umsetzung)
Nov. 1995 Friedensabkommen von Dayton betreffend den Konflikt in Bosnien-Herzegowina
Sept. 1996 Machtübernahme der Taliban-Miliz in Afghanistan und Einführung des islamischen Rechts
Herbst 1998 Abkommen von Wye Plantation, das den stockenden Nahost-Friedensprozeß wieder in Gang bringen soll
Februar 1999 Tod König Husains von Jordanien
März 1999 Scheitern der Verhandlungen von Rambouillet über die Autonomie der muslimischen Albaner, Luftangriffe der Nato auf Serbien und in der Folge Vertreibung der albanischen Bevölkerung durch Teile der serbischen Armee

Museen und Sammlungen islamischer Kunst (eine Auswahl) *

Mit * versehene Häuser verfügen nur über einzelne, aber kunsthistorisch sehr bedeutsame islamische Exponate.

Im islamischen Raum

Ägypten
Kairo
Islamisches Museum
Port Said Str., Muski
Kairo
Tel. 0020–2–390 15 20

Koptisches Museum
Sharia Mari Girgis
Alt-Kairo

Indien/Rajasthan
Jaipur
City Palace Jaipur
Jaipur, 302 002
Rajasthan
Tel. 0091–141–74 146

Irak
Bagdad
Iraqi Museum
Bagdad – Salihiya

Iran
Ardebil
Scheich Safi ad-Din-Mausoleum/Chini Khaneh
Ardebil
Tel. 0098–451–2 36 65

Teheran
Archäologisches Museum
(= Nationalmuseum)
30th Tir St./Imam Khomeini Ave.
Teheran
Tel. 0098–21–67 20 616

Teppich-Museum
Kargar-e Shomali Ave.
(nördl. des Lalek-Park)
Teheran
Tel. 0098–21–65 77 07

Glas- und Keramikmuseum
50 Jomhuri Ave./
30th Tir St.
Teheran
Tel. 0098–21–67 81 534

Israel
Jerusalem
Israel Museum Jerusalem
Ruppin Bvd.
P. O. Box 71117
91710 Jerusalem
Tel. 00972–2–670 88 11
Fax 563 18 33

L. A. Mayer Memorial Institute & Museum for Islamic Art
2, Hapalmach St.
92542 Jerusalem
Tel. 00972–2–566 12 91
Fax 561 98 02

Jemen
Sanaa
Nationalmuseum
P. O. Box 1136
Sanaa
Tel. 00967–1–27 67 636
Fax 27 53 79

Marokko
Fes
Musée Dar Batha
Place du Batha
Fes
00212–5–63 41 16

Marrakesch
Musée Dar Si Said
Riad Ez Zaitoun El Jadid
Marrakesch
Tel. 00212–4–44 24 64

Syrien
Damaskus
Azem-Palast (Museum für Volkskunst und Brauchtum)
Suq al-Bzuriye
Zuqaq bain al-Bahratain
Damaskus

Nationalmuseum
Scharia Shukri al-Quwatli
Damaskus

Tunesien
Tunis
Musée National du Bardo
Le Bardo
2000 Tunis
Tel. 00216–1–51 38 42

Türkei
Ankara
Ethnographisches Museum
(Etnografya Müzesi)
Talatpasa Bul., Opera
Ankara
Tel. 0090–312–311 95 56

Istanbul
Topkapi-Saray-Museum
(Topkapı Sarayı Müzesi)
Müze Müdürlügü, Sultanahmet
Istanbul
Tel. 0090–212–522 44 22

Museum für Türkische und Islamische Kunst (Türk-Islam Eserleri Müzesi)
Sifahane Sk. 6, Süleymaniye
Istanbul
Tel. 0090–212–518 18 05

Kalligraphie-Museum
(Hat Sanatlari Müzesi)
Beyazit Meydani, Beyazit
Istanbul
Tel. 0090–212–527 58 51

Konya
Karatay Medrese
(Karatay Müzesi)
Alaaddin Alani
Konya
Tel. 0090–332–351 89 58

Mewlana-Museum
(Mevlana Müzesi)
Mevlana Alani
42030 Konya,
Tel. 0090–332–351 12 15

Usbekistan
Taschkent
Staatliches Museum der Geschichte Usbekistans
Sharaf Rashidov Avenue, 30
Taschkent, 700029
Tel. 0098–71–139 10 83

Kunstmuseum der Republik Usbekistan *
Movarounnakhr St., 16
Taschkent, 700060
Tel. 0098–71–136 74 36

In Europa

Bundesrepublik Deutschland
Berlin
Museum für Islamische Kunst
Museumsinsel
Am Kupfergraben
10178 Berlin
Tel. (0049) 30–20 90 55 55
Fax 20 90 54 02

Düsseldorf
Hetjens-Museum (Deutsches Keramik-Museum) *
Palais Nesselrode
Schulstr. 4
40213 Düsseldorf
Tel. (0049) 211–899 42 10
Fax 892 91 66

Nürnberg
Germanisches National-museum *
Kornmarkt 1/Kartäusergasse
D-90402 Nürnberg
Tel. (0049) 911–133 10

Frankreich
Paris
Musée des Arts décoratifs
107, Rue de Rivoli
75001 Paris
Tel. 0033–1–44 55 57 50
Fax 42 60 49 48

Musée du Louvre
Palais du Louvre
75001 Paris
Tel. 0033–1–40 20 51 51,

Institute du Monde Arabe (IMA)
1, Rue des Fosses Saint Bernard
75236 Paris
Cedex 05
Tel. 0033/1–40 51 38 38

Großbritannien
London
British Museum
Great Russell Street
London WC1B 3DG
Tel. 0044–171–636 15 55
Fax 323 84 80

Victoria & Albert Museum
Cromwell Road
South Kensington
London SW7 2RL
Tel. 0044–171–938 85 00

Italien
Venedig
Basilica di San Marco,
Tesoro (Schatzkammer) *
Piazza San Marco
30124 Venezia
Tel. 0039–041–73 07 61

Museo Civico Correr *
Piazza San Marco 52
30124 Venezia
Tel. 0039–041–522 56 25

Österreich
Wien
Österr. Museum für Angewandte Kunst (MAK) *
Stubenring 5
1030 Wien
Tel. 0043–1–711 36/0

Schatzkammer *
In der Hofburg 1/Schweizerhof
1010 Wien
Tel. 0043–1–521 77/0

Portugal
Lissabon
Museu/Fundação Calouste Gulbenkian *
Avenida de Berna 45
1000 Lisboa
Tel. 00351–1–795 02 36

Spanien
Granada
Museo Nacional de Arte Hispano-Musulman
Patio del Palacio Carlos V.
18009 Granada
Tel. 0034–958–22 62 79

Madrid
Museo Arqueológico Nacional *
Serrano 13
28001 Madrid
Tel. 0034–91–403 65 59 od. 403 66 07

Sonstige

USA
Boston
Museum of Fine Arts
465 Huntington Ave.
MA 02115 Boston
Tel. 001–617–267 93 00
Fax 247 68 80

Cambridge/Massachusetts
Fogg Art Museum
32 Quincy St. Harvard University
MA 02138 Cambridge
Tel. 001–617–495 94 00
Fax 495 99 36

New York
Metropolitan Museum of Art
1000 5th Ave.
NY 10028 New York
Tel. 001–212–879 55 00
Fax 570 38 79

Rußland
Moskau
Wostoka Museij (Ost-Museum) mit Islamischer Abteilung
Moskau 121019
Nikitskij Bulwar, 12a
Tel. 007–095–291 96 14

Oruscheinaja Palata (Kunstkammer des Kreml)
Kreml
Moskau, 103073
Tel. 007–095–921 47 20
Fax 921 63 23

St. Petersburg
Eremitage
Dworzowaja Nabereschnaja, 36
St. Petersburg, 191065
007–812–110 96 45
Fax 311 90 09

Bibliographie

Lexika und Nachschlagewerke
Adel T. Khoury/Ludwig Hagemann/Peter Heine: *Islam-Lexikon. Geschichte – Ideen – Gestalten* (3 Bde.); Freiburg i. Br. 1991
Glassé, Cyril: *The Concise Encyclopaedia of Islam*; London 1989
Kreiser, Klaus/Wielandt, Rotraud (Hg.): *Lexikon der Islamischen Welt*; Stuttgart 1992

Gesamtdarstellungen
Cahen, Claude/Grunebaum, G. E. von: *Der Islam I. und II.*; Frankfurt 1971
Robinson, Francis (Hg.): *Islamische Welt. Eine illustrierte Geschichte*; Frankfurt 1997
Simon, Karl Günter: *Islam. Und alles in Allahs Namen*; Hamburg 1988

Allgemeine (Religions-) Geschichte
Bürgel, Johann Christoph: *Allmacht und Mächtigkeit. Religion und Welt im Islam*; München 1991
Endreß, Gerhard: *Der Islam. Eine Einführung in seine Geschichte*; München 1997
Grunebaum, G. E. von: *Der Islam im Mittelalter*; Zürich/Stuttgart 1963
Haarmann, Ulrich (Hg.): *Geschichte der arabischen Welt*; München 1994
Noth, Albrecht/Paul, Jürgen: *Der islamische Orient. Grundzüge seiner Geschichte*; Würzburg 1997

Die Anfänge des Islam
Dermenghem, Emile: *Mohammed*; Reinbek 1960
Scheck, Frank Rainer: *Die Weihrauchstraße. Von Arabien nach Rom – Auf den Spuren antiker Weltkulturen*; Bergisch Gladbach 1995

Koran
Nagel, Tilman: *Der Koran. Einführung, Texte, Erläuterungen*; München 1991
Nasr, Seyyed Hossein: *Ideal und Wirklichkeit des Islam*; München 1993
Paret, Rudi (Übs.): *Der Koran*; Stuttgart 1979
Paret, Rudi: *Mohammed und der Koran. Geschichte und*

Verkündigung des arabischen Propheten; Stuttgart 1957

Die Schî'a

Ehteshami, Anoushiravan: *After Khomeini. The Iranian second republic*; London 1995

Halm, Heinz: *Der schiitische Islam. Von der Religion zur Revolution*; München 1994

Mottahedeh, Roy: *Der Mantel des Propheten oder das Leben eines persischen Mullah zwischen Religion und Politik*; München 1988

Mackey, Sandra: *The Iranians. Persia, Islam and the soul of a nation*; New York 1996

Yann, Richard: *Die Geschichte der Schia im Iran*; Berlin 1983

Mongolen- und Osmanenzeit

Gust, Wolfgang: *Das Imperium der Sultane. Eine Geschichte des Osmanischen Reichs*; München 1995

Nagel, Tilman: *Timur der Eroberer*, München 1993

Kulturgeschichte

Balmer, Heinz/Glaus, Beat: *Die Blütezeit der arabischen Wissenschaft*; Zürich 1990

Brandenburg, Dietrich: *Die Ärzte des Propheten. Islam und Medizin*; Berlin 1992

Chebel, Malek: *Die Welt der Liebe im Islam. Eine Enzyklopädie*; München 1997, und: *Symbole des Islam*; Wien 1997

Faroqhi, Suraiya: *Herrscher über Mekka. Die Geschichte der Pilgerfahrt*; München/Zürich 1990

Frishman, Martin/Khan Hassan-Udin: *The Mosque. History, architectural development & regional diversity*; London 1994

Heller, Erdmute/Mosbahi, Hassouna: *Hinter den Schleiern des Islam. Erotik und Sexualität in der arabischen Kultur*, München 1993

Vernet, Juan: *Die spanisch-arabische Kultur in Orient und Okzident*; Zürich/München 1984

Islamische Kunst

Brentjes, Burchard: *Die Kunst der Mauren*; Köln 1992

Gosciniak, Hans-Thomas (Hg.): *Kleine Geschichte der islamischen Kunst*; Köln 1991

Irwin, Robert: *Islamische Kunst*; Köln 1998

Renz, Alfred: *Geschichte und Stätten des Islam von Spanien bis Indien*; München 1977

Islamische Gesellschaft

du (Die Zeitschrift der Kultur): *Islam. Die Begegnung am Mittelmeer*, Heft Nr. 7/8, Juli/Aug. 1994, Zürich

Mernissi, Fatima: *Der Harem in uns. Die Furcht vor dem anderen und die Sehnsucht der Frauen*; Freiburg i. Breisgau 1994

Lewis, Bernard: *Die Juden in der islamischen Welt*; München 1987

Nagel, Tilman: *Staat und Glaubensgemeinschaft im Islam*, 2 Bde.; Zürich 1981

Spiegel Special (Das Magazin zum Thema): *Rätsel Islam – Weltmacht hinterm Schleier*, Heft Nr. 1 / 1998, Hamburg

Taeschner, Franz: *Zünfte und Bruderschaften im Islam. Texte zur Geschichte der Futuwwa*; Zürich 1979

Tworuschka, Monika: *Die Rolle des Islam in den arabischen Staatsverfassungen*; Walldorf 1976

Haus und Stadt

Bianca, Stefano: *Hofhaus und Paradiesgarten. Architektur und Lebensformen in der islamischen Welt*; München 1991

Nippa, Annegret: *Haus und Familie in den arabischen Ländern*; München 1991

Weiss, Walter M./Westermann, Kurt-Michael: *Der Basar. Mittelpunkt des Lebens in der Islamischen Welt*; Wien 1994

Sufismus

Frembgen, Jürgen W.: *Derwische. Gelebter Sufismus*; Köln 1993

Schimmel, Annemarie: *Mystische Dimensionen des Islam* Köln 1986

Shah, Idries: *Die Sufis – Botschaft der Derwische, Weisheit der Magier*, München 1976

Steffân, Steff: *Heilung des Herzens – Gespräche mit Sufilehrern der Gegenwart*; Bielefeld 1995

Zeitgeschichte und Politik der Gegenwart

Hottinger, Arnold: *7mal Naher Osten*; München 1972; und: *Islamischer Fundamentalismus*; Zürich 1993

Steinbach, Udo und Ende, Werner (Hg.): *Der Islam in der Gegenwart. Entwicklung und Ausbreitung – Staat, Politik und Recht, Kultur und Religion*; München 1991

Tibi, Bassam: *Die Verschwörung. Das Trauma arabischer Politik*; Hamburg 1993; und: *Das arabische Staatensystem*; Mannheim u. a. 1996

Orient – Okzident

Hourani, Albert: *Der Islam im europäischen Denken. Essays*; Frankfurt 1994

Hunke, Sigrid: *Allahs Sonne über dem Abendland. Unser arabisches Erbe*; Frankfurt 1990; und: *Die Orientierung. Sternstunden deutsch-*

arabischer Begegnung; Stuttgart 1993
Kepel, Gilles: *Allah in the West. Islamic Movements in America and Europa*; Cambridge 1997
Rodinson, Maxime: *Die Faszination des Islam*; München 1991
Rotter, Gernot (Hg.): *Die Welten des Islam. 29 Vorschläge, das Unvertraute zu verstehen*; Frankfurt am Main 1997
Said, Edward: *Orientalism*; London 1987
Watt, W. Montgomery: *Der Einfluß des Islam auf das europäische Mittelalter*; Berlin 1988

Zu einzelnen Ländern und Regionen

Balic, Smail: *Das unbekannte Bosnien. Europas Brücke zur islamischen* Welt; Köln/Wien 1992
Daum, Werner: *Jemen. 3000 Jahre Kunst und Kultur des Glücklichen Arabien*; Innsbruck/ Frankfurt am Main 1987
Ferchl, Dieter: *Jemen und Oman*; München 1995
Grüter, Roland (Hg.): *Oman. Weihrauch und Erdöl*; Luzern 1993
Heard-Bey, Frauke: *From Trucial States to United Arab Emirates*; London/ New York 1982
Heine, Peter: *Halbmond über deutschen Dächern – Muslimisches Leben in unserem Land*; München 1996
Herzog, Werner: *Der Maghreb: Marokko, Algerien, Tunesien*; München 1990
Neumann, Wolfgang: *Die Berber – Vielfalt und Einheit einer alten, nordafrikanischen Kultur*; Köln 1983
Schimmel, Annemarie: *Der Islam im indischen Subkontinent*; Darmstadt 1983
Seufert, Günter: *Café Istanbul. Alltag, Religion und Politik in der modernen Türkei*; München [2]1999
Steinbach, Udo/Hofmeier, Rolf/Schönborn, Mathias (Hg.): *Politisches Lexikon Nahost/Nordafrika*; München 1994

Einige Bemerkungen zu Umschrift und Aussprache

In diesem Buch wurde eine Umschrift gewählt, die es den deutschen Lesern ermöglicht, die zumeist arabischen Begriffe und Namen zumindest annähernd korrekt auszusprechen. Eine gewisse Vereinfachung (z. B. die Schreibung unterschiedlicher s- oder h-Laute als »s« bzw. »h« ohne Zusatzzeichen) wurde hierbei in Kauf genommen.

Die Verwendung der Umschrift einiger spezifisch arabischer Laute ist dennoch unverzichtbar und daher erläuterungsbedürftig:

- â : Lang gesprochenes a, wie bei »Rasen«
- î : Lang gesprochenes i, wie bei »Bier«
- û : Lang gesprochenes u, wie bei »rufen«
- ’ : Verschlußlaut, wie bei »be’enden«
- ‘ : im Kehlkopf gebildeter Quetschlaut (kann vereinfacht auch wie ’ gesprochen werden)
- h : ist immer ein hörbarer Laut, wie bei »Hund«
- th : stimmloser Reibelaut, wie im englichen »thing«
- dh : stimmhafter Verschluß-Reibelaut, wie im englichen »this«
- gh : Zäpfchen-r, wie bei »Schar«
- q : dumpfes k, am hinteren Gaumen gebildet (nicht qu!)
- z : stimmhaftes s, wie bei »Saum«

Bei Namen, von denen sich eine deutsche Schreibweise eingebürgert hat, wird auf eine korrekte Transkription verzichtet (wie z. B. beim Propheten Mohammed, dessen korrekte Schreibweise eigentlich »Muhammad« ist).

Sach- und Ortsregister

Personenregister

Bildnachweis

Abbas/Magnum/Focus 49 u
Reza Abbasi Museum Collection, Iran 68
Aga-Khan Program, Visual Archives, MIT 152
Archiv für Kunst und Geschichte, Berlin 144 o
Archiv von Buchara 147 u, 148 o
Archivio IGDA, Mailand 124 o
Associated Press Photo, London 148 u, 149, 160 o
Bruno Barbey/Magnum/Focus 166 u
Bibliothek der Moschee von Medina 28 u
Bibliothèque Nationale, Paris 15 u, 17 u, 40, 76, 77, 78, 79, 97, 134 u
John Brennan, Oxford 111 o, 119 u
British Library, London 155
British Museum, London 122 u, 128 u, 135 u
Camera Press, London 129 o
La Chambre Claire, Paris 165 u
J.-M.Charles/Rapho 150
Jean-Loup Charmet, Paris 23
Chester Beatty Library, Dublin 17 o, 18
J. E. Dayton, London 84–85 u
Deutsches Archäologisches Institut, Istanbul 123 u
dpa, Frankfurt/Main 146 m
Editions Sud, Tunis 28 o, 37 o
Equinox Archive, Oxford 56 o
Mohamad Eslami Rad 69
N. Faridani/SAFIR, Teheran 70
E. Ferorelli/Focus 154 u
Fogg Art Museum, Harvard/Cambridge, Mass. 104
Abdelaziz Frikha 39
John Fuller, Cambridge 125 o
Germanisches Nationalmuseum, Nürnberg 95 o
H. T. Gosciniak 29 (4)
Rainer Hackenberg, Köln 9 o, 124 u
Sonia Halliday, London 14 u
Laziz Hamani 32 o, 33 u, 35, 37 u, 50 o
Herlingue/Viollet 139 u
Historia 146 lu
Alan Hutchinson Library, London 138 u
Imperial War Museum, London 140 u
India Office, London 126 u
Israel Antiquities Authority, Jerusalem 81 u
Hayrettin Kalionschu 170
The Nasser D. Khalili Collection of Islamic Art, Nour-Foundation 45, 55, 117
Kunsthistorisches Museum, Wien 103 u
Richard Lutz 160 u
Mathaf Gallery, London 33 o
Mc Graw-Hill Book Co., New York 86 o
Sandu Mendrea, Jerusalem 82 m
Metropolitan Museum of Art, New York 61 (f)
Michaud/Rapho, Paris 13 u, 14 o
Mohamed Amin/Camerapix, Nairobi 19
Motivate Publishing, Dubai 161 o
Musée d'Orsay, Paris 136 u
Musée de l'Homme, Paris 51 o
Musée des Beaux-Arts, Nantes 25
Musée du Louvre, Paris 53, 135 o
Musée Jacquemart-André, Paris 101 o
Museum für türkische und islamische Kunst, Istanbul 132 u
Nationalmuseum, Belgrad 140 o
National Portrait Gallery, London 141 o
Novosti, Moskau 119 o
Gerhard H. Oberzill, Kritzendorf 11 o
Observer, London 167
Privatsammlung, Kuwait 102 o
Rasool/Gamma, Studio x 171
George Shelley 75
Staatliche Museen zu Berlin – Preußischer Kulturbesitz 27
Taha Toros Archiv 133 r
Taschen Verlag/Achim Bednorz 61 (a), 105
Martin Thomas, Aachen 58
Topkapi Palast Museum, Instanbul 16, 50 u, 94, 96 o, 99 o, 99 u, 122 o, 132 o
Tushita Fine Arts GmbH Germany/Tushita Inc USA 44
Universität von Edinburgh 15 o
Universitätsbibliothek Istanbul 95 u
Victoria & Albert Museum, London 13 o, 127 o
Inge und Arved von der Ropp 91 u
Alex Webb/Magnum/Focus 162 u
Cordula Wehrmeyer, Overath 61 (b), 61 (e), 103 o, 120 o
Walter M. Weiß, Wien 156
Kurt-Michael Westermann, Hamburg/Wien 8 o, 8 u, 10, 11 u, 22, 32 u, 43, 46 o, 46 u, 47 o, 47 u, 49 o, 52 o, 52 u, 56 u, 57, 59 o, 59 u, 71 o, 71 u, 72, 73 u, 74, 81 o, 82 o, 86 u, 88 o, 90 o, 90 u, 98 o, 98 u, 100, 103 m, 106, 107, 108, 109, 110 o, 112 o, 112 u, 113 o, 113 u, 118, 120 u, 126 o, 127 u, 128 o, 130, 131 o, 131 u, 133 l, 139 o, 139 m, 141 u, 142 u, 143, 144 u, 147 o, 158, 159, 161 u, 164 o, 166 o
ZEFA/Raga, Düsseldorf 9 u

Karten: artic, Duisburg